Study on Constrcuting College Culture in New Era

新时代大学文化
建设研究

李国娟　著

文汇出版社

CONTENTS 目 录

导 言 ……………………………………………………… 1

第一章 文化与大学之道 ……………………………… 13
一、文化与大学文化 …………………………………… 13
二、大学文化的主要特征及功能 ……………………… 24
三、大学文化与大学自身发展 ………………………… 31

第二章 中国大学文化建设的历史回顾 ……………… 46
一、中国大学文化的历史演进 ………………………… 47
二、中国大学文化建设的主要成就 …………………… 63

第三章 国内外大学文化建设案例及经验启示 ……… 87
一、中国大学文化建设的经典案例 …………………… 88
二、国外大学文化建设的典型探索 …………………… 107
三、国内外大学文化建设的经验启示 ………………… 126

第四章　新时代我国大学文化建设的现实审视 …………… 144
一、新时代我国大学文化建设新使命 …………………… 144
二、新时代我国大学文化建设的问卷调研 ……………… 157
三、新时代我国大学文化建设面临的主要问题 ………… 169

第五章　新时代我国大学文化建设的实践路径 …………… 187
一、扎根中国大地,坚持大学文化建设的社会主义方向 … 187
二、坚持立德树人,坚定新时代大学文化建设的育人导向 ……… 206
三、坚持因势而新,坚守新时代大学文化建设的改革创新 ……… 225

后　记 …………………………………………………………… 241

参考文献 ………………………………………………………… 243

导　言

　　大学是学术的殿堂,是文化创新的主要阵地。大学文化是大学的灵魂,是大学作为特殊的组织结构在行使社会职能过程中所产生的文化形态。大学文化内涵丰富多样,涵盖了大学的理念、精神、制度、物质、环境等多个方面。大学理念是大学文化的核心,体现在办学宗旨、教育目标等方面。一所具有深厚文化底蕴的大学,往往注重教育理念的传承与创新,紧密结合时代发展需求,培养具有全面素质和创新精神的人才。大学文化强调价值观的塑造,旨在培养具有高尚品德、社会责任感和道德情操的人才。大学通过教育教学、实践活动、校园氛围等途径,传播真善美,倡导社会主义核心价值观,使学生在求知的过程中,养成良好的道德品质和行为习惯。大学是知识的宝库,学术氛围是大学文化的重要体现。一所优秀的大学,必然具备浓厚的学术氛围,鼓励师生追求真理、探索未知、创新发展。学术氛围体现在学术交流、科研项目、论文发表、专利申请等方面,激励师生勇攀科学高峰。校园文化是大学生活的重要组成部分,涵盖了文体活动、社团组织、节日庆典等方面。校园文化丰富多样，旨在培养学生全面发展的兴趣爱好，提高学生的人文素养，增强学生的团队协作精神。一所具有浓郁校园文化的大学，能够为学生提供充满活力、包容开放的成长环境。师生关系是大学教育的基本纽带，体现了大学文化的亲和力和凝聚力。良好的师生关系建立在尊重、信任、关爱的基础上，有利于学生身心健康和个性发展。教育传统是大学文化的一部分，通过师生间的传承与创新，不断丰富和发展。大学精神是大学文化的灵魂，体现了大学的价值观、教育理念和使命担当。大学精神往往通过校训等形式，传承于师生心中，成为大学发展的不竭动力。校训是大学精神的浓缩，代表了大学的办学理念和价值取向。大学文化强调家国情怀，大学作为社会的重要组成部分，应当承担起社会责任，关注国家发展和民生福祉，通过教育教学、科研创新、社会服务等方式，大学为社会进步和国家繁荣贡献力量。总之，作为一种独特的文化现象，大学文化内涵十分丰富，加强大学文化建设是一个多维度、深层次的系统工程。

习近平总书记指出，"一个没有精神力量的民族难以自立自强，一项没有文化支撑的事业难以持续长久。"[1]在经济迅猛发展，物质生活日益丰富的今天，文化已经成为各行各业能够经久不衰、持续发展的核心要素。中国特色社会主义进入新时代，"党和国家事业发展对高等教育的需要，对科学知识和优秀人才的需要，比以往任何时候都更为迫切"，[2]大学作为高级知识分子的汇聚地、学术智慧的交流地，知识产生、继承、创造、传播的重要场所，更是文化传承创新的重要原发地和文化繁荣兴盛的重要推进地。大学的根本任务

---

[1] 习近平著：《习近平谈治国理政》，外文出版社2014年10月第1版，第52页。
[2] 习近平：在北京大学师生座谈会上的讲话，《人民日报》2018年5月3日，第2版。

是立德树人,大学文化不仅是大学安身立命之本,更是重要的育人资源。新时代大学文化在坚持马克思主义在意识形态领域的指导地位、培育和践行社会主义核心价值观、发展社会主义先进文化、弘扬革命文化、传承中华优秀传统文化等方面取得显著成效,但面对百年未有之大变局,面对日益激烈的思想文化交流、交融、交锋,大学文化建设也面临严峻的挑战和困扰。如多元社会思潮的冲击、大学管理偏行政化、网络的负面影响和冲击等问题,在一定程度上制约和影响着大学文化建设的高质量发展。对此,国家在2015年颁布实施的《统筹推进世界一流大学和一流学科建设总体方案》中明确提出,要"加强大学文化建设,增强文化自觉和制度自信,形成推动社会进步、引领文明进程、各具特色的一流大学精神和大学文化。"由此可见,从实践立场出发,坚持问题导向,梳理新时代我国高校大学文化建设的实践经验,剖析面临的问题短板,并在充分借鉴国内外大学文化建设经验的基础上,探讨新时代加强大学文化建设的路径及对策,彰显大学文化的引领作用,业已成为当前教育发展的迫切需求。

"大学文化"的概念在西方早已有之,英国都柏林大学首任校长约翰·亨利·纽曼、德国柏林大学创立者威廉·洪堡、美国康奈尔大学的校长怀特等都是"大学文化"研究的开创者。在我国,对于大学文化的研究始于20世纪90年代(过去多用"校园文化"、"高校文化"概念)。21世纪以来,逐渐兴起了大学文化研究的热潮,尤其是伴随着"世界一流大学"建设目标的提出,大学文化的重要性愈加凸显,研究成果也层出不穷。

一是关于大学文化内涵的研究。正如顾明远所言,"关于大学文化这几年议论得很多,但什么是大学文化,为什么要建设大学文化,怎样建设大学文化则众说纷纭,见仁见智。"①不同的学者或教育专家根据不同的审视角度和理论认知对"大学文化"概念给出不同的界定和阐释。**有的从文化与大学之间的天然联系出发定义大学文化**。袁贵仁认为,"大学与文化具有天然的联系。大学在先进文化研究和建设中负有重任。"②大学的本质是一种功能独特的文化组织,大学不仅仅是客观物质和高深学问的存在,更重要的是一种精神文化的存在。顾明远教授认为:"大学本来就是文化的产物,是研究文化、创造知识、创造文化的场所。如果一所大学没有文化的底蕴,是创造不出新的文化来的"③,"创建一流大学首先要铸造大学的灵魂"④。杨福家教授说过:"大学之所以称之为大学,关键在于它的文化存在和精神存在"⑤。王冀生教授指出"大学文化既是一种存在更是一种信仰,二者既有深刻联系又有质的区别","大学的本质是一种以传承和创新文化为己任的功能独特的文化组织;大学更重要的是一种文化存在和精神存在;人文关怀和追求真理是大学应当坚守的'永恒之魂'"⑥;白双翎阐述了大学文化的理论内涵,提出"所谓大学文化,本质上就是以大学为主体所体现的思维与行动准则,是对大学的本质、功能和发展规律的理解和价值追求的集中反映"的观点。⑦

---

① 顾明远:大学文化的本质是求真育人,《教育研究》2010年第1期,第56页。
② 袁贵仁:加强大学文化研究,推进大学文化建设,《中国大学教学》2002年第10期,第4页。
③ 顾明远:论学校文化建设,《西南师范大学学报》(人文社会科学版)2006年第5期,第67页。
④ 顾明远:铸造大学的灵魂——一流大学建设的关键所在,《清华大学教育研究》2003第3期,第49页。
⑤ 杨福家:大学的使命与文化内涵,《学习时报》2007年9月2日,第4版。
⑥ 王冀生著:《大学文化哲学——既是一种存在更是一种信仰》,中山大学出版社2012年5月第1版,第2页
⑦ 白双翎:新时代大学文化建设的使命及要求,《理论视野》2021年第8期,第68页。

牛宏泰教授将大学文化简要定义为"大学创造的一切物质、精神产品中最具代表性的象征,是一所大学体现出来的生命力、创造力和凝聚力"[①];**有的从大学文化的生成方式及其不同表现来界定大学文化**。申作青教授认为:大学文化是"通过大学人长期的工作、学习、生活而形成的思想理念和行动方式"[②]。傅林认为,大学文化是大学人经年累月所形成的一种"生活方式","它通过大学的物质文化、制度文化、精神文化等表现出来,是体现在大学制度、大学与社会关系、大学人的信仰系统、大学人的道德准则、大学人的行为规范、大学的风尚等当中的意义符号、价值观念和思想体系"[③]。戴建兵、余闲虎等研究者认为,大学文化就是大学的校园文化,"是依附在大学这一特定载体上的社会文化"[④];**有的从文化的内涵和载体具有的复杂性来定义大学文化**。有的学者认为,文化是一个复杂的整体,大学文化也是大学物质和精神成果的总和。赵存生指出:"大学文化是以大学为载体,通过历届师生的传承和创造,为大学所积累的精神成果和蕴含这种精神成果的物质成果的总和"[⑤]。眭依凡认为,大学文化是"以精神文化为核心,制度文化居中,环境文化处外的",彼此相互依存、相互补充、相互强化的"文化同心圆"[⑥]。对于大学文化形态的内涵,有"三点说"或"四点说",如"大学文化建设的内涵广泛,对高校建设起到指导和推动作用。其核心是大学精神文化建设,基础是大学物质文化建设,大学制度文化是大学文化建设的保障,环境文

---

① 牛宏泰:大学文化论,《文化学刊》2009年第4期,第36页。
② 申作青著:《当代大学文化论》,浙江大学出版社2006年9月第1版,第11页。
③ 傅林著:《世纪回眸:中国大学文化研究》,教育科学出版社2009年12月第1版,第24页。
④ 戴建兵,蔡振梅主编:《大学文化研究》,中国农业出版社2012年5月第1版,第6页。
⑤ 赵存生:先进文化建设中的大学文化建设,《中国高等教育》2003年第24期,第7页。
⑥ 眭依凡:好大学理念与大学文化建设,《教育研究》2004年第3期,第14—15页。

化是大学文化建设的外部形象。"[1],大学文化是"大学在长期办学实践的基础上积淀和形成的物质文化、精神文化、制度文化和行为文化的总和"[2]。别敦荣还将大学文化分为两类:一类是学科文化,另一类是组织文化。[3] 认为大学文化是学科文化和组织文化的总和。

二是关于大学文化功能与使命的研究。我国教育界长期坚持的一个观点是,"大学文化乃是培养人的沃土"[4]。关于大学文化的基本作用讨论较多,概括起来有价值导向,情操陶冶,心理建构,行为约束,集体凝聚等。[5] 20世纪90年代涂又光教授提出了著名的"泡菜理论"(即泡菜的味道取决于泡菜汤)而受到教育界赞赏。有学者认为大学文化好比泡菜汤,它影响和决定了浸泡其中的学生的精神风貌和行为风格,因此"大学的教化很大程度上取决于大学的文化氛围"[6]。徐显明指出,一所大学就像"百花园"式的生态系统,大学文化就是大学这个"发酵池"中的"酵母","每一个人进到大学后会受到大学熏陶,而受到熏陶的主要因素就是大学文化"[7]。蔡劲松解释说,大学文化的"化",既是手段,又是目的,"是大学文化育人的本质使然和出发点与归宿,是文化育人过程中大学发展和大学人发展的有机统一"[8]。有学者认为,大学文化不仅涉及知识和技能的

---

[1] 杨德广:大学文化建设的内涵和作用,《高校教育管理》2007年第2期,第1页。
[2] 钟秉林,赵应生:加快建设中国特色的大学文化——关于当前大学文化建设工作的若干思考,《国家教育行政学院学报》2010年第9期,第15页。
[3] 别敦荣:大学组织文化的内涵与建设路径,《现代教育管理》2020年第1期,第1页。
[4] 韩延明:强化大学文化育人功能,《教育研究》2009年第4期,第89页。
[5] 眭依凡:关于大学文化建设的理性思考,《清华大学教育研究》2004年第1期,第12页。
[6] 孙雷:论大学文化的育人功能及其实现途径,《中国高等教育》2008年第22期,第31页。
[7] 徐显明:大学的文化使命与大学文化建设,《国家教育行政学院学报》2009年第6期,第6页。
[8] 蔡劲松:大学文化育人的主体视角与实现路径,《中国高等教育》2008年第21期,第52页。

传授,更重要的是它在塑造学生的价值观、行为规范、心理素质和社会责任感等方面起着至关重要的作用。高石磊认为,"从功能上看,育人是大学文化的本体职能。"① 施卫华指出大学文化本质上应是育人文化,具体来讲,具有价值导向、规范约束、凝聚激励和能力提升等功能。② 石长地、郭玲提出了大学文化的育人功能的提升途径,包括坚持社会主义核心价值体系的引领,发展大学特色文化、打造文化品牌,在多元文化中取长补短、调适升华等。③ 这些学者的研究表明,大学文化在育人功能上具有深远影响。此外,还有学者认为大学文化具有治校的功能。大学文化在大学的管理和治理方面发挥着关键作用。它通过价值观的引导、建构和整合影响大学的治理结构和体系。④

三是关于大学文化建设中存在的问题研究。我国正处在深刻变革的历史关键时期,国内外局势复杂多变,思想文化领域的意识形态斗争依然存在。因此,当前大学文化建设存在诸多问题。从外部环境看,经济全球化深入发展,科技进步日新月异,我们处于百年未有之大变局中。在新经济、新技术、新交往模式的冲击下,当代大学文化面临着多元文化的冲击以及新媒体的挑战。历史虚无主义和民粹主义等社会思潮,对我国社会主义大学的健康、有序、和谐发展带来挑战和冲击。新媒体的娱乐化、碎片化、去中心化、扁平化等特征与生俱来,干扰了大学文化的权威性、专业性和

---

① 高石磊:大学文化育人功能的实现路径,《中国高等教育》2020年第5期,第56页。
② 施卫华:大学文化育人功能及实现路径研究,《思想教育研究》2016年第5期,第117页。
③ 石长地、郭玲:大学文化的育人功能及提升途径刍议,《学校党建与思想教育》2012年第22期,第73页。
④ 俞婷婕:大学文化治校功能的学理问题与实践逻辑撅探,《教育发展研究》2017年第23期,第78页。

严肃性。①"给大学的文化建设造成了极大的冲击和挑战"。②此外,很多高校在探索实践中取得了一定成绩,但自身仍存在一些不足和薄弱环节,应该引起重视和关注。主要有:重硬件建设,轻内涵挖掘;重表面文章,轻内涵实质;重短时效应,轻长远效益;重单打独斗,轻协同作战。③许衍琛从三个方面对当前大学文化建设的问题进行了诊断:物质文化建设重形轻神;制度文化建设重规轻人;精神文化建设重调轻心。④蔡红生等从大学文化建设主体出发,提出大学文化建设还面临着建设主体复杂化的困境。大学管理者、教师、学生工作者和学生都是大学文化建设的主体,但随着个体独立性增强,其多元化的价值观念导致对于何种大学文化的选择和理解存在着复杂的文化冲突和差异。⑤

四是关于大学文化建设的路径研究。学者们对大学文化建设中存在的问题进行了多方面剖析的同时,也从不同角度提出了解决问题的思路和建议,为大学文化建设的实践提供了有益的参考。李重、张浩瀚从价值引导、环境营造、制度完善三个层面入手,探寻中国大学文化的实践路径,为加快建设教育强国,建成中国特色世界一流的大学提供参考。⑥当前,面对一系列挑战。只有承继大学文化的精华,勇于革新大学文化的基因,建设现代化大学才能有"根"、

---

① 蔡红生,胡中月:新中国70年大学文化审视,《中国高等教育》2019年第20期,第15页。
② 顾璟:新媒体时代大学文化的建设路径,《南通大学学报》(社会科学版),2018第34卷第3期,第125页。
③ 铁铮,杨金融:"双一流"建设背景下的新时代大学文化建设,《思想教育研究》2019年第10期,第110页。
④ 许衍琛:大学文化建构:钱穆的镜鉴,《黑龙江高教研究》2020年第1期,第87—88页。
⑤ 蔡红生,胡中月,李恩:新时代大学文化的提档升级:驱动、困境与路径,《现代教育管理》2021年第2期,第11页。
⑥ 李重,张浩瀚:中国特色世界一流大学文化的生成逻辑、丰富内涵和实践路径[J/OL],《西安交通大学学报》(社会科学版)https://link.cnki.net/urlid/61.1329.c.20240126.1645.004。

有"魂",还有"精气神"。① 蔡红生、魏倩倩指出新时代大学文化建设要遵循"守"与"变"的逻辑理路,实现守正创新。② 面对多元文化冲突给大学文化带来的挑战,以及大学文化建设自身所担负的重要使命,孙成武指出,大学要提倡文化自信,"只有以高度的文化自信推进大学精神的培育和发展,才能形成引领高校发展和进步的新时代大学精神"③。

五是关于大学文化建设的个案研究。"大学文化是大学在长期办学实践基础上,经过历史的积淀、自身的努力和外部环境的影响,逐步形成的一种独特的社会文化形态。"④不同高校在文化塑造、传承和创新方面的实践,不仅是大学文化建设特点和趋势的具体体现,也是大学文化建设的经验积累,记录了我国大学文化建设走过的历程及取得的成效。在大学文化建设的个案研究中,陈锦、冯国林等以华中农业大学为例,强调大学文化传承与创新,注重校园文化建设与教育教学的结合;⑤而刘洪一则以深圳大学文化建设工作为例,提出推进大学文化建设需要处理好系统设计与规划实施、软指标与硬约束、精神传承与时代内涵的关系。⑥ 这些探索都在不同层面上为大学文化建设提供了有益的经验与观点,强调了大学文化传承、创新以及社会责任等方面的重要性。刘新刚等学者根据北京

---

① 蔡红生,胡中月:新中国70年大学文化审视,《中国高等教育》2019年第20期,第15页。
② 蔡红生,魏倩倩:"守"与"变":大学文化建设的二维审视,《思想教育研究》2020年第11期,第113页。
③ 孙成武:文化自信与新时代大学精神的培育和发展问题探析,《东北师大学报》(哲学社会科学版),2019年第3期,第119页。
④ 王冀生:大学文化的科学内涵,《高等教育研究》2005年第10期,第5页。
⑤ 陈锦,冯国林,李召虎:"双一流"建设背景下大学文化建设的思考与探索,《中国高等教育》2023年第Z1期,第57页。
⑥ 刘洪一:新时代大学文化建设的问题背景与实施路径,《中国高等教育》2019年第23期,第23页。

理工大学文化发展情况,总结北京理工大学的新时代大学文化建设,做出了有益探索。①

六是关于"双一流"大学建设与大学文化建设之间的关系研究。"双一流"大学建设是当前中国高等教育改革的重要举措之一,其与大学文化建设之间存在着密切的关系。"双一流"建设旨在提升中国高校的整体水平和国际竞争力,而大学文化作为高校的灵魂和核心竞争力之一,对"双一流"大学建设起着重要的支撑和推动作用。纵观世界一流大学,大学文化是大学赖以生存与发展的灵魂,文化竞争力已成为大学核心竞争力的重要标志,一流的大学文化对"双一流"建设至关重要,因此,研究"双一流"大学建设与大学文化建设,对于推进我国高等教育的整体发展具有重要意义。铁铮、杨金融指出,大学文化建设与高等教育之间存在天然联系。大学文化建设是高校持续发展的重要基础,是"双一流"建设的核心内容。② 在深入推进"双一流"建设、加快建设教育强国、文化强国的新征程中,大学应当把繁荣一流大学文化作为重要职责与使命,"走出一条富有中国特色的现代大学文化建设之路。"③在"双一流"建设的背景下,新时代的大学文化建设必须始终扎根于中国的土地,坚持不懈地践行立德树人的根本使命,发挥自身特有的优势,并持续拓展国际视野。④ 李重、张浩瀚结合中国式现代化的核心要求和中华传统

---

① 参见刘新刚,宋珊珊,王旭东,王校楠,周追琛著:《新时代我国大学文化建设的理论与实践——以北京理工大学为例》,北京理工大学出版社 2020 年 12 月第 1 版。
② 铁铮,杨金融:"双一流"建设背景下的新时代大学文化建设,《思想教育研究》2019 年第 10 期,第 110 页。
③ 陈锦,冯国林,李召虎:"双一流"建设背景下大学文化建设的思考与探索,《中国高等教育》2023 年第 Z1 期,第 57 页。
④ 铁铮,杨金融:"双一流"建设背景下的新时代大学文化建设,《思想教育研究》2019 年第 10 期,第 110 页。

教育理念,概括了中国特色世界一流大学文化的丰富内涵,并提出了建设中国大学文化的实践路径,为加快建设教育强国,打造中国特色世界一流大学提供了有力参考。① 杨胜才、谭高贵也表达了类似的观点,新时代大学文化建设应充分利用中国特色社会主义的政治、制度和文化优势,抓住文化顶层设计、构建文化创生机制、讲好大学文化故事等关键支点,开辟一条建设中国特色、世界一流的大学文化发展新路径。② 蔡红生,杨琴强调要以社会主义核心价值观引领大学文化建设,增强文化自信,传承中华优秀传统文化,重视多元文化的理性交流,彰显一流大学文化的中国特色。③

可见,尽管我国大学文化研究起步较晚,但伴随着高等教育事业的快速发展,对大学文化的思考和研究越来越受到重视。不仅成果丰硕,而且还相继成立了一批专门致力于大学文化研究的机构。如,2002年9月由北京大学、清华大学和高等教育出版社联合组建的"大学文化研究与发展中心"就是我国首个以大学文化为研究对象的学习团队。这些机构汇聚了众多学者和专家,他们深入探索大学文化的内涵、特点和功能,为我国大学文化的繁荣发展提供了坚实的理论支撑和实践指导。同时,随着全球化进程的加速,我国大学文化也在积极吸收和借鉴国际先进经验,不断拓宽国际视野,增强国际竞争力。越来越多的大学开始注重跨文化交流与合作,举办国际学术会议、文化交流活动等,以增进不同文化间的相互理解和尊重。大

---

① 李重,张浩瀚:中国特色世界一流大学文化的生成逻辑、丰富内涵和实践路径[J/OL],《西安交通大学学报》(社会科学版)https://link.cnki.net/urlid/61.1329.c.20240126.1645.004。
② 杨胜才,谭高贵:新时代大学文化建设的中国优势、历史使命、关键支点,《学校党建与思想教育》2023年第20期,第78页。
③ 蔡红生,杨琴:大学文化:"双一流"建设的灵魂,《思想教育研究》2017年第1期,第80页。

学文化的研究与实践也更加注重与社会的互动与融合。大学作为社会的重要组成部分，其文化的发展不仅关乎自身，更对社会产生深远影响。因此，大学文化的研究和实践也越来越注重与社会的紧密联系，积极参与社会公共事务，为社会提供智力支持和文化引领。

党的二十大报告指出，教育、科技、人才是全面建设社会主义现代化国家的基础性、战略性支撑。大学是实现教育、科技、人才一体推进的重要交汇点，加快建设高质量教育体系，办好人民满意的教育，大学责无旁贷。中国式现代化亟须高水平大学支撑，高水平大学建设呼唤高质量大学文化。尽管我国大学文化研究正呈现出蓬勃发展的态势，但也有专家指出，当前的研究趋势主要倾向于微观研究，主要以教育学为主，其他学科也有涉足。马克思主义理论对大学文化研究的贡献主要集中在思想政治教育领域，而宏观研究相对较少。[①] 中国的大学文化具有社会主义的本质属性，因此大学文化建设必须坚持马克思主义的指导。从马克思主义理论学科的视角对大学文化进行研究，将具有重要意义。应当重视大学文化建设的个案研究和大学文化的使命研究。可以通过深入挖掘典型案例，总结其成功经验和失败教训，为大学文化建设提供借鉴和参考。同时，可以利用跨学科的研究方法，从多个角度对大学文化的使命进行探讨，理清大学文化与社会发展之间的关系，为大学的发展提供理论支持和实践指导。在"双一流"大学建设的背景下，大学文化的研究需要更多地关注如何将文化传承与创新结合起来，从而适应快速变化的社会和经济环境，在不断深化研究和拓展实践中，推动大学文化建设再上新台阶，为我国高等教育事业的持续健康发展作出更大的贡献。

[①] 参见张惠忠著：《新时代我国大学文化建设研究》，中共中央党校博士论文，2022年5月，第12—13页。

第一章 文化与大学之道

文化与教育有着天然的血脉联系。一个国家的教育体系深受民族文化和社会习俗的影响,文化直接影响和改变着教育内容、教育模式、教育方法和教育媒介。同样,教育也对文化起着重要的推动作用。教育有传承和传播高尚、先进和积极的优秀文化,抵制庸俗、腐朽的落后文化的重要职责,并在积累和沉淀中不断孕育创造出崭新的文化。高等教育由于师生知识层次、话语权重、社会影响等因素,在文化的发展中起着不可替代的作用。

一、文化与大学文化

在我国,人们很早就认识到文化与教育之间的天然联系。中国古代讲"以文教化"、"以文化之",注重的不仅是教育和养成,同时也体现了文化与教育的密不可分。一方面,教育源于文化,另一方面,教育也是文化发展的载体,传承和创造文化是教育的重要职能之一。大学,作为教育范畴中极为重要的部分,其与文化之间的天然联系更是不可忽视。大学是人类文化发展到一定阶段的产物,更是推动人类文化发展的重要载体,肩负传承和创造人类文化的重要使命。甚至在一定程度上,我们可以说,大学即文化。大学是一种具有强烈文化组织属性和特征的社会组织,大学的教育教学过程,实质上是一个有目的有计划的文化过程,有大学就有大学文化。

(一)文化的词源及其含义

文化一词,是人类语言中广泛使用的高频词,内涵丰富,包罗万象,关于"文化"的定义也是千差万别,各有所指,但却并未形成一个被普遍认可的概念界定。对比,习近平总书记就曾指出,"文化是一个十分复杂的概念,古今中外对文化的定义不下百种。"[①]

在古代汉语中,"文"的本意与纹理有关。《礼记·乐记》曰:"五色成文而不乱。"《说文解字》曰:"文,错画也,象交文。"这几处"文"都通"纹",有纹理之意。后来"文"又有了文章、文采、文物典籍等意义,"化"的本意则与生成、造化等相关,后来有了使之变化的意思。《庄子·逍遥游》有"化而为鸟,其名曰鹏"。《黄帝内经·素问》也有:"化不可代,时不可违"等。"文"与"化"联合使用,较早见于《周易·贲卦》:"刚柔交错,天文也。文明以止,人文也。关乎天文,以察时变;观乎人文,以化成天下。"这里虽然没有出现"文化"这个词,但"文"与"化"开始并联使用,且已经有了通过"人文"实现教化,并最终达到"化成天下"的观念。"文"与"化"合成一词使用后,意义更为丰富,不仅有动词之意,也有名字之称。如,汉代刘向《说苑·指武》有云:"圣人之治天下也,先文德而后武力。凡武之兴,为不服

[①] 习近平著:《干在实处,走在前列》,中共中央党校出版社2006年12月第1版,第383页。

也。文化不改,然后加诛。"南齐王融《三月三日曲水诗序》言:"设神理以景俗,敷文化以柔远。"魏晋束晳的《补亡诗·由仪》则有"文化内辑,武功外悠"的表述,这些"文化",主要是用作动词,指的都是文治、教化的意思,注重以文化人,注重品德教养以及性情陶冶,这也是中国传统文化的一个典型特点。文化用作名词的同样也广泛出现各种文章典籍中,如有学者研究发现,《清史稿》一书中"文化"一词就出现9次之多。《清史稿·曾国藩传》中有:"礼聘名儒为书院山长,其幕府亦极一时之选,江南文化遂比隆盛时"。《清史稿·属国传一·朝鲜传》中有:"琉球自入清代以来,受中国文化颇深,故慕效华风如此",这里的文化属于精神文明范畴,基本与现今所使用的文化含义相近。

近代以来,伴随着西方坚船利炮而来的还有西学东渐,有识之士在救亡图存中开始深刻的思想启蒙和文化反思,尤其是在传统与现代、中学与西学的碰撞中,文化的重要性愈发凸显,文化也越来越被关注。梁启超认为,"文化者,人类心能所释放出来之有价值的共业也。"[①]梁漱溟则给出了外延极其广泛的文化定义,认为,"文化就是吾人生活所依靠之一切","文化之本义,应在经济、政治、乃至一切无所不包"[②]。张岱年、程宜山给文化下了这样一个定义:"文化是人类在处理人和世界关系中所采取的精神活动与实践活动的方式及其所创造出来的物质和精神成果的总和,是活动方式与活动成果的辩证统一。"[③]这一文化定义,不仅包含人类活动成果,而且涵盖人

---

① 梁启超著:《梁启超论中国文化史》,商务印书馆2012年6月第1版,第1页。
② 梁漱溟著:《中国文化要义》,商务印书馆2021年9月第1版,第9页。
③ 张岱年,程宜山著:《中国文化与文化论争》,中国人民大学出版社1990年7月第1版,第2页。

类活动的方式。也就是说,文化不仅是静态的,也是动态的,是静态和动态的统一。此外,人类的活动方式既包括实践活动,也包括精神活动,是外显活动和内在活动的统一。人类活动成果也是多方面的,既包含物质成果,又包含精神成果。这一定义再次表明,"文化"确实是一个外延极其广泛且内涵极其丰富的概念。

西方"文化"(Culture)一词,在拉丁语和中古英语中,有着耕种、居住、练习等意思。1852年,著名高等教育学者纽曼仍在使用"精神耕耘"(mental culture)或"智力耕耘"(intellectual culture)的说法,而不单独使用culture一词。由此,有学者指出,西方的文化概念是从物质生产的意义中引申和发展过来的。

近代西方学者开始从人类文化学、文化哲学、心理学以及生物学、地理学等视角来讨论文化问题,对文化进行释义,文化的含义也变得更为多元,从对物的关注更多转向对人的关注,尤其是对人的熏陶、培养。康德曾在《判断力批评》一书中如此谈及文化:"在一个有理性的存在者里面,产生一种达到任何自行抉择的目的的能力,从而也就是产生一个存在着自由的抉择其目的之能力的就是文化。"[①]在康德那里,存在着,即人的自由选择的能力被视为是文化的核心内涵,这个能力不仅意味着理性思考的能力,而且还意味着理性行动的能力。黑格尔进一步强调了"文化以其绝对的定义……是人类解放和高度解放的工作。"[②]。可见,康德和黑格尔关于文化的定义虽然表述不同,侧重点也有所差异,但二者都将人作为文化的主体,更加注重从人作为文化主体的创造

---

① 【德】康德著,宗白华译:《判断力批判》(下卷),商务印书馆1985年第1版,第95页。
② 【德】黑格尔著,梁志学译:《黑格尔全集》(第七卷),商务印书馆2017年2月第1版,第215—216页。

性视角来界定文化的含义。康德和黑格尔都是德国古典哲学巨匠,他们对文化的定义犹如他们的哲学思辨一样对后人具有深远的影响。

英国文化人类学家爱德华·泰勒(1832—1917)在其撰写的著作《原始文化》中曾对"文化"如此定义:"所谓文化或文明,乃是包括知识、信仰、艺术、道德、法律、习惯以及其人类作为社会成员而获得的种种能力、习性在内的一种复合整体。"[1]泰勒的定义将文化与文明两个概念共用,强调了文化或文明的综合性和整体性,既揭示了文化中包含的知识、信仰、艺术、道德、法律等作为上层建筑中意识形态的内容,也揭示了文化作为社会成员能力、习性之体现的一面,故而,被认为是最早的对现代意义上文化进行界定的经典性定义。在此之后,对于文化的定义以及对文化问题的研究层出不穷。有学者指出,"自泰勒以后的一个多世纪以来,目前已经有500多种关于'文化'的不同的定义,还有人认为,这个数字现在已经近千了。"[2]尤其是伴随着人类历史进入世界历史,人类社会开始进入全球化时代,文化与文明的交流、交融甚至是交锋、冲突不断出现,对文化、文明的反思和探讨也越来越得到重视。有的思想家甚至从文明与文化的视角来解释人类社会以及历史发展的演进过程,以文化兴衰更替来界定历史。美国政治学家塞缪尔·亨廷顿曾说:"人们用祖先、宗教、语言、历史、价值观、习俗和体制来界定自己。"[3]英国著名文化理论家和马克思主义思想家雷蒙·威廉斯在《文化与社会》一书中

---

[1] 【美】泰勒著,连树声译:《原始文化》,上海文艺出版社1992年8月第1版,第2页。
[2] 【俄】安娜·尼古拉耶芙娜·马尔科娃著,王亚民等译:《文化学》,敦煌文艺出版社2003年12月第1版,第2页。
[3] 【美】塞缪尔·亨廷顿著,周琪译:《文明的冲突与世界秩序的重建》(修订版),新华出版社2010年1月第2版,第5页。

指出,文化是"一种物质、知识与精神构成的整个生活方式"①。法兰克福学派代表人物之一,赫伯特·马尔库塞把作为社会生活方式的文化称为文明,把观念再生产领域称为狭义的文化。并且指出,人类的最高诉求是人的本质的解放,而文化具有革命性与超越性,是实现人类解放的途径。②

著名学者殷海光在《中国文化的展望》一书中,较为系统地梳理、分析了诸多文化定义,并在此基础上对"什么是文化"做出回答:"第一,在文化全部实有之中,我们不可有意或无意把我们认为'好的'或'要得的'看作是文化,而把我们认为'不好的'或'要不得'看作不是文化而只是'历史中的偶然性'。在文化全部实有之中,任何一个层面或要件或事物,无一不是文化所有的层面或要件或事物。第二,文化包括层进中的各层。所谓'物质'和'精神'这样简单而又粗疏的二分法不足以相应地特指文化的内容。第三,文化之所以不限于所谓的'文明人'的,所谓'野蛮人'同样有文化。文化是地球层面的一种普遍现象。第四,文化并非一成不变的化石,而是在变动之中。第五,价值观念是文化构成的必要条件。没有价值含在其中的任何文化是不堪设想的。第六,文化与文化价值都是相对的,虽然也有普同的部分。"③

可见,对于何为文化,不仅众说纷纭,包罗万象,而且,伴随着人类社会的发展,文化概念的内涵也在不断丰富发展,很难给文化下一个精准的定义。但这并不影响人们从不同视角对文化进行研究,

---

① 【英】雷蒙德·威廉斯著,吴松江译:《文化与社会》,北京大学出版社 1991 年 12 月第 1 版,第 18—19 页。
② 参见陈晶莹著:《习近平关于文化强国建设战略思想研究》,浙江大学博士论文 2018 年 12 月,第 24 页。
③ 殷海光著:《中国文化的展望》,上海三联书店 2002 年 12 月第 1 版,第 27—28 页。

研究的前提是要对文化的含义有一个比较合理的理解和界定,本研究也自然如此。

将文化定义分为广义和狭义两个层面的做法较为普遍。《辞海》对"文化"的定义是:"从广义上说,指人类社会历史实践过程中所创造的物质财富和精神财富的总和。从狭义上说,指社会意识形态以及与之相适应的制度和组织机构。"[①]《中国大百科全书》社会学卷注:"广义的文化是指人类创造的一切物质产品和精神产品的总和。狭义的文化专指语言、文学、艺术及一切意识形态在内的精神产品。"[②]由罗森塔尔·尤金所编的《哲学小词典》中,文化被定义为"人类在社会历史实践过程中创造的物质财富和精神财富的总和",[③]这是广义的文化。长期以来,广义的文化定义被频繁地使用,文化经常和政治、经济并列在一起使用,作为人类社会结构的三大组成部分。1940年,毛泽东在《新民主义论》中提出经济、政治和文化三者并列的社会结构理论,并对三者之间的关系做了论述:"一定的文化(当作观念形态的文化)是一定社会的政治和经济的反映,又给予伟大影响和作用于一定社会的政治和经济;而经济是基础,政治是经济的集中表现。这是我们对于文化和政治、经济的关系及政治和经济的关系的基本观点。"[④]也有学者根据文化内容对广义文化进行划分,有的划分为精神文化和物质文化两个层面,有的划分为精神、物质和制度三个层面,也有的划分为风俗习惯、思想价值、制度和物质四个层面,还有的划分物质、精神、艺术、社会关系、风俗习惯、语

---

① 辞海编辑委员会编:《辞海》,上海辞书出版社1979年9月第1版,第1533页。
② 中国大百科全书总委员会:《中国大百科全书社会学》,中国大百科全书出版社1992年4月第1版,第409页。
③ 转引自谢新松著:《文化的社会治理功能》,云南大学博士论文,2013年6月,第68页。
④ 毛泽东著:《毛泽东选集》(第2卷),人民出版社1991年6月第2版,第663—664页。

言符号六个层面。狭义的文化则集中于精神层面,主要是指以知识为载体的哲学思想、道德伦理、人文精神、教化思想、思维方式等方面的内容。本研究所论及的"文化",是广义的文化,是指一定社会政治、经济的集中反映,是人类创造的一切产品和精神产品的总和。

(二) 大学文化概念界定

大学与文化有着天然的不可分割的必然联系。大学自诞生之日起,就是从事文化活动并产生文化成果且具有文化组织性质的社会组织,可以说,有大学就有大学文化,大学本身就是一种文化的存在。我国古代教育机构虽不是严格意义上的大学,但无论是官办机构还是民间书院,都十分注重文化育人。《大学》开宗明义,"大学之道,在明明德,在亲民,在止于至善。""明德"是通过教育实现道德养成,"亲民"是通过教育来塑造良好的社会风尚,"止于至善"是通过教育引导人向善进而促进社会"至善"的理想状态。"明德亲民止于至善"的教育理念凸显的是以文化人的教化。雅斯贝尔斯认为,"教育是面向人(尤其是老一代人面向年轻一代人)的行为,是内容之传授的整体。参与教诲,管教其行为,把传统带给青年,他们应从本源开始,在传统的簇拥下成长,并驱使他们向着自由的可能性生长。因此,教育的原则被许可,是不可察觉地经由所有呈现出来的源初之物、真实之物、根基,而不是衍生出来的,仅仅是知识性的东西——除了在专门知识、语言、记忆内容的明确限制之中。人们不能忍受任何仅仅是背诵出来的东西,但也不能期待每个人都成为一个创造性的思想家。教育的过程是让受教育者自己锻炼自己,让他们在实践中学习和成长。"[①]

---

① 【德】卡尔·雅思贝尔斯著,陈巍、[德]卡尔·克拉茨译:《什么是教育》,上海人民出版社2022年12月第1版,第3—4页。

可见，文化是大学的基因和品质，大学的本质是一种功能独特的文化机构，是人类文化发展到一定阶段的产物，大学文化是在大学产生和发展过程中逐渐形成的一种具体文化形态，是文化的重要组成部分。

大学文化内涵丰富。就文化主体来看，大学文化的主体是大学的教师、学生以及所有大学领导者、管理者等，其中教师与学生是大学文化的主要传承者和创造者，也是大学文化的实践者、体现者。一所大学的文化就是在一代代师生共同创造、接续传承中形成的。就文化形成与发展来看，大学文化是以大学为载体所形成的文化，是大学在长期办学实践中，在历史积淀、自身建设以及社会环境的影响下逐步形成的。大学的办学历史越悠久，其文化积淀就越丰厚。大学的办学实践越丰富，其文化创造就越丰富。正是在办学实践中，大学文化才能在传承的基础上不断创新发展。就文化构成来看，大学文化是一个由精神文化、物质文化、制度文化和行为文化构成的有机整体。

精神文化是大学文化的核心。它包含对大学办学理念、历史传统、使命目标、价值原则等方面的高度凝练，是大学文化的最基本表达方式，是大学办学风格的突出显示，也是大学文化建设的关键。大学精神文化不是一个抽象、空泛的东西，相反，它具有一种感召力、向心力和凝聚力，在一定条件下会转化为引领、激励大学人实现理想目标的巨大物质力量。大学精神文化集中体现在大学精神中，大学精神是大学文化的灵魂，是对大学信念和追求目标的表述，是对办什么样的大学的价值追求，是激励广大师生沿着这一信念和目标前进的精神力量。科学的大学精神是建立在对文化传统、教育本质、办学规律和时代特征深刻理解基础之上的。如哈佛大学的"与真理为友",斯坦福大学的"让自由之风吹拂",西南联大的"刚毅坚卓",清华大学的"自强不息,厚德载物"等,都是大学精神的精髓,也是这些大学精神文化建设的成果。

物质文化是大学文化的物质形态。它是大学精神文化的物质载体和物质基础,也是大学综合实力的外在体现和重要标志。大学物质文化涉及教学、科研、生产和生活资料以及校园环境的方方面面,内涵十分广泛。课程和学科专业是大学物质文化中最重要的核心,是大学办学水平和办学特色的集中体现;教师队伍是大学物质文化中最宝贵的财富,也是办好一所大学的决定性力量。梅贻琦指出:"大学者,非谓有大楼之谓也,有大师之谓也。"[1]竺可桢也曾有类似论述,他指出:"一个学校实施教育的要素,最重要的不外乎教授的人选、图书仪器等设备和校舍建筑。这三者之中,教授人才的充实最为重要,教授是大学的灵魂。"[2]在中国近代教育发展史上,西南联大身处战乱,教学条件极为艰难,但却培养出许多日后成为名师大家的人才,究其原因,就是西南联大积聚了当时中国教育界的大量精英和学界翘楚。今天,人才已然成为社会最稀缺资源,造就一支人格魅力强、学术造诣深、治学水平高的师资队伍,更是大学在激烈竞争中立于不败之地之地的重要法宝。

制度文化是大学文化的支柱。它是大学精神文化和物质文化的重要保障,包含大学人共同遵守的规章和准则,是规范大学组织行为,保障其正常运作的一系列规则、程序和机制,是大学治理水平的集中体现。大学通过制度建设,将大学精神理念融会在可感可行

---

[1] 刘述礼,黄延复编:《梅贻琦教育论著选》,人民教育出版社,1993年第1版,第10页。
[2] 竺可桢著:《竺可桢全集》(第二卷),上海科技教育出版社2004年7月第1版,第334—335页。

的制度体系中,确保大学人自觉将这些理念内化于心,外化于行,进而形成良好的大学文化,确保大学组织保持持久的生命力。纵观大学发展历程,一部大学发展史就是制度文化发展史。不同的大学,制度文化各不相同,其中"教授治学、校长治校"是被实践证明了的,现代大学制度文化的基本根基和有效模式。教授治学,是指在教书育人、科学研究和学术决策等方面的重大问题决策中,注重发挥教授的学术权力。校长治校是指大学校长统辖学校内外部事物,实现科学管理,提高办学效益。在现代大学制度体系中,教授治学和校长治校二者是相辅相成,缺一不可的。此外,现代大学制度既涉及大学与社会、大学与政府关系的协调,又包含大学内部治理结构的完善。国家与行政部门的方针、政策以及法规等对大学发展有着导引或制约作用,是大学制度文化的外部建制。大学内部的自身运行机制、组织结构和管理制度等则是大学制度文化的内部建制。大学制度文化是外部建制和内部建制相统一的有机整体。

大学行为文化是大学人所表现出来的行为方式的总和。它包含大学各个行为主体在工作、学习、生活中的言行举止以及这些行为所反映出来的价值理念、行为规范和品性品位,是大学文化在人的形象和面貌方面的生动体现。行为文化在大学文化体系中处于十分重要的地位,是大学人以大学精神文化为引领,大学物质文化为基础、大学制度文化为规范,在大学实践中的行为总和和行为总特征,是大学文化中最活跃、最生动、最形象的展现部分。大学文化建设水平,最终要落实和体现在大学人的行为之中。具有人格魅力、学术造诣、善于治学育人的学术大师和具有远见卓识、独到办学理念、善于科学管理的优秀校长,往往被视为大学文化的人格化象征。大学行为文化的本质特色体现于大学的校风之中。

正因为大学文化是一个内涵十分丰富的范畴,长期以来,国内外学者对"大学文化"这一概念从不同视角展开深入探讨,立足不同的学科,关注不同的重点,自然得出的结论也有所不同,可谓是仁者见仁、智者见智。但综合已有研究成果,不难发现,这些对大学文化做出的不同界定,其背后还是有着较为普遍的共识的。从一般意义上说,大学文化是大学生存和发展的灵魂和根基,是大学人基于社会文化与大学自身特点,在长期办学实践过程中共同传承和创造出来的一种独特文化形态,大学文化是由精神文化、物质文化、制度文化、行为文化构成的一个相互渗透、相辅相成和辩证统一的有机整体。大学文化是大学的重要特征和显著标识,也是大学的核心竞争力,在实现学校办学目标、促进学校发展中起到至关重要的作用。

二、大学文化的主要特征及功能

大学文化不仅是高等教育的重要组成部分,同时也是社会文化的重要组成部分。它不仅关系到高等教育的质量与水平,更是国家软实力和文化影响力的重要体现。作为以大学为载体的区域文化,大学文化不仅作为文化样态有其独特性,而且在价值功能上有着独特地位。

(一)大学文化的主要特征

大学文化是一种独特的社会文化形态。之所以说它"独特",主要是指大学文化除了具备传承性、地域性、民族性、时代性等文化的基本特征外,作为一种区域文化——以大学为载体所形成的文化,大学文化与以其他社会单位或者其他教育单位为载体所形成的文化相互联系又相互区别,具有自身的特点。

大学文化具有整体性。如前所述,大学文化是由精神文化、物质文化、制度文化、行为文化构成的有机整体,整体性是大学文化的本质属性。大学文化的整体性首先体现在内涵结构的关联性上。美国文化人类学家克莱德·克鲁克洪认为,"每一种文化都是一种结构,他不是信念和行动的所有在物质上可能、在功能上有效的模式杂乱无章的搜集,而是一种相互依存性的系统,并且具有按某种感到合适的方式分隔和排布的形式。"①在大学文化内涵中,精神文化、物质文化、制度文化、行为文化就是"相互依存的系统",四者各有侧重,相辅相成,缺一不可,共同构成大学文化整体。其中精神文化是核心,物质文化是基础,制度文化是保障,行为文化是载体,大学精神是隐性的,通过物质文化、制度文化、行为文化得以外显,四者共同构成大学文化的特质。大学文化的整体性还体现在其建设的系统性上。大学文化内涵丰富,既包含空间的结构,又蕴含了时间的跨度。大学文化建设应注重将精神因素、物质因素以及人的因素充分整合。在大学文化建设中既应考虑到空间的广延性,又要考虑到时间的连续性,既应考虑到布局的合理性,又要考虑到结构的完整性,从而构建一个整体的大学文化体系。

大学文化富有创新性。大学文化以高深的专业知识和学科(专业)为基础,是人类文化中的一种创新型文化。这也是大学文化区别于其他社会组织文化的一个根本特征。大学文化的生命力及其根本价值,就在于大学始终在吸收借鉴人类发展历史经验的基础上,立足现实,并结合大学自身特点,坚持探索真理,在知识的创造、

---

① 转引自丁虎生:论大学文化的基本特性,西北师大学报(社会科学版)2010年第2期,第74页。

加工、传播和应用中不断实现新突破,取得新成果。这些新突破与新成果构成大学独特的文化资源,并且以自身独特的文化手段影响个人的成长、社会的发展和不同群体的文化理解以及文化融合,形成独特的文化力量,这一路径也是大学文化独特的底层逻辑。所以,尽管从表面看,大学是由学院、系、研究所等机构组成,但支撑这些机构的基础却是知识、学科和专业,尤其是人类优秀文化成果的积淀,是前沿知识和高深学术。我们甚至可以说,在人类的知识殿堂里,大学是作为知识权威而存在的,大学文化之所以成为一种拥有深厚底蕴的社会文化形态就在于它植根于前沿知识和高深学问等创新型文化基础之上。

大学文化体现超越性。超越性是大学文化的重要特征,拥有和保持执着的超越品质是大学履行使命和实现价值的根本所在。大学文化所包含的超越品质主要体现在如下几方面:一是大学肩负着传承创新高深知识、开发启迪人类智慧的特殊使命,这就要求大学文化必须超越现象,揭示和体现大学发展的内在规律,引导和激励大学人遵循规律即"知识的逻辑"开展活动;二是大学是社会组织的子系统,大学活动是社会活动的一部分,大学的责任要求大学文化必须超越"象牙塔",揭示和体现大学发展的外部规律,也即大学与社会发展相互影响的规律,惟其如此,才能协调大学与政府、社会、市场等方面的关系;三是大学的目的是实现人类社会的终极目标,即实现人的全面发展。这就要求大学文化必须超越功利,揭示和体现育人根本规律,引导和激励大学人要有辽远的目光,不仅要"关注脚下",更要惯于和善于"仰望星空"。体现强烈超越意识和执着超越精神的大学文化必然具备以下品质和能力:认清定位与使命,于纷扰中坚持自己的终极目标与价值追求,不偏离价值与能力,不违背学术良心,不忘却社会责任;忠诚于学术与真理,于诱惑中坚定地捍卫大学应有的学术尊严,不随波世俗,不逐流市场;追求自强与卓越,于博弈中妥善协调学术、行政和市场三种权力的关系,赢得广泛的尊重与支持,赢得自身发展的空间,赢得引领社会发展的资格。[①]

(二) 大学文化的功能

大学自产生以来,就发挥着重要的社会功能。伴随着人类社会的发展,大学的社会功能日益凸显。大学不仅仅是研究学问和孕育人才的重要基地,还成为推动国家与地区经济与社会发展的中坚力量,大学文化更是肩负着引领社会文化前进的重要使命。随着人们对大学自身功能认识的深化,在大学的人才培养、科学研究、社会服务等功能外,文化传承、国际交流等功能越来越得到重视,大学文化在"育新人"、"兴文化"中发挥着越来越重要的独特功能。

以文化人、以文育人,是大学文化的首要功能。培养德智体美劳全面发展的社会主义建设者和可靠接班人,是我国教育的根本任务。大学生的全面发展,不仅需要知识的传授,更需要文化的熏陶。大学文化通过加强思想政治教育,通过课程设置、教师榜样和校园环境等实现全员、全过程、全方位育人,潜移默化地以社会主义核心价值观引领学生,引导学生形成正确的世界观、人生观和价值观。大学不仅传授专业知识,更致力于培养学生的全面能力,如批判性思维、公共责任感、领导力等。教师和学校领导的个人品质、专业素养及其与学生的互动方式,对学生的人格发展具有示范作用。通过志愿服务、社会实践等活动,大学文化鼓励学生发展同情心、责

---

① 参见刘国庚,叶梦绿:论大学的超越,《河南科技学院学报》2014年第9期,第66—67页。

任心和社会责任感。大学通过提供多样化的课程和丰富的校园活动，提升学生的文明素质和审美情趣，为学生提供展示自我、发展个性的平台，激发学生的创造力和潜能，鼓励学生追求自我实现。文化对人的影响是深刻的、潜在的和持久的。大学文化一经形成，就会以潜移默化、润物无声的方式，教化人、感染人、陶冶人，深刻影响着学生的价值取向、人格品质、思想情操、思维方式、行为习惯等，引导学生不断提升和完善自己，对于促进学生全面发展具有非常重要的作用。

文化传承与创新，是大学文化的重要功能。大学作为知识的殿堂，承担着传承民族文化和优秀传统文化的重要使命。作为文化的传承者，大学通过教育和研究活动保持和发扬光大传统文化，各类文化活动如讲座、庆典等，都是传承和弘扬优秀传统文化的平台，可以帮助学生在现代教育背景下重新认识并珍视传统文化。大学不仅是传统文化的守护者，也是新型文化的创造者，推动文化的创新和发展。大学师生思想活跃，富有批判精神，勇于变革，勇于开拓，富有求知欲和探索精神，他们往往是最先感受人类社会以及宇宙空间物质和精神变化的群体，也是不断推出新思想、新观念、新事物，发出时代最强音，引领社会发展的文化先行者。正因如此，大学也被视为学术研究和知识创造的重要基地。大学通过提供资源和平台，鼓励教师和学生进行科学研究和学术探索，这些研究成果往往能够推动科学技术进步和社会发展，不断丰富人类知识的宝库。在美国，"先有哈佛，后有美利坚"；同样，在中国，先有北京大学等高校发起的新文化运动和五四运动，才有马克思主义的广泛传播和中国共产党的成立以及中国的革命、建设和改革不断推向前进的伟大历史篇章。

社会服务是大学文化的基本功能。大学文化的社会服务功能是指大学在履行其人才培养、科学研究、文化传承创新等基本职能的同时,通过各种形式和途径,为社会发展提供服务和支持的能力。这种功能体现了大学与社会的紧密联系,是大学实现其社会责任和使命的重要途径。首先,大学通过人才培养为社会服务。大学教育的目标首要是培养具有社会责任感、创新精神和实践能力的人才,这些人才毕业后将直接参与到社会各个领域的建设中,推动社会的发展和进步。大学还通过继续教育和职业培训等方式,为在职人员提供更新知识和提升技能的机会,从而间接服务于社会。其次,大学的科学研究也是社会服务的重要方面。大学通过开展基础研究和应用研究,产生新的知识和技术,这些成果可以直接转化为社会生产力,促进经济的发展。同时,大学还可以通过与企业和政府的合作,将科研成果转化为实际应用,解决社会面临的各种问题。此外,大学还通过文化传承和创新来服务社会。大学是文化传承的重要场所,通过教育和研究活动,保存和传播人类文化遗产。同时,大学也是文化创新的源泉,通过跨学科的交流和合作,推动新思想、新文化的产生和发展。在新时代背景下,大学的社会服务功能更加凸显。随着社会的发展和变化,大学需要不断调整和优化其社会服务的方式和内容,以更好地满足社会需求。例如,大学可以通过加强与地方政府和企业的合作,提供定制化的咨询服务和解决方案,帮助解决地方经济社会发展中的实际问题。同时,大学还可以通过开展社会调查和政策研究,为政府决策提供科学依据。总之,大学文化不是孤立存在的,它与经济社会发展相互作用,反映了时代的特点和社会的变迁。大学通过为社会培养各类专业人才,满足社会发展的需要,通过各种形式的社会服务活动(如社区服务、科技咨询等),

将知识和技术转化为解决实际问题的工具,增强社会的整体福祉。

　　国际合作与交流,是当今大学文化日益凸显的功能。在全球化日益加深的今天,大学作为知识和文化的发源地之一,其所承担的社会职责愈发重要。大学文化的国际合作与交流功能是其社会服务功能的重要扩展,它通过多种形式和途径,不仅促进了全球知识和文化的传播,还加强了不同国家和地区之间的相互理解和合作,对全球文化的交流与发展产生深远影响。今天,世界各国的大学,都在通过与国际大学或研究机构的合作,开展共同研究项目,促进科学知识的发现和技术创新。这种跨国界的学术交流,不仅汇集了全球的智慧和资源,还加速了科学技术的发展。国际合作使得教育资源和研究成果得以共享,通过访问学者项目、学术会议等方式,加强了全球范围内的知识传播和学术互动。大学文化还成为促进文化多样性交流的重要载体。大学通过学生交换项目,如留学、短期文化交流等,不仅为学生们提供了学习外国语言和文化的机会,增强了学生的国际视野和跨文化沟通能力。同时留学生们也作为本国文化的使者,展示本国文化,促进了不同文化的相互理解和尊重。许多大学都会举办国际文化节或多文化庆典活动,这些活动展示了来自世界各地的文化艺术,增进了学生对全球多样性的认识理解。大学还通过教育和文化交流加深国与国之间的友好关系。例如,在"一带一路"倡议中,中国大学通过与沿线国家的教育合作,促进了区域稳定与繁荣。大学通过国际合作项目,如气候变化、环境保护等全球性问题的研究,推动实现可持续发展目标。通过教育和研究解决全球发展问题,如贫困、疾病控制等,大学在这一过程中发挥了重要作用。总之,大学文化的国际合作与交流功能在全球化背景下显得尤为重要。这些功能不仅推动了科学研究、文化多样性、国际政策支持、技术转移等方面的发展,还在政治、经济合作以及实现全球可持续发展目标方面发挥着关键作用。同时,它们也为国家软实力的提升和国际形象的正面塑造提供了强有力的支持。

总的来说,大学文化作为一种独特的社会文化现象,对于人才培养、学术研究、社会服务、国际交流等方面都发挥着不可或缺的作用。它不仅塑造了学生的个性和价值观,也为社会的发展和进步提供了智力支持和精神动力。因此,加强大学文化建设,发挥其在各个方面的功能,对于提升教育质量、促进社会文明进步具有重要意义。

三、大学文化与大学自身发展

大学是一种文化的存在,文化属性是大学与生俱来的本质属性之一。大学作为一个独特的文化机构,伴随着人类社会发展的步伐而不断进步发展,在这一过程中,大学文化始终是引领学校发展的内在动力,也在学校发展中经历历史与现实的锤炼,经历中西文化的冲突与融合,从而不断适应社会变化与大学发展的要求。不言而喻,文化是大学核心竞争力的重要组成,也是其多年办学历程孕育的特质。大学文化建设与大学自身发展之间始终是同向同行、相互促进的。大学发展的过程本质上是大学文化自觉、文化发展的过程。

(一) 大学文化对大学发展建设的引领作用

纵观世界名校,可以发现这些名校都具有独特的大学文化。积极弘扬科学精神和人文精神,执着追求真理,将培养人格健全、具备创新能力和思辨能力的杰出人才作为自身使命。如普林斯顿大学,除了以"严谨、庄重和纯正"而闻名遐迩外,其特有的"美丽的心灵"校园文化也与其在科学研究上所取得的成就相得益彰。

大学文化对大学发展建设的引领作用最集中的体现就是确保大学坚持正确的办学方向。方向决定命运,正确的办学方向是决定大学命运的关键所在。大学文化的创新性、超越性特征决定了大学文化本身是先进文化的重要组成部分,而且在社会先进文化建设中具有先导性地位。中西方大学文化发展历史充分表明,大学文化是人类文明延续发展的基石,是推动物质文明和精神文明发展的重要动力,尤其在知识经济时代,大学文化对社会和经济发展的作用进一步加强。先进文化是大学教育的重要基石,影响和制约着大学发展,用先进文化培育人是培养高质量人才的根本保证。另一方面,大学还是先进文化的传承者、传播者、研究者和建设者,并以之去推动经济和社会发展,担负起引领社会前进的责任。中国特色社会主义大学的性质和根本任务要求大学文化首先要坚持社会主义的办学方向,坚持中国共产党的领导,坚持马克思主义在意识形态领域的指导地位,并促使大学文化在错综复杂的社会文化环境中能够努力朝着我国先进文化的方向前行,高扬社会主义意识形态的主旋律,并最终形成一个和谐、繁荣、先进的大学文化环境,以此引导大学健康发展,进而培养中国特色社会主义事业的合格建设者和可靠接班人。总之,社会主义大学文化建设要努力把握先进文化的前进方向遵循文化自身的发展规律,参考与吸纳人类文明中有价值的成果,以实施科学文化素质教育为基础,以建设优良的校风、教风、学风为核心,以优化校园文化环境为重点,以树立正确的世界观、人生观、价值观为导向,弘扬主旋律,突出高品位,加强管理,注重积累,坚持构建反映我国特征、时代特点、高校特色的大学文化,持续让高校学生对精神文化方面逐渐扩大的需求得以满足,为培养社会主义合格建设者和可靠接班人提供强大的精神动力,让高校变成推动我国特色文化发展的关键基地与辐射源。

  大学文化对大学发展的引领作用还体现在它是大学实现育人根本任务的关键力量。大学的根本任务是育人,以系统的知识传授培养学生的专业能力,以强大的思想文化力量引领学生树立正确的人生观、世界观和价值观,从而成长为德才兼备的有用人才。大学文化是大学育人导向和办学宗旨的根本体现,不仅可以正确地引领社会思潮,而且是引领学生成长成才的强大精神力量,它不仅给学生营造积极的学习环境,渗透到大学的每一个地方,反映在课堂教学、学术研究和社会实践全过程,还渗透在学校生活的一切方面,突出地反映在校风、教风和学风之中,更为重要的是,它体现了大学的办学方向,理念宗旨、自身特色,构成了大学治学育人的文化生态环境,能潜移默化地熏陶人、教化人、引领人。大学文化的核心是尊重与培育人才,大学文化建设对大学及其每个成员的价值取向和行为规范具有教育导向作用,这是因为,大学文化本身包含着独特的价值体系与行为标准,对大学老师与学生的价值取向和行为模式具有激励或约束作用。高雅的大学文化氛围、向善的基本道德规范、向上的思想观念及行为准则,将对学生自身的发展产生极其深远的影响,尤其是对学生的价值理念、品性道德以及生活模式的形成,产生极强的责任意识与长久的推动力量,变成大学生自我管制与激励的标准。让现代大学生对美的追求、欣赏以及创造等不同层次、多样化的心理需要得以满足,调动学生的创造思维与能力,培育学生的想象能力与好奇心,培育学生的个性化。伴随着一批又一批大学毕业生踏入社会,大学所培育的科学精神和人文精神也扩散至社会的各个方面。大学所倡导的文化与价值理念由大学生直接或间接地扩散到周围人群,能够在一定程度上提高整个社会的文化素养和道德水平,从而有力地推动文化事业发展。

大学文化对大学发展的引领作用还体现在它为大学自身建设提供强大的精神力量。大学文化通过共性文化、共同理念、共守制度等,持久吸引大学人凝聚思想共识、汇聚发展大学的力量。正是这些思想共识和发展力量才构成大学的整体精神风貌、价值认同、内在品质和核心竞争力,是大学赖以生存发展的基础和血脉,是大学的综合实力与核心竞争力的重要组成部分,对大学自身建设的各方面和全过程都起着决定性的意义。大学文化在物质、制度、精神及行为等方面的建设成果,不仅是大学自身的持续完善,体现在大学的办学传统、教学特色、校风、校训、校歌等精神品质提升以及校园环境、基础设施、文化景观等物质载体的改善中,而且还集中地体现在大学教师和学生的道德观念价值取向和行为准则的不断提高中。大学文化是引领大学建设的重要力量,是大学建设的基本支持,在高素质人才的培养,社会历史文化的传承,科学技术研究,物质文化产品的生产,多元文化的交流和传播等各方面的建设中都发挥着积极的促进作用。有力促进大学建设的不断自我完善和自我发展,更好地提升大学的社会功能。

(二) 大学文化对大学发展建设的推动作用

与大学文化包含精神文化、制度文化、行为文化和物质文化四个方面相对应,大学文化对大学发展的推动作用由大学的精神力、制度力、行动力与形象力等四个要素构成,是大学长期积累的全部精神成果所发挥出的对内的凝聚力(整合力)、对外的影响力(吸引力、辐射力)和自身的感召力(亲和力、创造力)。为便于分析,本书将从大学精神、大学制度和大学形象三个角度来阐述大学文化对大学自身发展的推动作用。

第一,大学精神力是促进大学发展的根本。大学精神力即大学精神文化对其师生群体产生影响而出现的凝聚力,能够助力其发展内在动力和影响社会的能力,是各校竞争实力的核心构成要素。大学精神力集中表现于办学理念、价值思想、创新实力以及特色等多个关键要素。办学理念是大学精神在办学行动中体现。价值思想贯穿师生理念并集中表现在师生行为上。特色和创新是大学精神力的展示与检验,是大学精神力高扬的旗帜。

大学精神文化是大学文化的核心,是大学文化中最深层的文化力量。大学精神是在大学长期发展过程中逐渐孕育而成的、为大学师生普遍认同的价值观,是大学文化的灵魂。培育大学精神既要继承和弘扬大学的优秀文化传统,也要以先进文化为指引,将这两者统一于大学文化建设之中。学术自由是大学的宝贵传统,科学精神、人文精神、批判精神、创新精神是大学精神的基本内涵,培育大学精神应对大学的优秀文化传统进行创新性发展。培育大学精神还应以马克思主义中国化的最新理论成果为指导,立足强国建设、民族复兴的战略高度,担负赓续中华文脉、推动文化繁荣的重大使命。

根本上,大学精神是一所大学体现出来的生命力、创造力和凝聚力的整体精神面貌。[①] 大学自治、学术自由、发展创新、人文关怀、批判精神、教授治校、兼容并包等等都应包含其中。大学精神之于

[①] 饶武元,胡罗斌:论大学精神与大学发展,《教育学术月刊》2010年第1期,第44页。

大学的作用犹如人的精神之于人的生存与发展的意义是一样,没有了精神,大学便失去了生气,并最终走向穷途末路。国内外无数著名大学发展的历史实践证明,大学精神是支撑大学迅速发展的稳定支柱。例如,哈佛大学的"追求真理"精神、耶鲁大学的"自由自主"精神、牛津大学的"不屑尘俗、坚持自我"精神、北京大学的"兼容并包、思想自由"精神、清华大学的"自强不息、厚德载物"精神,都是这些学校赖以生存和发展的精神支柱,也是这些学校不断提升水平,走向一流的内驱力。"大学中如果没有一种努力向上的精神文化,教员的内在动机就得不到激励。大学精神是激励大学改革的推动力。"[1]毋庸置疑,积极向上的大学精神激发教师的内在动力,推动大学各项改革。而面向大学学术自由的改革、致力于世界领先水平科学研究的推进、致力于优秀人才培养的改革必然会推动大学向正确的方向发展,最终走向较高发展水平。因此,大学精神的价值之一就是推动了大学的发展。相反,如果大学失去精神,必然会趋于世俗,随波逐流、追名逐利,甚至沦为受市场影响、被物质裹挟的名利场。所以,培育大学精神对大学而言,至关重要。因为,大学精神是一所学校生存和发展的精神支柱,没有精神的大学就不能称之为真正意义上的大学。

大学精神文化是不懈追求真善美过程的统一,是促进大学自身和推动社会和谐、全面、协调发展的统一,是大学普遍本质的共性与"和而不同"的鲜明个性的统一,是探索求知和知识创新的统一。

儒家经典《大学》云:"大学之道,在明明德,在亲民,在止于至善。"清华大学老校长梅贻琦先生解释:明明德包含了研究学问与正

---

[1] 柳海民,常艳芳:论大学精神的价值,《教育研究》2008年第8期,第51页。

心修身结合之意和增强自我修养之意,也有大学生活对学生的熏陶感染之意。同时,他将亲民改为新民,一字之改使千年古训富有新意,充满了中国现代化大学的文化精神与理想。世界名校与普通大学有什么不同?从所教授的知识和课业方面,应该相差不大,最大的不同在于世界名校更加注重人文修养的教育与熏陶,更加注重文化的传承和人格的全面培养,把人文修养作为教育的根本。

大学精神是探索求知的精神,是追求真理的精神。"自强不息,厚德载物"出自《易经》。"天行健,君子以自强不息""地势坤,君子以厚德载物",其精神实质正是清华大学清华精神所体现的一种百折不挠追求真理的精神,一种自强不息努力向上的精神。哈佛校训:与柏拉图为友,与亚里士多德为友,更要与真理为友。追求真理的过程是无止境的,只有不同的观点、不同的理论、不同的学科、不同的派别之间相互切磋相互交锋,才会让真理离我们越来越近。"百花齐放、百家争鸣",是大学精神的又一体现。学术民主、百家争鸣的宽容不仅反映了科学在比较中鉴别、在矛盾中发展的事实,也要求大学人有兼容并蓄的胸怀,有坚持实事求是、服从真理、追求真理的态度。大学精神与大学理念密切相关,简单地说,大学理念基于大学精神,大学精神源于大学理念。大学的办学理念是对大学的宗旨、本质、功能、使命等大学办学基本问题的理性认识、价值判断和理想追求。办学理念回答的是办什么样的大学和怎样办好大学、培养什么样的人和如何培养人的问题。我国大学的办学理念与中国特色社会主义伟大事业紧密结合起来,坚持走中国特色社会主义高等教育发展之路。始终坚持把立德树人作为教育根本任务,致力于培养德智体美劳全面发展的社会主义合格建设者和可靠接班人。

第二,大学制度力是促进大学发展的动力。大学制度力是高校章程制度等对师生的约束和控制所体现的内驱力,它的形成需要长期的教育实践过程,而且是比较稳定的制度文化的展现,制度力是高校践行办学理念、传播价值、构建学术体系最有效的基础。制度力的规范化、强制性,能够激发文化软实力、增强办学水平、提高办学质量。

大学制度是指与大学精神制度相适应的规章制度体系,以及在制定、贯彻、执行各项制度过程中形成的机制观念、道德伦理、行为习惯等。大学制度文化建设是大学提升竞争力的重要保障。大学治理的前提和保障是完善的大学制度,高校运用大学制度能够协调、平衡各利益主体的关系,处理好权利和义务关系。高校制度文化建设要立足高校实际,必须严格以党的路线、方针、政策为前提,贯彻落实各项法律和法规,遵守社会主义道德观念和行为准则,不断加强管理,引导大学生养成正确的行为意识和行为习惯。科学合理的制度为大学文化理念的贯彻落实提供了重要的保证。大学制度文化,能够规范高校的教育教学秩序,保障高校办学理念和人才培养目标的实现。大学制度要求广大师生自觉遵守和规范,大学制度是一种无形的力量,规范和引导高校师生的行为准则和规范。大学制度是建立在国家法律、法规基础上的法人治理结构、人事制度、工资制度、行政管理制度、教学管理制度、科研管理制度、学生管理制度、财务管理制度、后勤管理制度等一系列的制度集合,这些制度不仅被广大师生全面认知,而且是高校长期发展所积淀的制度文化,成为一种内驱力和激发高校发展,是提升高校办学水平的重要保障。

大学制度本身就是一种文化现象,因为,大学制度体现为一系列制度安排时,它必然反映一定群体的文化价值和文化观念,它从根本上决定着学校正常运行和创新发展的组织文化形态。建设具有中国特色的现代大学制度,在大学的发展过程中具有重要作用。比如,完善治理结构方面,完备而高效的党委领导下的校长负责制、教职工民主参与制度、学术委员会制度、教授治学制度等等能够理顺不同利益相关者的关系,通过制度激发各方在学校建设中的积极性和主动性,从而推动大学的发展。另外,学校章程的建设也是制度建设的一个重要方面,章程就是学校的内部宪法,学校办学过程中的问题都要依法办事、依"章"办事,以此增强学校工作的透明度、公正性和延续性,营造的是公平的、稳定的大学发展环境。此外,大学处理社会关系的相关制度也是大学制度文化的一个重要方面。大学早已走出"象牙塔",不仅要完成教育教学工作,更要加强与社会的联系,让社会资源进入学校,促进学校的发展,同时也通过与社会合作,为社会做出更大贡献。

第三,大学形象力是促进大学发展的战略。大学的形象力是一种对校内师生与校外公众的凝聚力、吸引力、感召力和竞争力的集合,通过塑造和传播优秀大学形象而形成,它是隐含在学校教育教学活动过程中的巨大无形力量,对学校健康、可持续发展具有积极作用。大学形象包括学校内部的整体面貌和对外整体形象,体现在学校环境、学校形象识别系统和学校形象传播体系之中。

大学形象是人们对大学的整体认知、印象和评价,是大学客观状况的综合反映,是大学在与社会公众通过传播媒介或其他接触的过程中形成的[1]。大学形象对大学生存和发展的促进作用体现在多个方面,特别是在与社会联系日益紧密的今天,大学与社会各界资

---

[1] 吴剑平,高炜红:我国大学形象战略论纲,《清华大学教育研究》2009年第4期,第54页。

源的互动和相互依存度大大增强,大学形象的作用日益凸显。一方面,良好的品牌形象,如优美的校园环境、先进的教学设备、优秀的师资队伍、优良的教学质量等等能够使学校吸引到高质量的生源、一流的人才。另一方面,良好的品牌形象能使学校更易获得高品质资源。在市场经济中,大学之间、大学与其他社会组织之间不可避免地存在着办学资源的竞争。特别是经济全球化导致生源、师资、经费、就业机会等主要办学资源的国际流动日益加剧。社会声誉、学校形象较好的大学往往更易争取到竞争资源。还有,良好的品牌形象能够增强校内的凝聚力,激发人才的创造力。具有良好品牌形象的高校本身就具有吸引力,通常能够凝聚一批优秀教师为之服务。而且这类高校通常能够提供良好的工作、学习、科研环境,满足教职工多方面的要求,为教师创造力的发挥提供了宽松的氛围。因此,大学形象力也是推动大学发展的重要力量。

一般而言,大学形象力主要体现为外在形象和内在形象两个方面。外在形象主要体现为校园环境、学校设施和大学视觉形象等物质文化方面。

首先是校园环境。校园环境是大学形象的外在表现,是形象力的物质载体,包括校容校貌、标志性建筑、教学设施、校园景色等,体现一所高校的文化品位和格调。校园环境及其蕴涵的人文精神潜移默化地影响着师生的价值观念,因而具有重要的教育价值和文化影响。优化校园环境不仅要清洁校舍建筑、保护校园生态、改良空间布局,提升校园景观环境的品质,更重要的是要丰富校舍建筑、自然环境的人文内涵,提升校园物质载体的文化气质。"多才雅得江山助",湖光宝塔的北京大学、滨海风光的厦门大学等令人向往的高校都有着或是自然生成或是人工雕琢的校园景色。

大学校园环境直接关系着学校的育人成果,规划合理、布局规整、清净整洁的校园环境会给人留下美好的回忆,能吸引更多的人参观学习,是扩大学校知名度以及美誉度的有效途径。众所周知的"水木清华",正是清华大学校园中的园林山四时变幻,环抱秀水,掩映两座古亭的清华园景观;北大未名湖博雅塔的景色也常常让人流连忘返。

校园是大学文化的重要载体,学校的每一棵树,每一座亭台楼阁,每一方水土,都见证着学校的成长,都印刻着学校的历史,都记载着学校的变迁。它们凝结着学校的传统、理念、价值取向,也凝结着学校的精神、思维方式。例如南开大学的校钟,在抗日战争时期被日寇的炮火摧毁,60年后又重新铸造,它记载的不仅仅是南开的一段历史,更是南开人不忘国耻、不忘校耻的象征。

英国学者阿什比曾经说过:"任何类型的大学都是遗传和环境的产物"。不同的时代,不同的民族,不同的环境,造就不同的大学。每一所大学都有着鲜明的特色,独特的个性。例如以人名为建筑物命名的哈佛大学,肯尼迪行政管理学院、拜尔礼堂、朗费罗会堂这些都是哈佛大学的建筑物。哈佛大学还有着属于自己的色彩,走在哈佛校园,随处可见的"深红色"。不仅建筑物多为"深红色",就连校徽也是"深红的"。哈佛将这种色彩叫做"哈佛红"。

其次是学校设施。在现代大学校园里,图书馆、实验室和校园网既是大学物质文化建设的重要内容,也是大学文化的展示和体现。在很多时候,历史悠久、藏书丰富、使用方便的大学图书馆,成为一所大学的首要标志,比如,始创于1898年的京师大学堂藏书楼的北京大学图书馆,总面积约90 000平方米,文献资源累积量约1 100余万册(件),是北京大学的"一宝"。所以,发挥好图书馆文化保存和传播的功能,更新仪器设备、提高管理和信息化水平,发挥好实验室科学研究和技术开发的功能,建设开发好现代化的校园网络系统等,都是一所大学文化形象力的重要体现。

再次是大学视觉形象。视觉形象设计是大学形象设计中最直观的部分,它运用视觉传达的方法,通过一系列识别符号来展现学校精神风貌。大学视觉形象设计具体包括校徽、校旗、标准字体、标准色彩、标志建筑等等。在视觉形象中,其实凝聚了大学精神、办学理念、学科特色等内容,并具象为符号、图形、实物、景观,形成系统化的视觉识别系统。加强视觉形象设计,可以极大地助力大学文化形象力建设。

就大学形象力的内在形象方面而言,其主要表现为大学行为文化。大学行为文化属于大学文化的表层,是大学文化中最生动形象的部分,是大学精神在大学人身上的动态体现。大学行为文化主要包括校风、校园文化活动和榜样人物的影响等。

首先是校风。大学校风是全体大学人稳定的精神风貌,体现着大学行为文化的本质。新时期的大学校风建设应该弘扬教书育人之风、追求真理之风、服务社会之风,营造出一种风清气正的大学文化环境。

其次是校园文化活动。校园文化活动是大学行为文化建设的直接载体,其文化内涵潜移默化地影响着师生的人文素养和行为习惯。丰富的校园文化活动,和学校在开展校园文化活动时中所体现出来的文化层次和文化品位,不仅让大学生达到增加知识、陶冶情操、升华境界的效果,而且有助于整体上树立良好的大学形象。

再次,是榜样人物的影响。一所大学的榜样,其实就是大学的精神脊梁。大学榜样人物的教育和先进事迹的宣传,对大学师生具有教化与感召的作用。所以,遴选和树立大学榜样人物,不仅在思想上能够激励人、在情感上能够感动人、在学业或学术上引领人,而且是大学形象的代表,是大学文化形象力的宣传。

(三) 大学自身发展对大学文化建设的基础性作用

大学文化是大学的灵魂和精髓,对提升大学办学水平、对大学的特色发展都起着决定作用。然而,在大学文化受到高度重视的今天,也不能忽视,大学自身的建设发展,如物质条件的发展、学科水平的发展、人才队伍的发展等对推动大学文化建设同样具有不可忽视的重要作用。

物质资源发展是大学文化建设的基础。大学物质资源包括校容校貌、教研设备、道路设施、景观建筑、纪念标识等物理和自然条件。这些资源是校园环境的直观表现,是大学文化的重要内容。校园环境的建设过程,就是学校文化的注入过程,校园环境的呈现状态,反映的是学校的文化内涵。因此,物质条件所蕴含的文化内涵是无言的存在,任何接触它的人都会有直观的感受,若长期身居其中,往往有潜移默化的教化作用。良好的校园物质环境对提高师生的思想素质、价值观念、道德情感、创新智慧有着深刻的教育作用。物质环境在一定程度上体现的是基础性的大学文化软实力,它的发展水平一定程度上体现了大学文化水平,优良的物质基础条件夯实了大学文化建设的基础,提供了大学文化建设的氛围。

学科发展水平是大学文化建设的生命线。学科从根本上反映和体现了大学的办学水平、办学特色、学术地位和核心竞争力,因此,也是大学文化建设水平的重要体现。大学学科发展水平是推动大学文化建设的根本动力,大学学科特色鲜明和成效明显,大学文化的生命力就相应变强。学科水平一般体现在学科平台、科学研究水平和学科人才队伍等几个方面。现代化的实验室、先进的仪器设备、高水平的学科平台和人性化的基地环境本身就是文化以及观念的体现,因此,它所传递的也是大学文化的内涵。另外,具有特色和优势的科学研究成果更是学校大学文化的生命线。以世界著名大学为例,无一不是因为拥有独具特色的世界公认的特色学科、一流学科而闻名于世,而特色学科、一流学科的标志之一就是具有特色和一流的科研成果。最后,强大的学术队伍也是学校文化建设重要推动力。强大的学术队伍可以推动科研成果、优秀人才的产出,进而不断提升学校的办学水平,扩大学校的影响和声誉,提高学校的形象力。

师资队伍发展是大学文化建设的基石。"人"是大学最活跃的因素,大学教职员工的素养水平构成了大学文化建设的重点。首先,管理者的管理理念和文化修养是大学文化建设的核心。大学管理者自身的文化底蕴和学校管理理念左右了学校文化氛围的构建,甚至一定程度上起着决定性的作用。纵观世界优秀大学,也与大学管理者的优秀有着直接关系,就像蔡元培之于北大、梅贻琦之于清华,他们独到的管理理念和文化修养对学校发展理念的树立、发展目标的确立、发展脉搏的把握、发展环境的适应等等都有着重要的作用。其次,教师是大学文化建设的构建主体。教师的价值观念、教育理念、人格修养会对学生产生直接影响教师的文化素养水平在大学文化创建中发挥着主导作用。如果教师的行为榜样和精神教化得到学生的认同,并内化和升华为学生自身的文化素养,那么,就形成了大学文化的合力,这种文化合力会成为大学长期发展的核心竞争力和内在动力。

总之,大学文化与大学自身发展是相辅相成,相互促进的。大学自身发展为大学文化建设和发展奠定了坚实基础,大学文化是在大学发展过程中不断凝结而成的。同时,大学文化又是引领和推动大学自身发展的强大精神力量,它不仅决定了大学自身发展的战略方向,而且直接影响着大学发展的进程和步伐。大学文化与大学自身发展的这一辩证关系,是大学发展历史的经验总结,也是大学之道的重要体现。正因为大学文化是大学发展的根本动力,因此加强大学文化建设应该成为新时代大学发展的重要战略任务或者长远目标之一。培育大学精神、构建现代大学制度、塑造大学形象、营造大学文化氛围等,应该是大学发展的百年大计。毋庸置疑,大学的初级竞争往往体现在硬实力方面,如办学规模、办学条件、办学资金等等,但当这些初级条件基本达到的时候,大学之间的竞争必然上升到文化层面的竞争,如现代大学制度构建和实践程度的竞争、师生员工以及管理者的文化素养竞争、大学的品牌形象竞争等,这是大学长远发展、特色发展、可持续发展的根本所在。

第二章　中国大学文化建设的历史回顾

　　大学文化伴随着大学的发展而发展。在人类文明的历史长河中,很早就有了高等教育机构。希腊有柏拉图执教的"学院",中国有"太学"、"国子监"等,后来还有"四大书院",但这些机构都不是现代"大学"的直接来源。现代"大学"来源于中世纪末,在公元11世纪,"大学"最亲近的祖先在意大利中部的博罗纳出现。11世纪末至12世纪初,"大学"在法国和英国先后出现,然后逐步传播到西班牙、葡萄牙、德国以及美国等地。有大学就有大学文化,中国古代《大学》倡导的"大学之道",柏拉图提出的"哲学王",亚里士多德倡导的"自由教育"思想,代表了东西方最早对大学文化的探索。我国现代意义上的大学是19世纪末、20世纪初开始建立的,在西方坚船利炮和"西学东渐"的冲击下,我国大学文化在形成过程中深受西方大学影响。新中国成立后,我国大学文化建设以崭新的社会制度为基础,伴随着中国高等教育事业发展的步伐,经历了一个持续转化与创新的过程。改革开放以后,尤其是中国特色社会主义进入新时代以来,伴随着我国综合国力的提高,高等教育事业的迅猛发展,我国也步入了大踏步推进中国特色社会主义大学文化建设的蓬勃发展时期。

一、中国大学文化的历史演进

大学文化是大学自身发展的必然体现,因大学而生,与大学共兴。我国大学文化的发展经历了一段漫长的历史阶段,追寻我国大学发展的历史进程,不仅可以更为清晰地把握我国大学文化建设的历史脉络,而且有助于从中汲取体现中国特色的大学文化建设经验与智慧。

(一) 中国大学文化的萌芽和探索

中国的大学及大学文化萌发于清朝末期。鸦片战争后,一系列丧权辱国、割地赔款的不平等条约令国家蒙辱、人民蒙难、文明蒙尘。有识之士主张学习西方先进科学技术,培养经世致用人才。从19世纪60年代至90年代,在洋务运动的推动下,先后在全国开设了一批新式学堂,注重培养"西艺"、"西文"方面的专门人才,为中国近代大学的产生奠定了基础,但在洋务派坚持"中学为体,西学为用"的思想主导下,这些洋务学堂的重点在教授外语、军事和科技,而对西方大学文化则关注甚少。

甲午战争后,深重的民族危机迫使当时的清政府变法改革,实行新政。康有为、谭嗣同、张之洞等开始把西方大学文化思想和制度引入中国,倡导在中国建立西方式的大学以培养人才,增强国力。"每一个较大规模的现代社会,无论它的政治、经济或宗教制度是什么类型的,都需要建立一个机构来传递深奥的知识,分析、批判现存的知识,并探索新的学问领域。换言之,凡是需要人们进行理智分析、鉴别、阐述或关注的地方,那里就会有大学(普西,1963)。"[①]1895年,盛宣怀开设的天津中西学堂(现天津大学),是我国第一所具有现代大学雏形的高校教育机构。1898年,清政府设立的京师大学堂(今北京大学),是我国第一所国立大学。梁启超起草的《奏拟京师大学堂章程》,积极倡导"中学为体,西学为用"的办学理念。在此后的《议复开办京师大学堂折》中也有记载:"今中国创立京师大学堂,自应当以中学为主、西学为辅;中学为体,西学为用。"京师大学堂是效仿日本东京大学而建,但东京大学的模式又源于法国帝国大学,由此可见,京师大学堂的建立,意味着西方大学文化思想开始为国人认同。辛亥革命后,曾经留学欧洲、深受欧洲大学尤其是德国大学思想影响的蔡元培担任北大校长,开风气之先,进行一系列教育改革与大学文化创新,把中国传统文化中的注重人文精神、道德伦理思想与西方近代大学文化中的科学精神、民主精神、自由精神、批判精神融会贯通,提出文理并重,突出教授治校,提倡学术自由,兼容并包等思想、理念。经过改革,北大的现代大学制度初具雏形,兼容并包、学术独立、思想自由的大学精神也逐渐形成,北大由此成为新文化运动的中心和"五四"运动的策源地。

20世纪初至30年代,以"学术自由,融入社会,通识教育,多元开放"等为核心的欧美大学思想及理念得以广泛传播,我国大学文化在吸收西方大学理念,融合中国优秀传统文化的基础上,有所创新和探索。出现了许多如蔡元培、梅贻琦等对大学文化有着独到见解的教育家、思想家,他们的教育思想尤其是大学文化思想对后世起到深远的影响。如梅贻琦在担任清华大学校长后,提出著名的大

[①] 【美】约翰·S·布鲁贝克著,郑继伟等选译:《高等教育哲学》,杭州教育出版社1987年7月第1版,第13页。

师论:"所谓大学者,非谓有大楼之谓也,有大师之谓也。"他十分重视发挥教授的作用,多方延聘著名学者到清华任教。大力推行教授治校,充分发挥教授在行政管理和学术管理中的主导作用。梅贻琦的大学文化思想提倡兼容并蓄,学术自由,强调学风、校风建设,主张"通识为本,兼识为末"的通识教育理念,这些都为清华大学的发展奠定了坚实基础。后来梅贻琦在担任西南联大校委会主席期间,依然贯彻他的大学文化思想,特别是学术自由思想。炮火之下的西南联大创造了中国大学史上的奇迹,这其中,北大、清华、南开三校优势互补,师生以教学报国,学校继承了教授治校的传统,保持学校自治和学术自由,提倡"兼容并包、团结协作"等大学文化都是不可或缺的因素。冯友兰曾评价说:"联合大学以其兼容并包之精神,转移社会一时之风气,内树学术自由之楷模,外来民主壁垒之称号"[①]。西南联大成为现代大学精神、大学制度文化在中国生根和开花结果的典型个案。

抗日战争和解放战争时期,中国共产党领导创办的大学在大学文化建设方面独树一帜。中国共产党成立之初,就开始创办大学。如1922年建立的上海大学,就是国共合作创办的、具有统一战线性质的大学。1933年在江西瑞金创建的红军大学,贯彻"实事求是,团结友爱,艰苦紧张,批评与自我批评"的校风。抗日战争期间,中国共产党在延安创办了中共中央党校、抗日军政大学、陕北公学、延安大学等。这些大学可能办学侧重点有所不同,如中央党校主要是培养党的干部,抗日军政大学主要是培养军事人才,延安大学重点是培养专业人才。但都以马克思主义理论为指导,与中国革命实践紧

[①] 《国立西南联合大学史料(第一册)》,云南教育出版社1998年10月第1版,第283—284页。

密结合,发挥了强大的文化引领力量,不仅为革命培养了大批人才,而且为党积累了宝贵的高等教育办学经验。在抗日军政大学,毛泽东亲自担任抗大教育委员会主席。1936年,在抗大开学典礼上,毛泽东指出:"我党创办抗日红军大学,是为准备迎接民族革命战争的到来"①。毛泽东还为抗大制定了"坚持正确政治方向,艰苦朴素的工作作风,灵活机动的战略战术"的教育方针,学校积极营造"团结、紧张、严肃、活泼"的校风。1943年,毛泽东为中央党校题词"实事求是",作为党校校训,也成为党的思想路线,更是中国共产党大学文化思想的精髓。这些大学的教育方针和校风校训以马克思主义理论为指导,凝结着抗日文化和民族精神,在我国大学文化建设史上独树一帜,而且,延安创办的大学很多成为今天大学的前身,由此也表明了延安时期大学文化在我国的大学文化建设史上的重要意义和深远影响。

(二)新中国成立以来大学文化的构建与发展

中华人民共和国的成立,开创了中华民族历史新纪元,也开启了我国高等教育事业发展的新篇章。建国初期,"我国建设高等教育主要有三种方式:一种是接管和改造清末和民国时期的高等学校,比如,清华大学、浙江大学、南京大学和武汉大学等;第二种是在革命根据地兴办大学基础上的整合和扩充,比如,中国人民大学、吉林大学等;第三种是新中国成立后从零开始新办的大学,比如,中国科技大学等,这类大学数量最大。"②新生的人民政权在恢复和发展

---

① 王成章著:《抗日山——一个民族的魂魄》,人民出版社2011年6月第1版,042页。
② 参见张惠忠著:《新时代我国大学文化建设研究》,中共中央党校博士论文,2022年5月,第43页。

第二章 中国大学文化建设的历史回顾

国民经济的同时也开始大力发展高等教育事业,开始探索构建有中国特色的大学文化。在物质文化建设方面,国家在新建高校中投入大量经费,扩大高等教育办学力量,新建或者扩建大学校园、宿舍、图书馆等,为大学创造良好的办学环境。同时,在接受、改造清末和民国时期高校时,注重保存原有的建筑,继承原来的办学硬件,今天我们在许多高校看到的百年校舍等历史建筑,很多就是这个时候继承下来的。比如建于20世纪30年代的武汉大学建筑群、清华校园的许多老建筑,都是其中的典型例子。这些通过新建或者传承、改造而积累起来的大学物质条件,为高校师生创造了良好的外在环境的同时,也犹如一本本无声的教材,通过建筑背后的故事潜移默化地感染和影响了师生的思想和行为,真正发挥了大学物质文化的育人作用。

由于当时国内外环境的特殊性,新中国成立之初,我国高等教育在大学办学模式、办学理念等方面受苏联模式影响较大。尽管在五四前后,早期马克思主义者在传播马克思主义、介绍俄国革命的时候,也向国人介绍苏联的教育思想与经验。但是苏联教育思想在中国的大量传播和借鉴推广还是在新中国成立之后。1949年12月,教育部在北京召开第一次全国工作会议,提出"以老解放区新教育经验为基础,吸取旧教育有用经验,借鉴苏联经验"来建设新中国的教育。"1952年11月号《人民教育》刊文《进一步学习苏联的先进教育经验——迎接中苏友好月》,文中指出,新中国3年来对苏联教育经验的学习已经取得不少成绩,这更加证明了要建设好中国的新教育,'……必须彻底地系统地学习苏联的先进教育经验;过去我们在这方面做得还不够彻底也不够系统'。"[①]中国人民大学创办初期,

---

① 曾繁仁主编,刘彦顺著:《中国美育思想通史》(当代卷),山东人民出版社,2017年11月第1版,第143页。

堪称是全面学习和借鉴苏联经验的样板。学校坚持"教学与实际联系,苏联经验与中国情况相结合"的教育方针,在学科设置、学制年限、教学安排等全方位学习苏联模式,即使在当时办学经费极其紧张的情况下,还是聘请了大量苏联专家来校讲学、指导教师,编写教学讲义等,以苏联模式为样本建立起学校的教育制度和教学方法。

1952年开始的全国高校院系大调整,是一次高等教育大改革。调整工作是在全面学习苏联经验中开展的。效仿苏联经验,对原有系科进行调整,重新设置专业,院系调整以发展与工业高度相关的工学为主,人文学科严重削弱;在教学管理方面,建立教研室制度,加强教师管理,开设马克思列宁主义政治理论课程,加强政治理论教育等等,也都是参照苏联模式建立起来的大学制度,很多做法一直延续到今天。可以说,对苏联模式的效仿,让新中国得以在短时间内建立起全新的高等教育体系,初步建立社会主义大学制度,为培养国家建设急需的各类人才创造了条件。但苏联模式的弊端也给我国大学发展带来不利影响。"调整后的中国高等教育体系中普遍存在的问题,即这一体系与中国自己的文化背景是脱节的。"①,过于强调集中统一容易导致学术思想僵化,过于强调单科性的专门学院,综合性大学调整中出现理科、工科、文科分家现象不利于学科综合发展。

1956年,我国基本完成社会主义改造,全面转入大规模的社会主义建设时期。当年4月,毛泽东作《论十大关系》报告,明确提出了要以苏联为鉴戒,独立探索适合中国国情的社会主义建设道路。"双百方针"及其相关文化政策的提出和实施,预示着文化领域对

---

① 【加拿大】许美德著,许洁英主译:《中国大学:1895—1995——一个文化冲突的世纪》,教育科学出版社2000年2月第1版,第116页。

"全盘苏化"政策的调整,高等教育领域也开始反思苏联模式,逐步探索属于自己的办学模式和大学文化。虽然受1957年"反右"、1958年"大跃进"的影响,高等教育在摸索中走了不少弯路,但也取得一定成果。1961年颁发的《教育部直属高等学校暂行工作条例(草案)》(即"高校六十条")就是在总结党的高等教育经验的基础上出台。"高校六十条",针对当时学校教学质量降低,忽视知识分子作用以及劳动过多等主要问题,规定了高等学校必须以教学为主,努力提高教学质量;积极参加科学研究;正确执行党的知识分子政策和百花齐放、百家争鸣的方针;实行党委领导下的以校长为首的校务委员会负责制;做好总务工作,保证教学和生活的物质条件;以及改进党的领导方法和领导作风,加强思想政治工作等。事实证明,"高校六十条"符合中国高校发展特点,发挥了主要作用。但"文革"爆发后,失序的社会给高等教育事业带来极大破坏,大学文化也遭受到近乎毁灭性的打击。高校大搞"阶级斗争",一大批教授、专家、教师被诬为"牛鬼蛇神",遭到批斗和迫害。从1966年开始,全国高等学校停止按计划招生达6年之久,全国停止研究生招生达12年之久,一些高校被撤销或者合并,造成了巨大的"教育断层"和"文化断层"。

(三) 新时期大学文化建设的蓬勃发展

1977年恢复高考,是中国高等教育拨乱反正的开始。1978年10月,教育部重新修订颁布《全国重点高等学校暂行工作条例(试行草案)》,提出高校"既是教学中心,又是科研中心",要致力于培养"具有爱国主义和国际主义精神,具有共产主义道德品质,热爱中国共产党,热爱社会主义,为社会主义事业服务,为人民服务"的专门人才,努力为实现四个现代化做出贡献。① 十一届三中全会确定了改革开放政策后,高等教育事业迎来了新的发展时期,我国开始积极探索建立具有中国特色的社会主义高等教育体系,逐步消除苏联教育模式的影响,大学文化也进入了蓬勃发展阶段。

1983年邓小平为北京景山学校题词,明确提出了"教育要面向现代化。面向世界,面向未来"的战略思想,"三个面向"成为教育界的指导方针,也成为大学文化建设的重要内容。面向现代化,是指大学文化建设要为社会主义现代化服务,要主动适应现代化的需要,要培养在质量、数量、知识结构等方面都适应现代化建设的合格人才。大学要自身走向现代化,必须端正教育思想,更新教育观念,增加现代化内容,使用现代化手段,改进教育方法。面向世界,就是要吸取世界各国先进的科学技术知识,吸取人类共同创造的文明成果,特别是要吸收和借鉴世界各国大学文化发展的经验。要培养学生面向世界的基本素质,加强大学文化的国际合作与交流,引进先进的教材、教育手段与教育技术,努力建设达到世界先进水平的大学。面向未来,就是大学要有远大的目标和长久的计划,要搞好自身建设,未来世界,国际间的竞争实质上是智力和人才的竞争,大学文化建设要担负起人才培养的重任,适应未来社会的需要。邓小平"三个面向"的教育文化思想,既是中国特色社会主义文化建设的重要内容,也是中国特色社会主义大学文化建设的重要遵循。

大学校园文化概念的提出,是改革开放初期大学文化建设的一大亮点,也是当时大学文化建设的一个重点。1986年4月,上海交通大学首倡大学校园文化建设,一时间,沪上高校纷纷响应。同年,

---

① 李冀主编:《普通高等学校管理》,广东科技出版社,1983年8月第1版,第341页。

《人民日报》以"校园文化在上海高校兴起"为题进行报道：华东师范大学举办了"校园文化建设项目"活动,复旦大学、上海医科大学等相继举办了以建设校园文化为宗旨的文化艺术节;各种学生社团纷纷成立;《新上院》《复旦人》《同济大学生》等各种刊物异彩纷呈。[①] 此后,大学校园文化建设在全国高校形成热潮,成为大学文化建设的重要载体。这意味着,新时期大学文化建设的内涵和外延有了新的发展,在注重专业知识培育、思想政治教育的同时,育人渠道和育人形式得到进一步拓展和丰富。在各高校广泛而深入开展的校园文化建设热潮中,学生主体作用得到充分发挥,大学文化育人作用日益显现。以学生为主体的丰富多彩的课外活动、第二课堂成为高校打造校园文化育人平台、创新校园文化叙事的语境和内容表达。大学校园纷纷成立各种社团、协会等组织,通过举办精彩纷呈的校园文化活动,丰富大学生课外生活,提高大学生人文素质,努力"把学校建设成校园环境优美、教育理念先进、育人氛围浓厚的成长成才沃土。"[②]1992年,"校园文化"被写入党的十四大报告,表明党和国家对大学校园文化建设的高度重视。此后国家颁发多个大学建设指导文件,都明确提出要大力发展校园文化建设。如1994年8月《中共中央关于进一步加强和改进学校德育工作的若干意见》中指出要"重视校园文化建设"。同年7月《国务院关于〈中国教育改革和发展纲要〉的实施意见》中也明确规定"要加强德育的实践环节,大力推进校园文化建设"。这些文件的出台表明,改革开放以来大学校园文化建设取得的成效得到广泛认可,党和国家对加强新时期大

[①] 萧关根:"校园文化在上海高校兴起",《人民日报》1986年11月10日,第3版。
[②] 严敏,邓欢:试析高校校园文化育人体系的优化,《学校党建与思想教育》2021年第16期,第35页。

学文化建设有了更为自觉的认识和更为明确的要求。

如果说大学校园文化建设更侧重实践层面,更体现对大学文化建设的载体创新,那么在此之后高校兴起的人文素质教育和通识教育热潮则更体现出大学文化建设在内涵上的深化和丰富。人文素质教育旨在通过对大学生开展人类优秀文化成果教育,将外在的知识、文化以及实践内化为大学生的气质和修养。通识教育又称为通才教育,被认为是素质教育最有效的实现方式。通识教育主张博学与精专相统一,鼓励学生结合自己实际跨学科、跨专业选修课程,广泛学习自然科学知识、社会科学知识,不断增强学生学习主动性,全面提高包括创新能力在内的综合能力。20世纪90年代中期,对人文素质教育和通识教育的重视,目的是为应对社会发展带来的挑战。伴随着改革开放的不断深入,社会文化日益多元,教育要培养学生树立正确的文化观,以辩证理性的态度尊重不同文化,既不以自己的文化故步自封,也不会一味盲目崇洋媚外。同时,伴随着经济体制改革、商品经济的发展,社会转型带来文化发展阵痛,全民经商氛围导致文化贬值、知识尊严缺失等价值观偏斜,大学校园也受此波及。出于理性反思,作为独特文化组织而存在的大学,愈加认识到加强人文素质教育、避免人的单向度发展的重要性。此外,当时对人文素质教育和通识教育的重视,也是教育改革的趋势使然。专业化教育模式是我国高等教育在特定时期、特定社会背景中的选择,这个选择尽管在当时有其合理性,对我国社会发展发挥了积极作用,不过缺陷也是明显的。过分强调专业划分,把学生的学习限制在一个狭窄知识领域,不利于学生全面发展。改革开放后,社会经济飞速发展对复合型人才的渴求倒逼高校教育改革,素质教育和通识教育是高校回应社会关切的一个举措。当时,国家为推行大学文化素质教育采取系列举措:1995年,原国家教委高教司在52所高校进行大学生文化素质教育试点工作;1998年,国家教育部设立了教育部高等学校文化素质教育指导委员会,负责指导全国的大学生文化素质教育工作,由杨叔子院士担任主任委员;1999年,经教育部批准,北京大学、清华大学、华中理工大学等高校成立了32个"高等学校文化素质教育基地",主要开展文化素质教育的理论研究、组织文化素质教育的师资培训等;出台了《关于加强大学生文化素质教育的若干意见》(1998年)、《关于深化教育改革全面推进素质教育的决定》(1999年)等促进高校人文素质教育的导引文件。文化素质教育体现在课堂教学、课外活动、校园文化建设、学生社会实践以及课程教学与管理的方方面面,是我国高等教育史上的一次觉醒,"可以理解为实现民族'文化自觉'行动的一部分——从培养年轻一代人文情怀的角度,提升与经济地位崛起相匹配的文化软实力,特别是从本民族文化传承的角度"。[①]

1998年5月,江泽民在纪念北京大学百年校庆大会上提出了"建设世界先进水平的一流大学"的思想,并把大学文化看成是增强国家综合国力的重要体现。1999年,国务院决定高等学校大规模扩招,并提出了"高等教育大众化"的目标,中国大学进入快速发展阶段。一流大学要有一流的文化,1999年,"通识教育与大学文化发展——海峡两岸跨世纪大学文化发展研讨会",是大学文化作为概念提出的重要标志之一。此后,大学文化成为一个明确的大学建设内容。2002年,清华大学、北京大学和高等教育出版社联合组建了大学文化研究与发展中心,是我国首个以大学文化为研究对象的学

---

① 侯定凯著:《中国大学的理性之路》,华东师范大学出版社2009年9月第1版,第110页。

术团队。该中心陆续推出"中国大学文化百年系列丛书"等一大批大学文化研究建设成果,推动国际交流和国际对话,对促进我国大学文化建设的研究与建设发挥了重要作用。

在庆祝清华大学建校100周年大会上,胡锦涛提出必须大力推进文化传承创新的思想,把高校的人才培养、科学研究、社会服务职能拓展到文化传承创新职能,进一步深化了对大学职能的认识。与此同时,学者们的研究也更为深入地探讨文化与大学关系,指出:"大学的恒久性就在于大学一直在以创造文化、传播文化满足着人们永恒的需要,并以文化影响和改造社会为己任。"[①]伴随着国家教育投入的增长,为满足高校扩招的需求,大学校园文化(物质文化)建设进入快速增强期,新校区、新大楼层出不穷。伴随着大学文化研究的深入,大学理念、大学精神越来越得到重视,各高校立足于中国特色社会主义文化建设的基础上,注重结合学校特色加强大学文化建设,制定并出台大学文化建设规划。伴随着高等教育进入大众化发展阶段,高等教育管理体制改革进入快车道。教育部启动"新世纪高等教育教学改革工程"、出台《关于实施高等学校本科教学质量与教学改革工程的意见》等一系列制度改革举措,从制度层面有力地推动了大学文化建设发展。作为大学文化建设重要体现的行为文化也日益得到重视,师德师风、学风、校风、科研道德等大学人的管理行为、道德行为、学术行为与日常行为的建设与研究都取得了明显成效。

(四)新时代大学文化的创新发展

党的十八大以来,以习近平同志为核心的党中央,从推进伟大

---

① 眭依凡:大学:向科学理性的组织回归,《中国高等教育》2004年第17期,第30页。

事业、建设伟大工程、进行伟大斗争、实现伟大梦想的战略高度,从培养中国特色社会主义建设者和接班人的高度,坚定不移实施科教兴国战略和人才强国战略,坚持优先发展教育,大力推进教育领域综合改革,持续加大教育投入,教育事业进入世界中上行列,取得全方位、开创性、历史性成就。教育系统认真学习贯彻习近平总书记关于教育的重要论述精神和中央决策部署要求,大力推动高等教育事业创新发展,再一次将大学文化建设推向高潮。

2012年《教育部关于全面提高高等教育质量的若干意见》明确指出,高校要"发挥文化育人作用,把社会主义核心价值体系融入国民教育全过程,建设体现社会主义特点、时代特征和学校特色的大学文化。秉承办学传统,凝练办学理念,确定校训、校歌,形成优良校风、教风和学风,培育大学精神。组织实施高校校园文化创新项目。加强图书馆、校史馆、博物馆等场馆建设。"[1]文件不仅对高校推进文化传承创新做出制度安排,而且强调大学文化建设的社会主义特点、时代特征、学校特色,也更加系统全面地对大学文化建设的各方面提出要求,充分说明了对大学文化建设的高度重视以及对大学文化建设内涵的深层次把握。

"立德树人"成为新时代大学文化建设的首要任务。习近平总书记强调,"要把立德树人内化到大学建设和管理各领域、各方面、各环节,做到以树人为核心,以立德为根本"[2]。在实现"立德树人"教育根本任务中充分发挥文化育人作用,成为新时代高校大学文化建设的首要任务。"立德树人"教育根本任务的实质是要回答好"培

---

[1] 山东教育厅学生处编:《高校学生工作文件选编》(上),山东人民出版社2013年3月第1版,第109页。

[2] 习近平:在北京大学师生座谈会上的讲话,《人民日报》2018年5月3日,第2版。

养什么样的人、如何培养人、为谁培养人"的根本问题。面对新时代复杂多变的国际、国内局面,高校日益成为意识形态工作的前沿阵地,"意识形态是党的一项极端重要的工作,是为国立心、为民族立魂的工作"①。由此,着力以习近平新时代中国特色社会主义思想构筑大学生精神支柱,不断加强理念信念教育,坚持和巩固马克思主义在意识形态领域的指导地位,成为新时代大学文化建设的显著特征。2019年,中共中央、国务院印发《中国教育现代化2035》,中共中央办公厅、国务院办公厅印发《加快推进教育现代化实施方案(2018—2022)》,描绘了教育现代化的宏伟蓝图和推进教育现代化的发展战略、目标与路径,文件指出,学习习近平新时代中国特色社会主义思想,是推进教育现代化的根本遵循。各高校坚持以习近平新时代中国特色社会主义思想作为高校全部工作的根本遵循,尤其是作为贯彻大学文化全过程、各方面的主题主线,立足实际,守正创新,充分利用学科优势资源传承中华优秀传统文化基因,肩负起继承发扬中国革命文化和繁荣先进文化的历史责任,发挥思想文化的感召功能,以文立德,以文育人,培养德智体美劳全面发展的合格人才。

新时代大学文化建设内涵更加丰富。党的十八届三中全会在《中共中央关于全面深化改革若干重大问题的决定》中指出:"全面贯彻党的教育方针,坚持立德树人,加强社会主义核心价值体系教育,完善中华优秀传统文化教育,形成爱学习、爱劳动、爱祖国活动的有效形式和长效机制,增强学生社会责任感、创新精神、实践能力。"②首

---

① 习近平:在庆祝中国共产党成立95周年大会上的讲话,《人民日报》2016年07月02日,第2版。
② 《中共中央关于全面深化改革的若干重大问题的决定》,人民出版社2013年11月,第52页。

先,弘扬和传承中华优秀传统文化,成为新时代大学文化建设的重要内容。2014年,教育部与光明日报社联合启动"礼敬中华优秀传统文化"系列活动。活动拟在全国高校范围内开展,以"文化根·民族魂·中国梦"为主题,以推进校园文化建设为载体,充分利用各高校学科特点和教学优势,深入挖掘校内的各类文化遗产、历史遗迹、景点景观以及校、院、学科、人物史等所蕴含的丰富育人资源,充分利用校内校史馆、博物馆、纪念馆、展览馆、图书馆、美术馆等育人载体,通过形式、载体和内容多样的活动体现"家国情怀、社会关爱、人格修养"等教育内容,切实发挥其独特的精神熏陶和文化育人功能作用,重视利用和引进社会资源,推进中华优秀传统文化进校园工作。实践证明,在大学文化建设中注重对中华优秀传统文化的传承与弘扬,不仅为新时代大学文化汲取传统文化滋养奠定了扎实基础,更为建设自觉、自信的中国特色社会主义大学文化注入了坚实根基。此举有利于不断创新新时代高校传承中华优秀传统文化的理念、形式与方法,充分发挥高校文化传承创新的优势与作用,推动中华优秀传统文化创造性转化和创新性发展,有利于提高学生审美和文化素养,引领学生做中华优秀传统文化的忠实继承者和弘扬者。其次,建设安全健康的网络文化越来越成为大学文化建设的重点任务。网络时代,网络文化无处不在,大学生群体是网络的原居民。网络已经成为重要的思想文化阵地。2013年10月,教育部决定在清华大学、上海交通大学、南京大学、天津大学、中山大学、电子科技大学、中国传媒大学七所高校开展校园网络文化建设专项试点工作。开展高校校园网络文化建设专项试点,是网络时代大学文化建设的重点任务,是一项牵一发而动全身的改革探索。高校必须加强网络安全治理,发挥网络积极的传播力和影响力,让网络发挥传播正能量、弘扬主旋律的作用。再次,建设具有自身特色的大学文化成为高校内涵建设必然要求。一所知名大学一定有其独特的大学文化精神,世界一流大学对应的是世界熟知的大学文化。进入新时代,大学文化建设也进入到一个蓬勃发展的新时期。大学越来越重视大学文化在促进学校发展中扮演的角色,充分重视大学文化的重要作用。2016年1月,全国教育工作会议在北京召开,会议强调要实实在在地把质量作为新时期我国教育工作的主题,把时间、精力和资源更多地用在内涵建设上,实现我国教育更高质量、更有效率、更加公平、更可持续的发展。从此,关注质量、关注内涵式发展,成为大学文化建设实践探索中的一个重要主题。高等教育内涵发展,关键在于体现特色,无论"双一流"建设,还是地方高校特色建设,最根本的是体现在大学文化建设上的特色,把办学治校根植于中华优秀传统文化之上,强化革命文化、社会先进文化的精神基因,立足传统、借鉴国外、弘扬中国特色。世界一流和高水平体现在质量、内涵和特色的内在逻辑关系上,不是面面俱到,而是要形成文化传承创新上的特色、社会服务上的特色、科学研究领域的特色、人才培养上的特色,以特色体现高校的文化追求、以特色体现高水平。

新时代大学文化建设日益成为高校加强内部治理的重要力量。新时代中国高等教育事业面临着从教育大国迈向教育强国的战略使命,完善高校治理体系、提升治理能力,实现内部治理现代化的紧迫性和重要性日益凸显。新时代大学内部治理的核心和关键是通过提高文化自觉,确立和弘扬大学的文化价值观,以制度文化的建设、精神文化的浸润、物质文化的彰显、行为文化的强化,调适和化解高校内部相关利益主体的矛盾和冲突,不断完善治理体系、提升治理能力,实现高校内部治理现代化。我国高等教育办学历史和实践表明,大学治理的核心和关键是塑造全体师生的共同价值观,建立在共同价值观基础之上的大学精神、办学理念具有引领、规范和约束师生的行为、促进高校治理能力和水平提升的强大精神力量。从培育和践行社会主义核心价值观到培育精品校园文化,从办学理念到人文素质教育,大学文化越来越成为高校核心竞争力的重要因素,成为高校特色形成和强化的精神基因,成为高校实现内部治理的根本价值观。在国家层面,《国家中长期教育改革和发展规划纲要(2012—2020)》明确提出要完善中国特色现代大学制度,重点强调了大学文化建设。各高校纷纷出台推进大学文化创新发展的制度性文件或者规划。如《浙江师范大学文化建设纲要(2012—2020)》《南京农业大学中长期文化建设规划纲要》等,极大地促进了各高校因地制宜地加强大学文化建设,不断提升学校治理能力和治理水平。

二、中国大学文化建设的主要成就

中国是文明古国,教育思想源远流长。有人甚至提出,"一部中国大学教育发展史,是一幅自从有了文字以来中华民族创造和传递精神文明的历史画卷。"[①]尤其是新中国成立以来,我国高等教育事业稳步发展,直至进入高等教育大国行列。伴随其中的大学文化,也取得了显著成就。大学文化建设的自觉意识日益凸显,大学文化建设成果日益丰富,不仅促进了大学自身发展,同时也为我国各项事业发展贡献了巨大力量。

---

① 曲士培著:《中国大学教育发展史》,山西教育出版社,1993年7月第1版,序2。

（一）大学文化建设中文化自觉日益凸显

"文化自觉"概念最早是由著名人类社会学家费孝通先生提出的，"指生活在一定文化中的人对其文化有'自知之明'，明白它的来历，形成过程，所具的特色和它发展的趋向，不带任何'文化回归'的意思。不是要'复旧'，同时也不主张'全盘西化'或'全盘他化'"①。他同时提出，实现文化自觉"只有在认识自己的文化，理解所接触到的多种文化的基础上，才有条件在这个正在形成中的多元文化的世界里确立自己的位置，然后经过自主的适应，和其他文化一起，取长补短，共同建立一个共同认可的基本秩序，和一套与各种文化能和平共处、各抒所长、联手发展的共处守则。"②简言之，文化自觉是生活在一定文化中的人对自身文化的自知之明，并对自身文化的起源、形成过程、现实境遇和未来发展有充分的认识，是文化主体在文化觉醒、文化反思和文化传承与超越中体现的一种文化意识，即自知、自省、自我超越的意识，蕴含文化认同与选择、反思与批判、创新与发展的丰富内涵。"文化自觉，主要指一个民族、一个政党在文化上的觉悟和觉醒，包括对文化在历史进步中地位作用的深刻认识，对文化发展规律的正确把握，对发展文化历史责任的主动担当。"③大学文化的产生和发展离不开大学人的文化自觉。大学文化是历届大学人在办学实践中的主动认识和自觉创造的结果，是在大学文化建设中自知自为，明确自身主体地位和责任担当，着眼大学的发展和自身全面发展的需要，主动传承文化、选择文化、传播文化和创

---

① 费孝通著：《论人类学与文化自觉》，华夏出版社 2004 年 2 月第 1 版，第 188 页。
② 费孝通：《中国文化的重建》，华东师范大学出版社 2014 年 1 月第 1 版，第 161 页。
③ 云杉：文化自觉 文化自信 文化自强——对繁荣发展中国特色社会主义文化的思考（上），《红旗文稿》2010 年第 15 期，第 4—5 页。

造新文化的过程。

从历史来看我国大学文化经历了从"照搬模式"到"学习借鉴"再到"自主创新"的历程,文化自觉意识不断凸显。在19世纪的50年代到20世纪20年代的"五四"新文化运动期间,是我国大学文化从传统走向现代的过程,在这个时期中外大学文化不断的碰撞和交融,中国大学文化不断去吸纳西方大学文化,并且逐步的从"中体西用"的大学文化观转变为"学术自由、兼容并包"的大学文化观。从"五四"新文化运动开始到新中国成立,我国文化处于从"破旧"到"立新"的转折过程,在这个时期中国现代大学文化还肩负了创造新社会的使命。因此,大学文化中包含了很多对"民主"和"自由"的期望和诉求,中国现代大学文化稳步发展。新中国成立以来,是社会主义大学文化形成和发展的重要历史时期。新中国成立之初,原来多种文化背景下的大学在马克思主义思想的指导下进行统一与整合。新中国成立后很长一段时间,中国大学一直在学习和模仿苏联教育模式,这种情况使得我国大学文化在很大程度上被赋予了一个统一的文化内涵,各个大学缺乏自己的特色。改革开放让中国特色社会主义事业大踏步赶上时代发展的步伐,中国高等教育事业取得蓬勃发展,大学文化也在教育改革的历史潮流中奔流向前。大学文化建设自主意识不断加强,文化自觉意识日益凸显。

(二) 更为深刻地把握大学文化建设的重要性

随着我们国家高等教育体系的不断壮大,人们逐渐意识到,大学文化不仅仅是校园内的精神象征,它更是一所高等学府兴衰成败的关键所在。

第一,更为深刻地把握大学文化在立德树人中的关键作用。在高等教育的殿堂中,塑造具备丰富文化素养的综合型人才是我们的核心使命。这不仅仅关乎传授科学知识,更关乎如何提升学生的人文修养,使他们在未来的人生旅途中能够全面而均衡地发展。大学的文化氛围,本质上是一种以培养人为核心的文化。它的目标是通过文化的传承、普及与创新,激励学生在多方面实现自我超越。无论是教学、管理、服务还是营造校园环境,所有这些过程都是经过精心设计的,旨在通过文化的力量有意识地促进学生的发展。在这个过程中,每一位大学教师、管理者和服务者都扮演着至关重要的角色。他们的每一项活动都需要从文化的视角出发,精心规划和执行。这不仅要求他们在工作中形成一种自然而然的思维模式和行动框架,而且还要以身作则,通过自己的言行影响和激励学生,从而实现培养学生品德和文化素养的双重目标。可以说,大学教育的根本宗旨是通过一系列有目的、有计划的文化教育活动,不仅传授知识,更重要的是培养学生的综合素质,使其成为既有深厚文化底蕴又能够在各方面展现才华的未来社会栋梁。

第二,更为深刻地把握大学文化是大学重要的核心竞争力。文化是大学发展的内在精神动力,是强化大学内涵式发展和提升大学核心竞争力的必由之路。大学文化是一所大学的精髓所在,一流的大学文化铸就一流大学。古今中外著名大学的发展历程和成功经验证明文化是大学的核心竞争力,无论大学怎样更名易址,唯有其文化精神一脉相承,历久弥新。在古老的校园里,那些历史悠久的建筑仿佛诉说着一个个传奇故事。每一块砖、每一片瓦都承载着无数前辈的智慧与汗水。这些建筑不仅是物质的见证,更是文化的传承。它们见证了一代又一代学子的成长,见证了无数科研成果的诞生。正是这些深厚的文化底蕴,让大学在历史的长河中屹立不倒,成为知识的殿堂和文化的灯塔。大学文化弥漫在学校的各个角落，无形而又持久，潜移默化地塑造着全体师生员工的人格，形成文化认同，迸发出强大的凝聚力。在图书馆的静谧中，学生们沉浸在书海之中，汲取着知识的养分；在实验室的繁忙中，科学家们孜孜不倦地探索着未知的领域；在课堂的互动中，教授们激情洋溢地传授着智慧的火种。这些场景都是大学文化的生动体现，它们共同构成了一幅幅美丽的画卷共同形成大学的核心竞争力。

第三，更为深刻地把握大学文化是引领社会健康发展的强大精神力量。社会发展的需要成为大学存在的理由，大学正是以理性开放的心态回应社会的发展变化。大学文化既受到社会发展的影响和制约，又以自身的文化反省力和创造力引领社会发展向更高层次迈进。大学文化建设的目的就是服务社会、批判社会、引领社会。也就是说大学文化不仅仅是满足社会发展的需要，而且应该是社会发展风向的引领者。尤其在这个信息爆炸的时代，大学作为知识的殿堂，肩负着传播真理、培养人才的重任。大学文化以其独特的魅力和力量，为社会注入了源源不断的活力。它不仅关注当下的社会问题，更着眼于未来的发展趋势。通过学术研究、科技创新和文化传播等多种方式，大学为社会的繁荣与进步贡献着自己的力量。同时，大学也是社会的良心和守望者。在面对各种社会问题时，大学敢于发声、敢于批判。它以理性的思考和独立的判断，为社会提供了宝贵的意见和建议。这种批判精神和独立品格，使得大学成为社会的清醒剂和指南针，引导着社会走向更加美好的未来。

第四，更为深刻地把握大学文化是提升国家文化软实力的中坚力量。在当今全球化的浪潮中，文化的力量日益凸显，成为国家间竞争与合作的重要资本。中国大学在这一过程中承担着不可推卸的责任,它们不仅是知识与智慧的殿堂,更是文化传承与创新、文化交流与合作的前沿阵地。通过深化教育改革,坚定文化自信,大学正在成为提升国家软实力的重要增长点。大学在育人过程中,不仅注重学生知识技能的培养,更加重视其文化素养和国际视野的培育。通过开设多样化的课程,比如中国传统文化、世界文化比较等,学生能够深入理解中华文化的独特性与其他文化的共通价值,从而在未来的国际舞台上更好地展示中国文化的魅力。大学不仅是人才培养的重要基地,更是文化传承与创新的重要基地。在这里,传统与现代交汇,东方与西方融合,不断激发出新的文化创意与思想火花。例如,许多大学设立了文化遗产保护、非物质文化遗产研究等专业,旨在挖掘和保护民族文化的瑰宝,同时也鼓励师生进行跨文化的创新实践,使传统文化在现代社会焕发新生。不断走向世界的中国大学,在国际文化交流中扮演着尤为重要的角色。大学通过建立国际合作与交流平台,如孔子学院、国际学术研讨会等,不仅向世界展示了中国的文化魅力,也促进了文化的相互学习与借鉴。这种双向的交流模式,有助于提升我国的文化软实力,同时也让中国大学成为全球文化交流的重要节点。伴随着信息技术的发展,大学还在利用网络平台、扩大文化传播的影响力方面始终走在社会前列。大学通过在线开放课程、虚拟文化交流等方式,使中国文化的精髓能够跨越时空,触及更广泛的受众。不仅能够增强中国文化的国际影响力,还能促进全球文化的多元共生,中国大学在提升国家文化软实力的道路上发挥了越来越重要的作用。

(三)不断深化对大学文化建设规律的认识和把握

在推动大学文化建设的理论和实践中,大学人越来越认识到,大学文化的发展,如同一条蜿蜒前行的河流,既有其固有的流向,也受到沿途地形的影响。在这条文化发展的长河中,我们必须深刻理解并把握其特点和规律,以增强我们的文化自觉,从而推动大学文化的科学发展。

第一,大学文化建设要坚持先导性与时代性的统一。大学是追求理想和知识创新的殿堂,大学师生的求知欲、探索精神和创新精神,使大学文化成为时代的晴雨表,具有鲜明的超前性和先导性。大学文化的先导性首先体现在价值导向上,大学文化的使命在于以新的思想引导和推动社会,大学文化始终是先进文化的重要体现和组成部分。大学文化体现办学方向、科学世界观和方法论,爱国主义、民族精神、民主思想和法治观念,道德上的行为规范、情操和审美情趣等,是推动大学自身发展、引领社会进步的独特文化精神。回顾历史,1919年五四运动时期的北京大学,以陈独秀、李大钊为代表的先进知识分子提出了民主和科学思想向社会辐射先进文化,宣传马克思主义,实现了伟大的思想启蒙,真正引导了社会民主精神,弘扬了科学精神。"思想自由、兼容并包"的道德精神为社会做了示范;新文化运动提倡新文化,批判旧文化;提倡新道德,批判旧道德,传播了民族优秀文化传统和道德观念。在当代中国,坚持党的领导,坚持中国特色社会主义办学方向,弘扬中华优秀传统文化,积极践行社会主义核心价值观等是大学文化建设的根本立场,大学不仅在实现党的理论创新方面走在前列,体现担当,而且在用党的创新理论最新成果育人化成,培养社会主义事业合格建设者和可靠接班人上取得显著成效,切实将大学文化的先导性体现在资政育人的实际成效中。

在深入探讨大学文化的演变过程中,我们必须认识到,每一个时代的文化背景都深刻影响着大学的精神和面貌,大学文化具有鲜明的时代性。大学,作为知识的殿堂和文化的传承者,其内在的文化氛围和教育理念,无疑会随着时代的演进而发生显著的变化。这种变化不仅体现在学科设置上,更深刻地影响着大学的使命和追求。在西方历史的长河中,中世纪的大学承载着那个时代特有的文化印记。尽管当时的大学提出了自主自治、学术自由的理念,但在神学专制占据最高权威的时代背景下,这些理念的实践受到了极大的限制。学者们在探索知识的道路上步履维艰,他们的研究往往不得不屈服于宗教教义的压力之下。然而,随着时间的推移,文艺复兴时期的大学迎来了新的曙光。这一时期的大学,无论是在学科设置还是大学理念、精神方面,都发生了翻天覆地的变化。哲学、科学、艺术、教育等学科逐渐完善,人文主义精神的兴起为大学注入了新的活力。新兴资产阶级价值观的确立,使得大学开始致力于培养具有开拓精神的社会、经济、政治领域的人才,这一转变充分体现了大学文化的时代特点。进入19世纪,以德国洪堡创办的柏林大学为标志,大学文化进入了一个全新的阶段。资本主义的发展对技术人才提出了前所未有的需求,这促使大学在学科专业设置上进行了更为全面的调整,更加注重培养适应时代需求的专业技术人才。德国大学的文化思想,如大学自治、学术自由、教授治校、教学与科研相统一等,成为这一时期大学文化的核心。洪堡的思想强调大学不仅要发展科学、探索真理,更要体现国家精神,保持科研和教学机构的相对独立性。这些理念深刻影响了19世纪的大学文化,使其成为时代发展的先锋。时代的车轮滚滚向前,大学文化的建设和发展也必须与时俱进。例如,在全球化的背景下,大学不再是孤立的象牙塔,而是与社会紧密相连的有机整体。因此,现代大学文化强调培养学生的社会责任感和公民意识。通过志愿服务、社会实践等活动,学生能够深入了解社会问题,并积极参与到解决问题的过程中去。这不仅有助于学生形成正确的价值观,也能够让他们更好地适应未来的社会生活。在知识经济时代,创新成为推动社会发展的关键力量。大学作为知识和思想的发源地,自然承担起了培养创新人才的使命。因此,现代大学文化鼓励学生敢于质疑,勇于探索。各种创业大赛、科研项目和学术论坛为学生提供了展示自己创新能力的平台,这些活动本身也成为大学文化的一部分。

第二,大学文化建设要坚持传承与创新的统一。作为知识传承与创新的重要场所,大学承载着文化积淀与时代发展的重任。在全球化与信息化的大背景下,如何在保持文化传统精髓的同时,推动文化的创新发展,是大学文化建设中不可忽视的重要使命。首先,大学文化的核心在于其深厚的历史底蕴和学术传统。这些传统是一代代学者智慧的结晶,是学校精神的象征。因此,坚持文化的传承显得尤为重要。这不仅意味着对过往知识的尊重,更是对未来创新的铺垫。通过举办各种讲座、研讨会以及学术节等活动,大学可以有效地将这种文化传统传递给每一位学子,使其内化于心、外化于行。然而,仅有传承是不够的。在快速变化的现代社会,创新是驱动发展的关键力量。大学应当鼓励师生跳出传统框架,探索新的知识领域和研究方法。这包括跨学科的学术交流、国际合作项目以及与产业界的紧密联系等。通过这些方式,大学不仅能够培养出具有全球视野和创新能力的人才,还能促进学术成果的转化,为社会进步贡献力量。此外,大学文化的传承与创新还需要一个开放包容的环境。在这样的环境中,不同的声音和想法能够自由交流,碰撞出新的火花。大学应该倡导多元文化的交流与融合,让来自不同背景的学生和教师相互学习,相互启发。这种文化的多样性不仅能丰富校园生活,更能激发创新思维,推动学术和文化的发展。最后,大学文化的传承与创新还需要有效的制度保障。这包括建立完善的教育评价体系,鼓励原创性研究的激励机制,以及保护知识产权的法律法规等。只有当这些制度得到落实,大学的文化传承与创新才能在一个健康有序的环境中进行。大学文化的传承与创新相辅相成,在坚守传统的同时,不断探索新的可能性,大学才能在时代的洪流中保持其独特的文化魅力和学术活力,为社会的持续发展注入源源不断的动力。

第三,大学文化建设要坚持实践与反思的结合。大学文化建设的过程是一个复杂而细致的工作,它不仅需要注重实践与反思的结合,而且还要深入到每一个细节中去。在这个过程中,我们不能仅仅满足于理论上的讨论和规划,而应当将文化建设的理念落实到具体的实践活动中,让文化的力量真正渗透到学生的生活和学习之中。首先,通过组织各类丰富多彩的文化节、讲座、研讨会等活动,我们为学生提供了一个展示自我、交流思想的实践平台。这些活动不仅仅是表面的热闹,更重要的是,它们能够让学生在实践中亲身体验和深入学习文化知识。例如,在文化节上,学生们可以通过戏剧表演、舞蹈展示、诗歌朗诵等形式,将他们对文化的理解和感悟表达出来。这样的实践活动不仅增强了学生的文化自信,也让他们更加深刻地理解了文化的内涵和价值。其次,大学在推进文化建设的实践过程中,还应建立一套有效的反馈机制。这个机制不仅包括对文化建设活动的参与度、满意度的调查,更重要的是要对文化建设的过程和成果进行定期的评估和反思。通过收集学生、教师以及社会各界的反馈意见,大学可以及时了解文化建设的实际效果,发现存在的问题和不足,从而不断调整和完善文化建设的策略和措施。例如,如果发现某些文化活动参与度不高,大学可以考虑调整活动的形式和内容,使其更加贴近学生的兴趣和需求。如果反馈显示学生对某些文化知识的掌握不够深入,大学可以增加相关的讲座和研讨会,邀请专家学者进行深入讲解和交流。除此之外,大学文化建设还需要营造良好的环境,文化的力量在于潜移默化,文化的特点在于润物无声。一个充满艺术气息和文化氛围的校园环境,能够潜移默化地影响学生,激发他们对美好事物的追求和对知识的渴望。为此,大学可以在校园内设置各种文化展示区,如雕塑园、艺术画廊以及历史文化长廊等。这些区域不仅可以展示学校的历史沿革、杰出校友的成就,还可以展出在校学生和教师的艺术作品,从而形成一个鼓励创意和创新的文化氛围。例如,艺术画廊可以定期更换展览主题,展示不同风格和时期的艺术作品,让学生在欣赏中开阔视野,提高审美能力。同时,大学应当充分利用图书馆、讲座厅等学术资源,举办系列文化沙龙和主题讲座,邀请校内外知名学者和文化人士分享他们的研究成果和人生经验。这样的活动不仅能够丰富学生的课余生活,还能促进师生之间的文化交流和思想碰撞,增强学术氛围。此外,大学还应该鼓励和支持学生自主开展文化项目。通过设立文化创新基金或提供场地支持等方式,激发学生的创造力和组织能力,让他们在实践中学会团队合作和项目管理。学生自己策划和实施的文化活动,往往更能贴近他们的兴趣和需求,从而更有效地提升他们对文化的参与度和认同感。总之,大学文化建设要注重实践与反思的结合,通过具体的实践活动让学生深入体验和学习文化,同时建立有效的反馈机制,对文化建设的过程和成果进行定期评估和反思,不断调整和完善文化建设策略。这样,我们才能确保大学文化建设的工作既富有成效,又充满活力,真正达到培养学生的文化素养和提升大学文化品质的目标。

第四,大学文化建设要坚持民族性与开放性相统一。大学文化建设要坚持民族性,是指大学文化要以民族的利益为出发点,培育人才不仅要具有本民族的优良品格,而且还要熟悉本民族的文化传统、道德规范和价值观念,对自己的民族充满深厚的感情。如纽曼倡导的"自由教育",坚守古典人文主义传统、培养"有教养的"人,对学生进行"心灵的训练"、"理性文化的培养",使英国民族具有绅士"风度";洪堡倡导大学文化"体现德意志民族精神""为国家服务",使德国民族养成了"科学上的严谨,文化上的陶冶心灵"[①]。在这个全球化迅速发展的时代,大学作为知识与文化传承的重要场所,承担着维护并传承本民族文化特色和价值观念的责任。这不仅是对过去的尊重,更是对未来的关注。通过确保学生能够深刻理解和珍视自己的民族文化,大学教育在塑造全面发展的个体中起到了不可或缺的作用。在当代中国大学文化建设中,培养学生的社会主义道德观念是大学文化的重要使命。大学生是社会公民的主导,学生的民族精神、高尚人格和诚信品德对社会发展至关重要。大学文化要导引社会的道德观念,必须加强优良品德的培养。大学需要通过课程设置来强化对民族文化的教育,通过开设相关的历史、文学、艺术等课程,使学生能够系统地学习到本民族的语言、传统、习俗及其发展变迁,理解民族精神和文化内涵,进而为中华民族优秀文化的传承与发展奠定坚实的基础。

每所大学都是其民族文化的一个缩影,大学需要维护并传承本

---

① 李长真著:《大学文化与中国先进文化研究》,华中师范大学博士论文,2006年10月,第104页。

民族的文化特色和价值观念,确保学生能够深刻理解和珍视自己的民族文化。另一方面,大学文化又是开放的文化,开放性是大学文化保持活力的重要前提。历史和现实充分表明,世界著名高等学府的大学文化,都富含包容与吸纳的精神,以广阔的胸襟和海纳百川的姿态,从世界各地汲取文化的精华。这些大学不局限于地域,而是将视野投向全球,整合来自不同学术机构的思想和成果,为人类社会的进步贡献力量。这种开放性的文化理念,使得大学成为推动社会发展的重要力量。回溯历史,西方的大学自中世纪起便孕育了国际化的文化理念。那时的大学,以其开放的性质,允许学生自由地在不同地区学习共同的课程,形成了一种开放型、自由型的国际学术机构。在这里,教学内容、形式乃至学位认证,皆不受国籍、民族、种族、地域或社会地位的限制。到了19世纪中期,德国的大学成为全世界的楷模。世界各地的学者和学生纷纷前往德国深造,美国甚至派遣了数以万计的学生赴德国和英国学习。而现代大学的开放性,更是被各国纳入经济、科技、文化、艺术和社会发展的大局中,这不仅是一种借鉴和吸收他国大学制度、学术理论、自然科学和社会科学成果以及文化模式的行为,更是加速本国现代化进程的重要举措。20世纪中期,随着全球经济、贸易、科技信息的国际化发展,大学的开放性得到了进一步的增强。如今,随着全球化的不断深入,大学的开放性已经成为世界各国共同认可的趋势。这一趋势不仅体现了大学文化的前瞻性,也彰显了其在促进全球文化交流与发展中的重要作用。尤其是随着信息技术的飞速发展和互联网的普及,世界各地的大学开始更加紧密地联系在一起,形成了一个庞大的国际学术网络。这个网络不仅促进了学术研究的深入交流,也为不同文化背景的师生提供了相互学习和理解的机会,加深了各国之间的学术合作和文化理解。此外,随着国际合作项目的增多,大学之间的联合研究也日益频繁。这些合作不仅涉及科学研究领域,还包括社会科学和人文学科,如气候变化、可持续发展、公共卫生等全球性问题的探讨。通过这种跨国界的合作,大学不仅能够集合全球智慧解决人类面临的共同挑战,也进一步展现了高等教育在全球文化交流与发展中的重要作用。

(四)更加自觉地担负起大学文化发展的责任

随着时代的飞速进步和社会的深入发展,中国的大学在文化传承与创新中扮演着越来越重要的角色。大学不仅是知识的传播者和技能的培训基地,更是文化自信的构建者和价值观的引领者。尤其是党的十八大以来,以习近平同志为核心的党中央高度重视文化育人,始终强调文化育人在党和国家全局中的重要战略地位,促进高校坚持以文育人、以文化人,推动我国大学文化建设不断深入探索,中国大学更加自觉地担当起大学文化发展的责任,展现出独特的文化魅力和深远的社会影响力。

第一,始终把牢大学文化建设的政治方向。方向决定前途,道路决定命运。社会主义方向是我国大学文化建设的灵魂和根基,我国大学文化建设的社会主义方向是坚定不移的。"中国特色社会主义最本质的特征是中国共产党的领导,中国特色社会主义制度的最大优势是中国共产党的领导,党是最高政治领导力量。"[①]新中国成立70多年来的大学文化建设实践历史表明,坚持党的领导是大学文

---

① 习近平著:《高举中国特色社会主义伟大旗帜 为全面建设社会主义现代化国家而团结奋斗——在中国共产党第二十次全国代表大会上的报告》,人民出版社2022年10月第1版,第6页。

化建设的根本要求。中国特色社会主义大学文化建设必须坚持中国共产党的领导,必须坚持中国特色社会主义发展方向,坚持办学治校的正确政治方向,这是我国高校大学文化建设取得成就的最宝贵经验,也是我国高校发展和人才培养工作必须毫不动摇的原则。

1954年通过的《中华人民共和国宪法》为中国共产党在国家政治生活中的领导地位奠定了法律基础,这标志着党领导教育的理念正式形成。这一理念不仅体现了中国共产党对教育事业的重视,也确保了教育发展的方向与国家的整体发展战略保持一致。1958年国务院发布的《关于教育工作的指示》进一步明确了在所有大学中实行学校党委领导下的校务委员会负责制。这一制度的确立,强化了党在大学治理结构中的核心领导作用,确保了大学的发展和管理能够紧密围绕党的教育方针政策进行。进入改革开放新时期,1978年教育部出台的《全国重点高等学校暂行工作条例(试行草案)》规定了大学的领导体制是党委领导下的校长分工负责制。这一体制不仅强调了党委在大学决策中的主导地位,也明确了校长在教学、科研、后勤等方面的具体职责,确保了大学内部管理的高效性和科学性。1998年的《中华人民共和国高等教育法》明确规定了国家举办的高等学校实行中国共产党高等学校基层委员会领导下的校长负责制。这一法律规定的实施,标志着"党委领导下的校长负责制"以法律条文确立下来,标志着党对高等教育领导的制度化、法律化,为高等教育的健康发展提供了坚实的制度保障。可以说,从1954年《中华人民共和国宪法》的颁布到1998年《中华人民共和国高等教育法》的实施,党对教育事业的全面领导经历了从理念形成到制度确立再到法律规范的过程。这一过程不仅反映了中国共产党对教育事业的高度重视,也展现了中国特色社会主义大学制度的不断发展和完善。"新中国成立以来,大学文化建设坚持社会主义的方向,形成了具有鲜明社会主义特点的基本传统。"①

中国特色社会主义进入新时代,我国独特的历史、文化、国情决定了我国必须要走自己的高等教育发展道路。我们要建设的教育强国,是中国特色社会主义教育强国,必须以坚持党对教育事业的全面领导为根本保证,牢牢把握党对高校工作的领导权,使高校成为坚持党的领导的坚强阵地,保证大学文化建设方向的正确性。我国高校采取更加有效的举措保证大学文化建设的社会主义方向。大学全面贯彻党的教育方针,坚持马克思主义指导,不断巩固马克思主义在高校意识形态领域的指导地位,并以此推进高等教育综合改革、科学发展进程;大学始终坚持和完善党委领导下的校长负责制,加强党在高校的执政能力建设,确保高校始终成为坚持党的领导的坚强阵地;始终将社会主义核心价值观贯穿教育教学全过程,坚守办学的价值取向;始终坚持立德树人教育根本任务,用习近平新时代中国特色社会主义思想铸魂育人,培养中国特色社会主义事业合格建设者和可靠接班人;高校坚持"四个服务"的发展方向,即为人民服务、为中国共产党治国理政服务、为巩固和发展中国特色社会主义制度服务、为改革开放和社会主义现代化建设服务,为大学文化建设明确了社会主义航向,增强了大学文化的凝聚力和引领力,确保了大学文化建设行稳致远。

第二,始终坚持大学文化建设的育人导向。大学作为高等教育的重要基地,其最基本的职能便是致力于人才培养。在这一过程中,大学文化扮演着至关重要的角色。大学文化主要是以大学人为

---

① 周玉清,王少安:《社会主义核心价值体系引领大学文化建设论纲》,人民出版社,2011年第1版,第125页。

主体，以育人为主要导向，以多角度多层次的内容来体现大学的精神风貌，为国家和社会培养德才兼备的优秀人才。它通过继承传统文化的精髓，传播时代的新知，以及不断地创造属于当下的文化价值，在塑造学生的人格、培育其才能方面发挥着不可替代的作用。在纽曼的博雅教育理念中，他强调通过广泛的知识学习和道德修养，培养学生成为社会的精英——"绅士"。这种教育不仅注重知识的广度，更重视深度与内涵，旨在让学生在掌握知识的同时，也能够形成正确的价值观和人生观。在德国洪波的教育观念里，他提出了"完人"的概念，这要求教育不仅要关注学生的智力发展，还要关注其身体、美育以及劳动教育等多方面的全面发展。这种全方位的教育模式，旨在培育既有深厚学识又有高尚情操的现代公民。蔡元培先生从中国文化的角度出发，提出了"文化人格"的养成思想。他认为，大学教育应当培养学生的文化自觉和历史使命感，通过文化的力量来塑造学生的独立人格和创新能力。纵观大学文化发展历程，我们不难发现，大学文化的根本都指向一个共同的命题，即"培养什么样的人，为谁培养人，怎样培养人"。大学教育最基本的职能就是培养人才，作为大学重要组成部分的大学文化，其根本任务就是通过继承、传播、创造文化来培育人、塑造人。

作为社会主义大学，我国大学的最根本目的就是为社会主义事业输送大批合格人才。新中国成立以来，党和国家对教育文化事业方面的探索开启了新中国大学文化育人的先河。在这段历史的长河中，大学文化育人取得了重要成就，大学文化建设越来越成为高校实现立德树人根本任务的重要载体。

文化育人作为思想政治教育的重要途径越来越得到重视。随着大学文化建设实践的深化和拓展，人们对运用文化的力量加强和改进高校思想政治工作更加重视。高校在继续坚持思想政治教育的政治本性的同时,积极探索思想政治教育的文化蕴含,这对于思想政治教育而言是一个重大的发展,不仅有助于提升教育的实效性,更有助于培养学生的综合素质,为他们成为社会的有用之才打下坚实的基础。尤其是伴随着大学章程的创建、大学精神和大学文化的培育,以及高校文化建设视野的扩展,这些共同构成了一个促进青年学生全面发展的强大动力系统。在这样的系统中,学生们不仅在知识上获得充实,更在精神上得到提升,最终实现自身科学文化素质和思想道德素质的全面提高。新时代高校育人最重要的特征就是以新时代中国特色社会主义思想育人,用新时代中国特色社会主义文化铸魂育人,深入推进习近平新时代中国特色社会主义思想进课堂、进校园、进头脑,着重强调中华优秀传统文化、革命文化和社会主义先进文化的传承与发展,强调对鲜活的中国特色社会主义实践活动的体现与运用,旗帜鲜明讲政治,确保文化育人的政治性和纯洁性,实现文化育人的最终目标。

校园文化越来越成为大学生健康成长的重要精神支撑。自改革开放以来,我国大学广泛开展了形式多样、健康高雅的校园文化活动。这些活动不仅丰富了学生的课余生活,也使得高校育人工作更加注重文化的深度和内涵。在培养学生知行合一的过程中,校园文化成为滋养学生心灵、培养德行的重要途径。优良的校风、严谨的学风以及与时俱进的时代新风,共同构成了影响大学生健康成长的强大力量。习近平总书记指出,要"开展形式多样、健康向上、格调高雅的校园文化活动"[1]新时代,我国文化事业和文化产业发展迅

---

[1] 习近平著:《习近平谈治国理政》(第二卷),外文出版社 2017 年 11 月第 1 版,第 378 页。

速,高等教育事业蓬勃发展,大学校园中的文化生活也越来越丰富多彩,表现形式也越发多样。校园文化越来越成为大学生健康成长的精神沃土,为他们提供了丰富的思想滋养和精神支持。

　　文化素质教育在高校育人体系中地位愈加凸显。新中国成立后,我国高等教育经历了深刻的变革与全面改造。1952年至1953年间的高校大规模调整,重点强调专业划分和学科分类,这一改革促使工科院校得到了迅猛的发展,招生配额和科研经费的分配也显著倾向于技术类人才的培养,体现了国家对科技人才培养的重视。1994年,国家教委制定了"高等教育面向21世纪教学内容和课程体系改革计划",该计划强调了素质教育的重要性,标志着教育内容的进一步优化和教学方法的创新。在这一方针的指导下,多所高校开始探索并实施不同的教育模式。例如,华中科技大学推出了"文化素质教育模式",北京大学实施了"文理双学位制",而清华大学则成立了"人文社会科学学院"。这些举措在人文素质教育方面取得了显著的成效,为其他高校开展素质教育提供了宝贵的经验和范例。为了进一步加强大学生的文化素质和科学素质,教育部在1999年和2006年分两批在一些高校设立了国家大学生文化素质教育基地。这些基地成为提升学生综合素质的重要平台,通过丰富的课程和活动,有效地提高了学生的人文关怀和科学探索能力。2004年12月,教育部与共青团中央联合下发了《关于加强和改进高等学校校园文化建设的意见》,该文件特别强调了人文素质和科学精神教育的重要性,并要求继续实施"大学生全面素质教育工程"。此工程的核心是将人文素质和科学精神融入高等学校人才培养的每一个环节,确保教育教学的全面性和深入性。习近平总书记强调,要"不断提高学生思想水平、政治觉悟、道德品质、文化素养,让学生成为德才兼备、全面发展的人才"。[①] 新时代以来,我国大学坚持以人为本的育人观,在促进大学生身心健康发展方面做出了很多新的探索。大学坚持以人为本,贴近实际、贴近生活、贴近学生,努力提高学生综合人文素养和科学素养,培养德智体美劳全面发展的社会主义建设者和接班人。高等教育工作者秉持以人为本的育人理念,创造出更好更多的大学文化产品,借助于新媒体新技术,增强了以文化人、以文育人的时代感、吸引力和实效性,对全面提高大学生综合素养起到重要作用。

第三,大学文化建设不断推陈出新。为了适应时代的发展和满足社会的需求,我国大学文化建设始终坚持推陈出新,不断丰富和完善大学的文化底蕴。这不仅是对历史传承的尊重,更是对未来发展的深远考量。

自由精神让大学文化建设充满活力。自由精神,作为大学校园里不可或缺的灵魂,为高等教育注入了源源不断的活力。这种精神主要体现在办学自主性和学术研究的自由度上,是大学精神的核心所在。自新中国成立以来,随着《中华人民共和国宪法》和《中华人民共和国高等教育法》等一系列法律法规的颁布实施,我国高等教育事业不仅取得了显著的成就,更为大学的自主办学和学术自由提供了坚实的法律保障,确立了大学自治的合理性与合法性基础。在这样的法律框架下,我国众多大学纷纷成立了学术委员会、教学委员会、教授委员会、学位委员会等专业机构,这些机构在大学内部发挥着至关重要的作用。它们负责自由开展民主管理和学术活动,确保了大学能够在一个开放、包容的环境中进行自我管理和发展。这

---

① 习近平著:《习近平谈治国理政》(第二卷),外文出版社2017年11月第1版,第377页。

种管理模式体现了"党委领导、校长负责、教授治学、民主管理"的治理结构,既保证了党的领导,又充分发挥了校长的管理职能,同时让教授们在学术事务中发挥主导作用,实现了民主管理的广泛参与。在这种治理结构下,大学充分尊重并听取各方意见,确保了教职工拥有充分的知情权、参与权和监督权。这种广泛的参与机制,不仅增强了大学内部的凝聚力,也提高了决策的科学性和民主性。大学倡导"百花齐放,百家争鸣"的学术理念,鼓励不同观点和学派的交流与碰撞,形成了一种"学术讨论无禁区,课堂讲授有纪律"的中国特色社会主义大学文化氛围。这种氛围既保证了学术自由和思想的多样性,又维护了教学秩序和学术规范,为培养创新型人才提供了良好的环境。在这样的背景下,我们可以看到许多大学都在积极地推动改革和创新。他们不仅在教学方法上进行创新,引入新的教育理念和技术手段,以提高学生的学习效果和兴趣;还在课程设置上进行调整,增加跨学科的课程和项目,加强与企业和研究机构的合作,为培养更多具有创新精神和实践能力的优秀人才做出了积极的贡献。

大学文化建设日益规范。制度文化本身是大学文化的重要组成部分,随着高等教育制度建设的不断深入,以大学章程为代表的一系列制度,不仅在高校文化育人中发挥了重要作用,而且也为大学文化建设奠定了坚实的制度规范。1995年颁布《中华人民共和国教育法》开始,首次明确规定学校及其他教育机构必须具备"章程"等基本条件,这标志着对学校制定章程的要求被正式提出。紧随其后,1998年颁布的《中华人民共和国高等教育法》进一步规定申请设立大学应当向审批机关提交章程等内容,并在第二十八条中明确了高等学校章程应当规定的事项。这两部法律对大学章程建设提出了根本的规定。进一步地,2011年出台的《大学章程制定暂行办法》明确规定了大学章程的基本原则、主要内容、制定程序以及核准监督,为高校章程建设提供了具体的实施指南。这一办法的出台,为全国高校制定和完善大学章程提供了明确的指导和依据。随后,全国高校纷纷开始制定、完善各自的大学章程,并先后向全社会发布,以示其透明度和开放性。大学章程的制定和完善,一方面反映了新时期我国高等教育积极探索创新发展之路,不断提升我国高等教育的现代化管理能力和管理水平。另一方面,它也为我国大学文化建设提供了一条新的路径,对发挥高校制度文化育人功能起到了重要的作用。通过这些章程,高校能够更好地传承和弘扬大学精神,确保教育活动的规范性和有效性,从而促进学生的全面发展。

2015年,国务院发布了一项具有里程碑意义的文件——《统筹推进世界一流大学和一流学科建设总体方案》。这份方案不仅为高等教育的发展指明了方向,还特别强调了大学文化建设的重要性。它提出,为了培养出能够推动社会进步、引领文明进程的一流大学精神和文化,必须加强大学文化建设,增强文化自觉和制度自信。随着这一方案的实施,越来越多的高校开始深刻反思和重视大学文化建设的规范性。文化建设不再被视为一项附属任务,而是作为学校发展总体规划的核心部分。为了确保文化建设的规范性和系统性,我国大学纷纷制定了一系列相关制度。这些制度详细规定了大学文化建设的目标,旨在通过文化的熏陶和引导,培养学生的社会责任感、创新精神和国际视野。同时,也明确了文化建设的内容,包括学术自由、师生互动、校园多样性等各个方面。此外,这些制度还规定了文化建设的形式,如举办讲座、研讨会、艺术展览等,以及如何对文化建设的成果进行评价和反馈。这一系列的制度建设,为大学文化的繁荣发展提供了坚实的保障。它不仅浓郁了校园内外的文化氛围，还激发了学生的创造力和批判性思维。更重要的是，大学文化的建设和推广，使得大学成为社会进步的引擎，引领着文明的进程。

大学文化建设形式、载体更为丰富。在新时代的背景下，大学文化建设呈现出前所未有的活力与创新。各大学不仅注重结合自身的历史传统和实际条件，更是积极运用各种有效资源，通过组织一系列丰富多彩的文化活动，来强化对大学文化的理论研究和实践探索，从而铸造出具有独特魅力的大学文化品牌。这些努力使得大学文化的形式更为多样化，载体也更加丰富。

以清华大学为例，该校特别重视学生理论社团的发展。学校不仅为这些社团提供丰富的资源支持，包括资金、场地和指导老师等，还鼓励学生们自主策划和实施各类理论研讨活动。这些活动不仅限于学术讲座和研讨会，还包括模拟联合国大会、辩论赛和写作工作坊等。通过这些形式多样的活动，清华大学成功地将理论学习与实践操作相结合，极大地激发了学生们对理论知识的兴趣和探究欲望，同时也培养了学生的批判性思维能力和公共演讲技巧。

复旦大学则采取了另一种策略，即通过书院文化建设来践行其文化育人的目标。复旦的书院不仅是学生们的居住地，更是一个充满文化氛围的学习和交流空间。在这里，学生们可以参与各种文化沙龙、艺术展览和诗歌朗诵会等活动。书院还定期邀请知名学者和艺术家开设讲座、进行表演，使学生们能够近距离接触文化名流，从而拓宽视野，提升审美和文化素养。这种以书院为核心的文化建设模式，有效地将传统文化与现代教育相结合，为学生们提供了一个既能学习又能享受生活的优质环境。

随着大学文化建设的不断深化,更多的高校开始探索适合自身特色的文化发展路径。例如,浙江大学以其深厚的历史文化底蕴为基础,推出了一系列的历史文化讲座和实地考察活动。这些活动不仅让学生深入了解中国乃至世界的历史文化,还鼓励他们从历史的角度思考现代社会的问题,培养了学生们的历史责任感和文化自信。

同时,为了适应数字化时代的需求,许多大学也开始利用网络平台,创建虚拟的文化社区。比如,上海交通大学就建立了一个在线文化交流平台,学生可以在这个平台上发表自己的文化作品,如短篇小说、诗歌、音乐作品等,并与其他学生进行互动交流。这种形式不仅拓宽了文化活动的边界,也让更多学生能够在更为广阔的环境中展示自己的才华,促进了校园文化的多元化发展。

此外,面对全球化的挑战,一些高校还积极开展国际文化交流项目。例如,南京大学与多所海外知名高校合作,定期举办国际文化节。在这些活动中,学生们有机会与来自世界各地的师生进行面对面的交流,共同参与文化表演、国际美食节等活动。这不仅增进了学生对不同文化的理解和尊重,也为他们将来在全球化背景下的工作与生活打下了坚实的基础。

通过这些创新举措,大学文化不再是僵化的、一成不变的,而是成为一个充满活力、不断发展变化的生态体系。在这样的文化氛围中,学生们不仅能够获得知识上的充实,更能在精神上得到提升,最终成为既有深厚专业知识又有广阔视野的现代人才。面对日益复杂的国际形势和国内思想文化多元化的冲击,新时代大学文化建设唯有坚持守正创新,不断推陈出新,坚持"中国特色、世界一流"的发展之路,才能为我国实现从教育大国迈向教育强国迈进,为高校培养更多能够适应新时代需求的高素质人才提供不竭动力。

第三章　国内外大学文化建设案例及经验启示

大学,作为人类文明演进的璀璨结晶,其诞生与壮大根植于深厚的文化底蕴之中。这一文化特质,如同大学的灵魂,随着大学的茁壮成长而不断丰富与发展。回溯历史长河,众多文明古国均早早孕育了高等教育的摇篮。希腊有柏拉图执教的"学院",中国有"太学"、"国子监"等,以及声名远扬的四大书院,它们虽非现代大学的直接源头,却为后世高等教育的发展奠定了坚实基础。

如前所述,真正意义上的现代大学,起源于中世纪末叶,其最古老的源头可追溯至11世纪的意大利博罗纳。随后,这一教育模式如春风化雨,逐渐在法国、英国等地生根发芽,并迅速蔓延至西班牙、葡萄牙、德国乃至美国等广袤地域。伴随着大学的兴起,各具特色的大学文化也应运而生。中国古代《大学》所倡导的"大学之道",柏拉图关于"哲学王"的构想,以及亚里士多德对"自由教育"理念的推崇,共同勾勒出东西方早期对大学文化的探索。

进入近现代,我国大学文化的构建在西方文明的冲击下,经历了深刻的变革。自19世纪末、20世纪初以来,我国开始建立现代意义上的大学,这一过程不可避免地受到了西方大学文化的影响。新中国成立后,我国大学文化建设在新的社会制度框架下焕发出勃勃生机,与高等教育事业的蓬勃发展同步,经历了一场持续的转化与创新之旅。

改革开放以来,特别是中国特色社会主义进入新时代,随着我国综合国力的显著提升和高等教育事业的飞速进步,我国大学文化建设迈入了一个崭新的发展阶段。这一时期,中国特色社会主义大学文化建设如火如荼地展开,不仅彰显了鲜明的时代特色,更为全球高等教育领域贡献了独特的中国智慧与中国方案。

一、中国大学文化建设的经典案例

在中国大学文化的历史演进中,我们不难发现其中值得弘扬、传承的历史经验,比如,蔡元培在北大提出"思想自由、兼容并包"和"大学自治、教授治校"的办学理念,清华大学"自强不息、厚德载物"的校训,孙中山为中山大学题写的"博学、审问、慎思、明辨、笃行"的校训等等,这些,犹如璀璨的珍珠镶嵌在中国大学文化发展历史中,是我们今天建设有中国特色社会主义大学文化的宝贵财富。鉴于篇幅有限,在此,我们仅列举三个经典案例,举一反三,以此折射中国大学文化建设的探索实践及其经验成就。

(一)蔡元培在北京大学改革中的大学文化建设经验

北京大学的前身是京师大学堂,创建于1898年,是中国近代史上第一所国立大学。设立京师大学堂,是戊戌变法的产物,也是中华民族救亡图存、兴学图强的结果。在京师筹办大学堂,用以取代传统的太学、国子监,实际上是要对封建高等教育思想的核心部分进行彻底的改造,其核心在《议复开办京师大学堂折》中对京师大学堂的宗旨、设施、课程学制、教习和毕业生前途问题方面得以充分体现。辛亥革命后,于1912年改为北京大学。北京大学"上承太学正统,下立大学祖庭",既是中华文脉和教育传统的传承者,也标志着中国现代高等教育的开端。其创办之初也是国家最高教育行政机关,对建立中国现代学制做出重要贡献。在一个多世纪的奋斗历程中,"'爱国、进步、民主、科学'的光荣传统在北京大学生生不息,'勤奋、严谨、求实、创新'的优良学风和'思想自由,兼容并包'的学术传统在北京大学代代相传,'追求真理、追求卓越、培养人才、繁荣学术、服务人民、造福社会'的办学理念在北京大学不断得到生动体现。这些历史铸就的光荣传统、优良学风和先进的办学理念构成了北大文化的核心内涵,使北京大学生机勃勃,气象万千,博大精深,特色鲜明。"[①]在这一北大文化形成过程中,著名教育家蔡元培入主北大后开展的全面革新,是其中非常重要的一页。

1917年,蔡元培就任北京大学校长,他"循思想自由原则,取兼容并包主义",对北京大学进行了卓有成效的改革,促进了思想解放和学术繁荣。蔡元培针对北大的改革,第一项任务就是阐明北大的办学宗旨,这是大学文化建设的重要内容。1917年1月4日,蔡元培在北大开学典礼上发表就职演说,他向学生提出了殷切希望和严格要求,勉励他们要做到三件事:一是抱定宗旨,二是砥砺德行,三是敬爱师友。所谓抱定宗旨,其实就是大学文化中的明确大学理念。"诸君来此求学,必有一定宗旨,欲求宗旨之正大与否,必

[①] 杨河主编:《海纳百川 有容乃大——北京大学文化研究》,高等教育出版社,2011年9月第1版,序XIV。

先知大学之性质。今人肄业专门学校,学成任事,此固势所必然。而在大学则不然,大学者,研究高深学问者也。"①蔡元培明确要求学生到北大求学的宗旨是研究高深学问,"不当以大学为升官发财之阶梯。"②。蔡元培将北大的大学理念界定为研究高深学问的学府,以此为指针,从各个方面对北大进行了整顿和改革,为的是能使学生入校研究学问,而不是为了做官发财。他曾多次指出:"所谓大学……实以是为共同研究学术之机关。"③他延聘学术上有造诣、对研究学问有优长的教师来校任教,影响学生;同时,整顿和改革原有规章制度,实行教授治校的民主管理体制;改革教学体制,以办文理科为主,使文理科相互沟通;整顿和丰富学生课余生活,提倡学生参加社团活动,等等。蔡元培确立北大是以研究高深学问的办学宗旨,既是他整顿和改革北大的核心思想和根本目标,也是大学文化建设的主要内容。

　　蔡元培认为,要实现"研究高深学问"的大学理念,首要的任务是革新观念,遵循思想自由、兼容并包的原则,从大学用人制度着手,聘请具有"积学与热心"的教员,这就为确立大学为研究高深学问之机构的理念奠定了基础。蔡元培根据"积学与热心"的标准,不拘一格,延聘很多名流学者到北大任教。只要学术上有造诣,能言之成理,持之有故,他就聘请,而不论其政派、学派、年龄、资历、国籍,以网罗众家为根本。这可从北大当时教员群体的实际情况得到证实。在政治派别方面,既有信仰马克思主义的陈独秀、李大钊等,也有主张复辟留着长辫子的辜鸿铭、拥护袁世凯称帝的刘师培等。

---

① 蔡元培著:《国学精神》,北京理工大学出版社2020年6月第1版,第246页。
② 蔡元培著:《蔡元培自述》,北方文艺出版社2012年7月第1版,第106页。
③ 蔡元培著:《蔡元培讲读书》,河海大学出版社2019年7月第1版,第207页。

在学术派别方面,既有提倡新文化运动的新派学者,如陈独秀、鲁迅、胡适、钱玄同等,也保留有原在北大学有专长的旧学著名人物,如黄侃、陈汉章、陈介石、马裕藻等。在年龄方面,既有中老年学者,如崔适67岁、辜鸿铭62岁、叶翰57岁、陈汉章54岁等,也有年轻专家,在200多名教员中,其中90名教授,平均年龄只有30岁左右。胡适、刘半农受聘教授时仅有27到28岁,徐宝磺只有25岁。在资历方面虽重视从留学人员中或著名专家学者中选聘,又不拘一格,不受学历、资历限制。最典型之例是将年仅24岁的梁漱溟聘为讲师。在国籍方面,虽然主要聘请了国内专家学者任教,但对学有专长的外籍教师同样聘请,如地质系外籍教师葛利善即在北大任教。此外,北大还经常延请世界知名专家学者来校讲学,先后请来讲学的有杜威、罗素、泰戈尔、爱因斯坦等等。蔡元培经过这样对北大教师队伍的整顿和改革以后,使北大形成了一个不同信仰、不同学派的新型教员群体,各有学术所长,各抒己见,相互争鸣,校内学术氛围浓厚而活跃,引领着全国的学术新潮流,吸引了来自全国各地的优秀青年,使北大成为全国声名卓著的最高学府和中国最负众望的学术中心。

蔡元培到北大任职后,还仿效德国大学及欧美其他国家民主管理的办法,实行教授治校的民主管理体制。他按以下步骤逐步推行:第一步,设立评议会。大学设立评议会,本是蔡元培任教育总长时就已经提出的,并写入1912年10月由中华民国教育部颁发的《大学令》中。北大虽也按《大学令》成立了评议会,可规定的权限未能得到实行,仍是校长等少数人说了算。蔡元培到校后第一步即制定了《大学评议会规则》。规则共计8条,将评议会作为全校最高的立法权力机构。评议会由下列人员组成:一是校长,二是各科学长,三是各科教授选出的代表,每科二人,自行互选,任期一年,任满再选。校长为评议会之议长。评议会的主要任务是:议决设立及废止学科、讲座的种类;审核大学内部的规章;审查学生风纪事项、审议大学学生成绩及可否授予学位事项;回复教育总长及校长咨询事项,以及呈送教育总长关于高等教育的建议。第二步,组建各科教授会。蔡元培在设立评议会后,组建了各个学科教授会,作为各科管理机构,并制定了《学科教授会组织法》。按照组织法,北大在1917年对各科各门的重要学科依学科类别相近各自组成一个部。每部设一教授会,成员是教授、讲师、外国教员。1919年由部改系,共设14个系,各系成立教授会,有法律、政治、经济、俄文、德文、法文、英文、中文、史学、哲学、地质、化学、物理、数学等教授会。各系主任由教授会会员投票选举产生,任期2年。各系教授会的任务是:负责规划本系的教学工作,诸如课程设置、教科书的采用、教学法的改良、学生成绩考核等。第三步,设立教务处和总务处。针对当时北大教务一直由各科分头负责,互相之间缺乏联系,处于分散状态的现象。蔡元培在整顿和改革北大体制过程中,为沟通文理科并加强民主统一领导,取消学长制,分别设立教务处和总务处。教务处由教务长与各学系教授会选出之各系主任组成,统一领导全校教务。教务长由各学系教授会主任推选,任期1年。与设立教务处同时成立了总务处,管理全校事务。设总务长1人,由校长于总务委员中委任,以教授为限,任期2年,可以续任。第四步,设立行政会议。行政会议为全校最高行政机关,由各专门委员会委员长组成,校长担任议长,教务长、总务长为当然成员,书记由总务长兼任,各成员以教授为限。行政会议有以下职权:规划全校事宜,审查督促各行政委员会及各事务委员会完成任务情况,贯彻执行评议会有关决议事项等。行政会议下设各专门委员会，分管每一方面的事务。当时设立的专门委员会有：组织委员会、预算委员会、审计委员会、聘任委员会、图书委员会、仪器委员会、出版委员会、庶务委员会和临时委员会。临时委员会以所任事务临时确定名称，事毕即行撤销。

蔡元培实行上述的整顿和改革，使北大从体制上有了根本性的变化，根除了京师大学堂封建官僚体制的衙门作风，建立了教授治校的民主管理体制。这为北大逐渐成为全国学术中心和民主自由思想发祥地奠定了基础，从体制上推动和保证了北大沿着民主办学方向前进。

蔡元培还对课余活动加以整顿与改革，以便丰富学生的课余生活，引发他们研究学问的兴趣，提高服务社会的本领。他的做法就是提倡和鼓励北大师生组织各种学会、社团。他不只是一般号召，还亲自参加组织和鼓动。据不完全统计，在蔡元培的提倡和推动下，"北大成立的各种社团有27个"。这些社团有进德会、新闻研究会、哲学研究会、国民杜、新潮社、平民教育研究会、马克思主义研究会、社会主义研究会、国故月刊社、孔子研究会、数理学会、书法研究会、画法研究会、音乐研究会、美学会、技击地、体育会、静坐社、北大教职员会、消费社和学生银行等。这些社团，有些是以研究学术为宗旨的，是为引起学生研究学术兴趣的，如历史学会、哲学研究会、地质学会、数理学会等；有些社团是为陶冶性情、丰富学生课余生活的，如美学会、体育会、音乐会等；还有些社团是以培养学生服务社会为宗旨的，如平民教育讲演团、消费社、学生银行等。但从蔡元培的设想来看，这些社团研究学理必须有一种活泼的精神，养成博爱精神和服务社会习惯。他指出："研究学理，必要有一种活泼的精神，不是学古人'三年不窥园'的死做法能做到的，所以，本校提倡体育会、音乐会、书画研究会等,来涵养心灵"①。他还指出:"大凡研究学理的结果,必要影响于人生。倘没有养成博爱人类的心情,服务社会的习惯,不但印证的材料不完全,就是研究的结果也是虚无"②。"为引起师生求学问的兴趣,蔡元培积极营造校园的学术氛围,以学术为导向,建立起丰富多彩的课外活动,鼓励和支持创办学生社团和刊物,启发学生研究的兴趣。"③在北大成立的众多社团和出版的刊物中,对师生学习生活和校外社会影响最为广泛的是进德会、平民教育讲演团和《新青年》《少年中国》《国民》《新潮》等杂志。蔡元培特别赞赏由李大钊、王光祈等人创建的少年中国学会及其创办的《少年中国》月刊,以及其后组织的工农互助团。蔡元培鼓励北大师生服务社会,努力解决社会问题,不要把门关起来研究学问,这是非常重要的,也是北大研究高深学问的办学理念的具体体现。

总之,经过蔡元培的革新,北大初步实现了向着现代大学迈进的质的飞跃,并奠定了自身的优良学术传统和光荣革命传统。自此开始,近代中国才形成了较为完整的资产阶级教育思想体系和教育制度。蔡元培对近代与现代中国教育、中国革命做出不可磨灭的贡献,其中很重要的一点,就是他提出的"思想自由,兼容并包"主张,使北大成为新文化运动的发祥地,为新民主主义革命的发生创造了条件。他不仅为中国近现代资产阶级大学教育理论的形成打下了坚实基础,而且其中许多真知灼见,如重视大学开展科学研究工作,

---

① 蔡元培著,侯晓菊选编:《蔡元培散文》,上海科学技术文献出版社 2013 年 11 月第 1 版,第 129 页。
② 蔡元培著,侯晓菊选编:《蔡元培散文》,上海科学技术文献出版社 2013 年 11 月第 1 版,第 129 页。
③ 杨河主编:《海纳百川 有容乃大——北京大学文化研究》,高等教育出版社,2011 年 9 月第 1 版,第 096 页。

注重发展学生个性,主张"沟通文理",以及"依靠既懂得教育,又有学问的专家实行民主治校"等等也对后世产生了重大影响,是我们今天大学文化建设的重要历史资源。

(二) 西南联大的文化建设经验

在中国大学文化建设史上,另一个辉煌的成就是由北京大学、清华大学和南开大学联合组建而成的西南联大创造的。尽管诞生于硝烟弥漫的抗战时期,但在国难当头的特殊时期,西南联大一直筚路蓝缕,弦歌不辍,创造了中国高等教育史上的奇迹,"其环境之恶劣与成绩之显著形成了鲜明的反差。三校学生共同坚守'刚毅坚卓'的信条,在炮火硝烟中接过中国学术命脉的薪传。北大的'思想自由,兼容并包',清华的'自强不息,厚德载物',南开的'允公允能,日新月异'共同组成了西南联大的精神和校风。"[1]在短短8年的联合办学实践中,西南联大积累了许多成功的教育管理及文化建设的经验。在我国深化高等教育改革的今天,认真汲取西南联大的成功经验,对于促进我国现代大学文化建设无疑具有重要的启发和借鉴意义。

独特的行政管理模式凸显西南联大的民主管理。西南联大在8年的联合办学中,未设校长而实行校务委员会制度,而形成了独特的行政管理模式。通过常委会、校务会议和教授会实施教授治校、民主管理的。其中,常委会由三校校长组成,但因北大的蒋梦麟和南开的张伯苓两位校长另有公职不常驻校,因而联大的日常工作实由清华的梅贻琦校长主持,通过每周的常委会例会决定学校的改

---

[1] 杨河主编:《海纳百川 有容乃大——北京大学文化研究》,高等教育出版社2011年9月第1版,第104页。

革、建设与发展等重大事项。校务会议由常委、常委会秘书主任,训导员、教务长、总务长、各学院院长以及正副教授互选的代表组成,起到立法机构的职责,每学年至少举行一次,讨论审议学校的预决算、学系的废立、规章制度的颁行、建筑设施及重要设备的添置、校务的改进等事宜。教授会则由全体教授、副教授组成,主要讨论教学事务工作。在此管理机制中,除3位常委为专职外,其他行政岗位均由教授兼任,且兼职不兼薪,没有任何工作津贴。"梅贻琦在主持联大工作期间凡遇重大事情总是虚心听取教授同仁的意见,采取'吾从众'的方针,使人'悦服'而非'慑服'。西南联大实行教授治校的民主管理制度,教授会实际上是学校的最高权力机关。"[1]由此充分体现了西南联大"集体领导、教授治校、民主管理"的精神。这些精神、规章制度以及管理机制,是西南联大虽由三校合组却能"八音合奏。终和且平"[2]的重要支撑,也为后世大学行政管理改革提供了宝贵经验。

学术自由是西南联大的重要文化品格。在和而不同、兼容并包办学理念的影响下,西南联大的学术自由、百家争鸣、百花齐放的文化氛围十分浓郁。学派渊源、治学传统各不相同,甚至政治倾向大不一致的专家学者均可"各美其美,美人之美",形成"万物并育而不相害,道并行而不相悖"的百家争鸣局面。为了鼓励学术争鸣、百花齐放,学校对教授讲课的形式并不做统一的硬性规定,而是给予教授充分的自由,同一课程可以自己主讲,亦可由几位教师同时开讲,阐述各自的学术见解。比如:中国文学系的"楚辞"课,罗庸教授主

---

[1] 叶通贤,周鸿:西南联大的办学思想及其对我国现代大学改革的启示,《高等教育研究》2008第3期,第91页。
[2] 冯友兰著:《三松堂全集》(第1卷),河南人民出版社2000年12月第2版,第295页。

要从诗经到楚辞的诗歌发展过渡视角来讲授,而闻一多教授却从古代神话的研究视角来讲解;又如,同讲"中国通史",雷海宗善用横向法来解析历史循环论,而吴晗则善用纵向法来演绎制度变迁史。除了教师授课的自由外,学生亦有选课的自由。他们可以根据自己的学习兴趣在规定的时间内自主地申请进行任选、退选、改选和转系。比如:朱德熙一年级学的是物理,而二年级却改学中文;杨振宁入学时报考的是化学系,但入学后却转系到了物理系。为了捍卫学校的自由,联大教授们敢于联合抵制国民党对大学的思想控制以及教育部对大学教育的统一规定。这种学术自由、百家争鸣、百花齐放的文化氛围对于促进学术繁荣、学术创新以及人才培养极为有利。

西南联大在学术研究上的自由并不意味着教学管理上的无序,相反,学校在教学管理上做得非常严格有序。早在西南联大成立初期,学校就制定了《教务通则》,把有关入学登记、课程学习、考试要求、学籍管理、学位授予等教务管理规定得十分详尽,学生必须严格遵守。譬如:在入学方面,学生一律凭考试入学,不仅标准十分严格,而且淘汰率很高,尤其是物理系从入学到毕业淘汰率一般在50%以上,有时甚至高达80%;在课程学习方面,凡不及格的课程不仅不给学分,而且规定不得补考,若必修课不及格则须次年重修,而隔年重修者亦不给学分;在考纪方面规定,严禁考试作弊,而且常由校长亲自巡考,对于因成绩问题直接找他"求情"者,一律严词拒绝。"有一次,入学考试的命题被一位教授的子弟偷看并泄露给他的同学(只有1人),这时考生已进入考场,开始作题,梅贻琦得知这一情况后断然决定原题作废,重新命题,考期推迟。"[①]。为了适应战时特

---

① 清华大学校史研究室编:《清华人物志》(第三辑),清华大学出版社,1995年4月第1版,第13页。

殊环境和人才培养的需要,西南联大在保证质量的前提下也为莘莘学子的求学创造必要的便利条件。例如:学生休学期间在外地高校听课取得学分,若事先获得系主任及教务长准许,学分照算;其他高校学生转学到西南联大就读者,学校同样接受,但必须参加转学考试。这其中就包括从浙江大学转学来的李政道和从中央大学转学来的朱光亚等著名学生。同时,西南联大还实行选课制与学分制相结合的灵活制度,教师可以根据自己的特长自编教材,灵活开课,学生亦可按照自己的学习兴趣自主学习、自由选课等。西南联大这些独特而又人性化的教学管理制度背后体现的是对自由的尊崇。

在教师选聘方面,从北大、清华、南开到西南联大,历任校长都继承了中国古代"置明师,兴太学"的优良传统,将延聘学有专长的教师放在办好学校的首位。西南联大对教师的选聘极为严格,规定教师不仅要有胜任教学的本领,而且须有卓越的科研成果才能被选聘。例如,清华大学曾对教授资格做出如下规定:甲、3年研究院工作,或具有博士学位及有在大学授课2年,或在研究机关研究2年,或执行专门业2年之经验及于所任学科有重要学术贡献者;乙、于所任学科有学术创作与发明者;丙、曾任大学或同等学校教授或在研究机关研究或执行专门职业,具有特殊成绩者。必须具备以上3个条件之一,方可聘为教授。北大、南开亦有类似规定,不过三校在延聘教师时更强调真才实学,"有特殊成绩"并不一定以资历或担任某一职称的长短为据。譬如,在职称晋升方面,只讲教学和科研成效,而与学历、工龄无关,且无人数和比例限制,更无须上级组织批准,学校完全自主决定,尤其对品格良好且有重要学术成就者,完全可以越级聘为教授。比较典型的例子是华罗庚虽中学尚未毕业、沈从文亦只上完小学皆因取得公认的特殊学术成就而被直接聘升为教授①。

在教师考核方面,西南联大十分重视学生对教师教学效果的评价。如,学校开设选修课中,"同一门选修课往往由不同教师担任,学生不仅可以自由选听任何一位教师的课,而且可以在开学两周内自由退选和改选。教师一旦开课,选课人数达不到规定的数额,或退课人数超过一定比例,开课资格就地被取消,长此以往教师会被解聘。"②。在严格考核的同时,学校依据教师的实绩,给予不同的奖励。经考核合格的教师,任职满两年后,只要本人提出申请并经教授会同意,还可带薪到国外大学或研究机构进行访学。正因为这种宽严相济、唯才是举的管理做法,才使得西南联大长期保持了一支实力雄厚、技艺精湛的师资队伍。

西南联大的学生管理主要由训导处专门负责。在具体管理中,训导处大胆放手,引导学生自主发展,自治管理。譬如,其训导大纲明确规定:"对于学生之训练与管理,注重自治的启发,与同情的处置。"为便于学生维权及其自治发展,在不违反校规校纪的前提下,联大学生的日常管理主要通过学生自治会、学生社团和学生自主活动来进行。例如,学生会领导人的组织选举及学生会开展的社团活动均由学生自行组织。至于学生的日常生活则全由学生自己管理,甚至连学生伙食也由学生自己操办。除了学生自治会外,联大还自发组织了"群社""冬青社""阳光美术社""新诗社"等数十个学生社团,并聘请知名教授担任指导教师。在教师的指导下,各社团纷纷出版自己的壁报,或慷慨争议、鞭辟时政,或赋诗作画、陶冶情操,或

---

① 孙进,邢国忠:以西南联大为例看当前高校校园文化建设,《福建论坛》(社科教育)2009年第2期,第157页。
② 张剑秋:西南联大的师资管理及历史启示,《学术探索》2002年第2期,第116页。

探索学术、百家争鸣。这些社团活动既丰富了学生的校园生活,也锻炼了学生自我管理和服务社会的能力①。

教授治校是西南联大积极奉行的教育管理模式,也是现代大学的重要办学理念。它既是一种教育理念,又是一种实现教育理念的管理手段。大学更多的是一种教学与科研合二为一的特殊单位,而教授既是教学与科研的集中代表,也是大学存在的灵魂所系。大学要出思想、出成果、出人才,都离不开教授。也就是说,教授的独特作用决定了教授群体在大学建设发展中的核心地位,同时,教授治校还与学术自由密切相关,只有教授治校,才能更好地保证学术自由的正常活动。

从西南联大的管理实践来看,杰出的大学校长是实施有效管理的关键。所谓杰出的大学校长必须具有如蔡元培、梅贻琦、蒋梦麟等等教育家的视野与功夫,亦即懂教育、会管理、高素质。所谓懂教育,就是必须深谙教育的本质属性,深循教育的基本规律,深怀先进的教育理念;所谓会管理,就是要以人为本,民主管理,科学决策,躬行现代大学制度;所谓高品质,就是要身怀高尚的爱国主义精神,秉持公正廉明的办事风格以及勤修、克己、奉公的崇高品格等等。

实践证明,西南联大教授治校、民主管理、学术自由、百花齐放、严格有序、灵活有余、宽严相济、唯才是举,自主发展、自治管理的管理模式,在特定的历史条件下对大学的人才培养、学术进步与社会发展发挥了独特的管理效能。在我国深化高校管理体制改革,建立现代大学制度的今天,理应从中汲取其有益的成功经验,结合大学实际,适应社会主义大学培养人才的现实需要,深化高校管理体制

---

① 单敏:解读西南联大:大学校长的视角,《当代教育论坛》(校长教育研究)2007年第8期,第115页。

改革，着力建设具有中国特色的现代大学制度，实现大学文化建设的能级提升。

(三) 清华大学的文化建设经验

清华大学的文化建设历史是一段悠久且丰富的过程，这一过程与该校从建校之初至今的发展历程密切相关，反映了中国近代以来高等教育的演进以及社会变迁。"清华的百年，是从争取教育独立到力图实现跻身世界一流大学奋斗目标的过程。在这一过程中，清华形成了具有自身特色的物质文化、制度文化和精神文化，积淀了深厚的文化底蕴"[①]。这些不仅是清华培养优秀人才、产生高水平研究成果、建设世界一流大学的基础和前提，而且对整个中国教育乃至中国社会都具有不可磨灭的辐射与引领作用。

1911年，在国难深重时期，清政府利用美国退还的部分庚子赔款设立了清华学堂。清华的诞生，从一开始就带有强烈的民族耻辱的印记，雪耻强国成为清华重要的文化基因。同时，留学预备校的背景也使清华深受英美教育模式的影响。一批具有留美经历的知识精英既根植于中国深厚的文化传统，又带来了西方科学民主思想和近现代大学理念，形成了颇具特色的办学和治学方略。"在清华学堂建立初期，美国人办学是清华学堂建立的外部条件，中国进步知识分子办学是清华学堂办学的内在根据。"[②]清华建校之初，一方面是美国政治家的办学理念。他们办学的目的是为了"能够使用最

[①] 胡显章主编，蔡文鹏副主编：《世纪清华 人文日新——清华大学文化研究》，高等教育出版社2011年4月第1版，序言XIII。

[②] 胡显章主编，蔡文鹏副主编：《世纪清华 人文日新——清华大学文化研究》，高等教育出版社2011年4月第1版，第010页。

圆满和巧妙的方式,控制中国的发展。——这就是说,使用那从知识上与精神上支配中国领袖的方式。……为了扩展精神上的影响而花一些钱"①。由此,他们希望用庚子赔款办一所标准的留美预备学校,且按美国教育模式来办学。在这样的理念主导下,学校开设的课程是美国化的课程,西学部使用的教材是印有星条旗的英文教材,教材的内容自然不乏有关美国政府、美国历史人物乃等方面的内容。教员半数来自美国,他们传授的也是美国文化以及基督教义。不言而喻,这一办学理念对清华尤其是年少的学子产生很大的影响。对此,当时进步知识分子是有清醒认识的,他们从民族和教育的独立性出发,提出自己的办学理念,那就是要培养能够雪耻强国的中国领袖人才。这种办学理念在当时的《清华学堂章程》中得以体现,明确学堂"以培植全才,增进国力为宗旨","以进德修业,自强不息为教育之方针"②。在办学模式上坚持八年学制,力求实现养成教育阶段能在国内完成,并优先选拔有国学专长的成年人去美国留学,尽最大努力避免美国教育对学生的影响。在课程的开设上,坚持开设国学课,在学校发展定位上,努力尽早改变学校留美预备校的角色定位而办成一所学术独立的完全大学。1928年,清华被正式命名为"国立清华大学",标志着其作为完全大学地位的确立。学校致力于高层次人才的培养,并努力实现中国学术研究的国际独立与平等。梅贻琦校长倡导通识教育的重要性,同时对中国古代大学之道进行了新的解释和融合,探索将西方现代大学理念本土化。清

---

① 清华大学校史研究室编:《清华大学史料选编》(一),清华大学出版社1991年第1版,第72—73页。
② 清华大学校史研究室编:《清华大学史料选编》(一),清华大学出版社1991年第1版,第146页。

华大学国学院的成立,是中西学术融合、古今知识交流的典范,引领了当时的学术潮流,并对清华乃至中国的学术发展产生了深远影响。

新清华时期,在蒋南翔校长的带领下,学校在努力继承清华优秀办学传统和学习苏联办学经验的同时进行了艰苦卓绝的社会主义办学道路的探索。蒋南翔,这位1932年考入清华大学的杰出人物,不仅在青年时期积极参与爱国活动,而且在之后的教育生涯中,深深地影响了一代又一代的清华人以及整个中国的高等教育事业。蒋南翔在担任清华大学校长期间,注重继承和发扬清华的优秀办学传统,如强调基础科学的教学与研究,提倡学术自由与独立思考。在那个特殊的历史时期,他还坚持学习苏联的先进教育经验,努力探索适合中国国情的社会主义办学道路。将"又红又专"作为培养目标,意在培养学生的政治觉悟和专业技能,以适应社会主义建设的需要。这一教育理念的提出,不仅是对当时教育模式的一种创新,也是对人才培养目标的一次深远思考。在教学方法上,蒋南翔提倡"因材施教",即根据学生的个性和能力进行有针对性的教学。这种方法不仅能更好地发挥每个学生的潜力,还能更有效地培养出符合国家需求的人才。在蒋南翔的领导下,清华大学开展了一系列的教学改革,包括增设原子能科学、自动控制等新兴学科,这些新兴领域的加入,大大提升了清华的科研实力和教学质量。在他的带领下,清华大学不仅在学科建设、人才培养上取得了显著成就,其教育理念和模式也对中国其他高校产生了重要影响。

1978年改革开放以来,清华大学抓住了新的发展机遇,逐步确立了建设世界一流大学的长远目标。在此期间,清华大力恢复和新建了多个学科,包括理科、文科和医学等,极大地丰富了校园文化的多样性。同时,为了适应新的教育需求和文化发展,清华大学加大了对校园文化设施的投入,如美术学院的成立等,进一步促进了校园文化环境的改善和发展。2019年6月26日,清华大学成立了文化建设办公室,作为学校的行政职能部门,同时对外加挂清华大学文物保护办公室的牌子。这一机构的设立标志着清华大学将文化建设工作纳入学校行政管理的重要议程中。学校还成立了文化建设委员会,加强对价值观念的引领,进一步落实了文化强校的战略。学校文化建设委员会和文化建设办公室负责规划研究、统筹协调、整体推进和督促落实文化建设工作。学校还发布了《清华大学文化建设"十三五"规划》和《清华大学文化建设"十四五"规划》,明确了文化建设的目标和发展思路,包括强化价值引领、推动文化治理、加强文化教育、促建人文校园、完善文化服务、增进文明互鉴和提升网络文化等方面,并制定了相应的行动计划。如《清华大学文化建设"十四五"规划》就明确了学校文化建设的主要目标和发展思路,包括强化价值引领、推动文化治理、加强文化教育等七个方面,并提出了30项行动计划,旨在通过系统的文化活动和项目,促进人文精神的传播与实践,为建设世界一流大学打下坚实的文化基础。学校高度强调文化教育的重要性,通过多种方式培养学生的文化素质和人文精神,从而营造一个充满人文气息的校园环境,通过举办各类讲座、研讨会和文化节等形式,增进学生的文化教育和素质教育,提高他们的文化素养和创新能力。在院系文化建设项目方面,学校鼓励跨学科的文化研究,促进不同学科之间的交流与合作。鼓励各院系结合自身特色开展文化建设,通过项目实施,增强院系师生的文化自信,鼓励师生进行文化创新实践,不断探索与时代同步的文化发展方向。

随着互联网的普及和移动应用的发展,清华大学利用这些技术优势,开发了各种在线平台和应用,如在线教育平台、数字图书馆和虚拟博物馆等。这些平台不仅使校内师生能够随时随地访问丰富的学术资源,也为校外公众提供了了解清华文化的窗口。例如,清华通过其官方APP"清华紫荆",整合了校园新闻、学术讲座、文化活动等多种资源,用户可以轻松接触到校园生活的各个方面,增强了校园文化的传播力和影响力。在文化内容的数字化和网络化过程中,如何有效地管理和市场营销这些内容,是确保文化传播效果的关键。清华大学在这方面也展现了其专业和系统性。学校运用现代数字营销手段,比如搜索引擎优化(SEO)、社交媒体营销等方法,提升数字文化内容的可见度和受众参与度。学校通过精心策划的网络营销活动,结合校庆、节日等,推动线上与线下互动,这不仅加深了校友与学校的联系,也使得清华文化得以广泛传播。

此外,清华大学还注重校园环境文化建设,如完善学校视觉形象识别系统,加强校园文物保护,挖掘红色文化资源,以及推进人文校园建设,提升校园环境文化内涵等。学校通过这些措施,致力于构建一个安全、整洁、绿色、宜人的教学科研办公环境,促进师生的文化认同和文化自信。

伴随着教育国际化步伐的不断推进,清华大学在文化建设中越来越重视国际文化交流。尤其是在全球化日益加深的背景下,学校通过组织国际会议、学术研讨等形式以及各种国际文化节等活动,加强与世界各个国家和地区的文化交流,展现开放包容的校园文化,为不同文化背景的学生提供了展示自我和交流学习的平台。学校还举办了文化建设工作坊,提供智力支持和专业指导,促进文化交流和合作。这些活动不仅提升了清华的国际影响力,也促进了国际文化的相互理解和尊重。如,清华大学文化经济研究院作为跨学科交叉校级研究机构,服务于国家文化战略和北京市文化中心建设,旨在成为中国文化经济高端智库,推动文化产业进步及其国际化。

百年清华,在文化积淀中形成了独特而宝贵的精神财富——清华精神,它深刻影响着每一位清华人的成长过程,同时也成为学校凝聚力、创造力和影响力的源泉。"它可以表述为明耻图强的爱国奉献精神、严谨务实的科学求真精神、海纳百川的包容会通精神和人文日新的进取求新精神等。这种精神在一系列的文化符号中得到体现:'自强不息、厚德载物'的校训、'行胜于言'的校风、'人文日新'的校箴,以及'严谨、勤奋、求实、创新'的学风等,这些是清华宝贵的精神财富。"[①]

在清华大学发展的历史中,重视制度文化建设既是其发展的基石,也是一项传统。学校领导层深知,完善的制度文化能够为学校的长远发展提供坚实的保障。因此,无论是教学管理、科研活动还是日常行政事务,清华都建立了一套详尽的规章制度,确保每一项工作都能够有序、高效地进行。老清华时期的"校务会议、教授会、评议会"体制,是重视学术权利、实施民主管理的有效探索;新清华以来,不断完善的"党委领导,校长负责,教授治学,民主管理"的原则以及一整套教代会、教育工作会等制度,不仅有效推动了学校科学决策、民主管理、和谐发展,而且也会实现文化育人起到了不可忽视的作用。

水木清华,钟灵毓秀,百年清华孕育了绚丽多姿、意蕴深刻的物质文化。这所历史悠久的高等学府,不仅以其卓越的学术成就闻名于世,更以其独特的校园风貌和丰富的文化底蕴吸引着无数人的目

[①] 胡显章主编,蔡文鹏副主编:《世纪清华 人文日新——清华大学文化研究》,高等教育出版社 2011 年 4 月第 1 版,序言 XV。

光。走进清华大学的校园,首先映入眼帘的是那些古色古香的建筑。这些建筑见证了清华大学百年的历史变迁,承载着无数学子的梦想与奋斗。每一座建筑都有着自己的故事,它们共同构成了清华大学独特的物质文化景观。300余年前的清代皇家园林、仿欧建筑群、苏式主流、大批现代建筑、亭台楼阁、大师故居、名人雕塑……这些清华独特的历史风貌,是清华历史的见证,也是清华精神的体现,更是文化育人的重要载体。

二、国外大学文化建设的典型探索

在漫长的历史长河中,西方大学发展经历过了跌宕和起伏,积累了丰富的大学文化建设经验及成效,对我们今天建设中国特色社会主义大学文化具有重要的借鉴意义。我们可以借鉴国外大学文化建设的他山之石,以明确办学方向,厘清办学特色。诸如剑桥大学主张"学术自由、文化融合"的办学理念,鼓励科学研究的"原创性"、提倡课程创新精神,注重培养学生个性发展等;哈佛大学推崇学术自由,追求真理,着重培养学生的推理能力和判断能力;斯坦福大学提出的"标新立异"和"创新"的办学宗旨和"使所学的东西都对学生的生活直接有用,帮助他们取得成功"的办学目标;美国西点军校的校训是"责任、荣誉、国家";柏林洪堡大学把马克思的名言"哲学家只是用不同的方式解释世界,而问题在于改变世界"作为校训;19世纪德国柏林大学之所以成为现代大学的开端,并成为世界各国仿效的榜样,其原因就在于柏林大学的创办者依据有别于传统大学的办学理念建立柏林大学,柏林大学以其服务于国家需要的宗旨、教学与科研相结合的理念、尊重自由的学术研究氛围、为科学而生活的理念为后世所津津乐道,至今仍然对世界高等教育的发展产生着深刻影响。所以,从大学发展的文化共性视角,了解西方大学的文化建设的经典探索,对新时代我国大学文化建设具有启示和借鉴作用。

(一)大学精神文化

创建世界一流大学的关键在于办学理念的创新。因此,考察世界一流大学的办学理念是研究世界一流大学文化建设的逻辑起点。大学发展历史表明,大学在发展过程中要突破传统的束缚,首先必须在办学理念上突破。虽然新旧办学理念之间的矛盾斗争会在一个较长时期内存在,但是,一旦新的办学理念成为主流,就将极大地推动大学的发展。检视德国大学的发展即可发现,德国柏林大学就是依据新人文主义的办学理念而建立的。新人文主义的办学理念迥异于欧洲传统的办学理念,因而,德国柏林大学以崭新的面貌出现在世人面前,正是新人文主义的理念导致了德国柏林大学在制度上的创新。

同样,美国现代大学的诞生在很大程度上借鉴了英国传统的办学理念和德国大学的办学理念。哈佛大学起初是效仿英国大学,发展缓慢,直到19世纪60年代仍然没有形成自己的特色。自19世纪70年代至20世纪上半叶,哈佛大学在学习德国大学经验的基础上,逐步形成了自己的特色,这在很大程度上得益于办学理念的创新。根据国家政治、经济、文化的需要,继承大学的传统,借鉴先进大学理念,跟上时代步伐,从而形成自身独特的办学理念,构成了哈佛大学19世纪下半叶以来的改革主旋律。哈佛大学发展成为世界一流大学固然有诸多原因,但除了外部环境因素之外,其自身的办学理念起到了关键的作用。无论是哈佛大学还是其他世界著名大学,确立并坚持正确的办学理念始终是这些大学得以发展的重要原因。牛津、剑桥"追求学术性"的理念,洪堡大学"教学与研究相统一"的理念,哈佛大学"课程要适应社会发展需要"的理念,威斯康星大学"为州服务"的理念,耶鲁大学"以学生为中心"的理念,北京大学"兼容并包""学术自由"的理念等,正是先进的办学理念才使这些大学成为一流大学。

大学理念总是随着时代的发展而发展,一所优秀的大学不仅有优良的传统,也必定会折射出时代的光芒。大学办学理念的形成是与一定的历史条件紧密相关的,具有强烈的时代特征。随着社会的不断发展,大学必须跟上时代的步伐,在办学理念上不断创新,从而使大学保持生机和活力。此外,大学办学理念既具有共性特征,又具有个性特征。由于每个国家的政治、经济发展的不同。尤其是文化背景的不同,大学办学理念呈现出各自不同的特色,即便是同一个国家的大学,由于各自的特殊经历,在办学理念上也有各自不同的特色。

尽管如此,回顾西方大学发展历史进程,在大学理念上还是积淀了许多共性的方面。第一,大学是传授知识和发展知识的地方。大学是传授高级知识的场所,大学传授知识不能是一种简单的知识灌输,而是要启发人的心智,培养人们掌握复杂知识、解决复杂问题,并在今后的一生中可以自觉的进行自我教育自我发展的能力;第二,大学的开放性。如果说欧洲中世纪大学凭借欧洲的共同文字(拉丁文)和共同宗教(基督教)使得人们能够坐在一起坐而论道,相互切磋,而天然具有开放性。那么今天大学的开放性已经超越了文字和宗教的束缚,成为大学的一项传统。大学的开放性让知识有了更新的力量,让大学不是一潭死水,而是活泼的具有生命力的可以绵延不息的江河;第三,学术的独立和自由。这是大学的基本理念之一。大学应当与政府保持密切的联系,与社会保持互动的关系,但不应当逢迎媚俗,不应当随波逐流,而应当遵循自己的发展规律,追求真理,做社会和时代的先锋;第四,大学应有崇高的使命感。大学是社会的良心和智慧所在,应当服务于人类社会的整体利益,服务于国家、民族和社会进步。大学应该是主流价值观传播的地方,是先进文化传承、创造和弘扬的地方,是先进生活方式的倡导者和传播者,失去了对国家和社会的责任,这不仅是大学的悲剧,更是国家的悲剧。[①] 总之,现代大学发展史表明,大学作为追求真理、追求知识的高层次、高水平的教学科研机构,若无明确而先进的办学理念,则很难有所成就。明确而先进的办学理念植根于现实,又超越于现实,具有前瞻性、超越性和引导性,它是大学办学的动力所在,引导着大学不断地向前发展。

什么是大学的使命?是大学文化的终极追问。以美国耶鲁大学为例,1701年建校之初,该校的使命之一是为国家和世界培养领袖,随后又提出了"保护、传授、推进和丰富知识与文化"的基本使命。至今,耶鲁大学已培养了老布什、小布什、克林顿等五六位美国总统,培养了500多名美国国会议员,还为墨西哥和德国培养过总统,为韩国培养过总理,为日本培养过外交部长。一直都只有2 000多人规模的加州理工学院,秉承"通过教学与科研相结合,扩充人类知识与造福社会"的基本使命和文化内涵,至今,校友、教职工和研究人员中却有74人75次获得诺贝尔奖,为丰富人类知识宝库做出

[①] 纪宝成:对大学理念和大学精神的几点认识,《中国高等教育》2004年第1期,第12页。

了巨大贡献,我国著名科学家周培源、赵忠尧、谈家桢、钱学森都是在该校获得的博士学位。这些大师奠定了加州理工学院在世界科技领域的地位。加州理工虽然自称学院,不叫大学,但"它在航天航空、生命科学和物理学三个领域,是世界一流中的一流!"[1]

洪堡等人的大学理念奠基在中世纪以来大学自治理想即大学独立性主张之上。在洪堡看来,国家绝对不能因为自己对大学的财政支持将大学同政府的眼前利益直接联系起来,但却应相信大学若能完成它们的真正使命,则不仅能为政府眼前的任务服务,还会使大学在学术上不断提高,从而不断地开创更广阔的事业。洪堡等人由此提出了自己心目中的大学使命:大学活动的非政治性质与大学建制的国立地位的统一、科学体系的内在完整性和科学对整个文化和社会的批判－启蒙意义的统一,教学和研究的统一。

因此,可以把现代大学看作是一座高贵精神的殿堂,或者如纽曼所说:大学其实就是把沉思冥想的追求落实为一种社会制度的地方。作为一座高贵精神的殿堂,大学探索和捍卫着的精神和使命可以简括为:致力追求最高形式的学识,捍卫超验的绝对价值。在现代大学视域里,大学使命体现为两个理想目标:一是,大学传授什么样的教育?大学教育主要是培智养德为核心的教育。就像洪堡所指出的那样:教育的目的是充分发展个人的一切能力和个性,使之成为像古希腊人和法国人那样意识到自己尊严的、有教养的、独立自由的公民。只有坚持这样的教育理想,才能培养出洪堡所说的全面人格,大学才能成为全民族精神文化生活的典范和中心。二是,大学培养什么样的人?在高等教育的殿堂中,教授的角色并非通过

---

[1] 杨福家:大学的使命与文化内涵,《现代教育论丛》2008年第2期,第90页。

喧嚣或煽动来强加个人观点,而是以透彻和明晰的方式剖析事实与可能性,引领学生形成自我判断。纽曼曾言,大学课程的设计旨在培育学生的社会责任心,其教学内容不仅涵盖学术知识,更包括生活的艺术,目的是让学生能够适应并理解这个复杂世界,而非仅仅局限于某一专业领域。教育的过程在于激发学生对见解和判断的清晰自觉,培养他们表达这些观点的能力,以及将这些理念付诸实践的力量。因此,大学教育所追求的是培养出这样一群人:他们具备高尚的品德,不满足于平庸;他们追求真理,不被偏见所左右;他们遵循伦理,不随意放纵自己;他们承担责任,不自私自利。这样的人深刻理解人的价值和生命的意义,他们是自由、独立、有尊严且和谐发展的个体。

学术自由,也是传统大学的一种理念,其含义在于学者(包括教师与学生)能以自由的方式,探讨任何学术问题,不受政治的、教会的,甚至学者("学阀")的限制,以求思想在自由交往中自然展现。学术自由是伴随着大学的诞生而产生的。在大学不断发展的历程中,学术自由作为大学的核心理念得以延续。在中世纪大学发展的历史进程中,大学学术自由的内涵是不断变化发展的。主要包含办学自主权、经费使用自主权和学术研究自由权三个方面。

中世纪最早兴办大学的人不是为了谋生才做学问,都是追求超然于衣食住行这些基本需要之上的更高价值的目标,探索学问、追求真理是他们的唯一目标,学者们根据共同的价值准则和学术规范自由地探索学问,他们在探索学问的过程中只服从真理的标准而不承认其他任何的权威。大学是独立思想和批判的中心,大学从中世纪开始就是享有一定的自治权和学术自由的机构,这使大学对高深学问的探索可以超越社会、政府、政党和其他外界力量的压力,而仅仅服从于真理的标准。批判社会是大学的传统,是大学理念所固有的东西。大学通过它强烈的批判精神,引导世人在文明与野蛮、高尚与媚俗、进步与退步之间做出正确的选择。

随着社会的不断发展,大学所承担的社会角色也呈现出多元化,渐渐从社会的边缘走向社会的中心,除了教学和科研外,现代大学还新增了一项功能——社会服务。大学不是躲避在象牙塔内避世,而是走出象牙塔入世。1862年美国莫里尔法案的颁布为美国高等学校社会服务职能的产生提供了法律基础,而威斯康星大学更是将直接为社会服务作为其任务和职能,社会服务成为大学功能之一。如何科学地平衡大学的社会服务功能与学术自由的独立性,也开始被提上议事日程。"既要保持大学自治的传统,维护大学的自由坚守基本的学术原则,又要承担学术研究的社会责任,并对社会问题做出恰当的反应,同时扮演两个互相冲突的角色,这对现代大学来说,实在不容易。"①有人担心,如果社会要什么,大学就给什么;政府要什么,大学就给什么;市场要什么,大学就给什么。那么会导致对大学社会义务片面强调,其结果会将大学沦为社会的附庸,也会在很大程度上制约大学的学术自由,不利于大学的发展。另一方面,人们也时常担心,没有限制的学术自由是否会像没有限制的经济上的不干涉主义一样成为灾难。的确,学术自由的膨胀,往往会导致学术的灭顶之灾,往往会走向不自由。因此,它常常处在一种既值得追求又需要限制的状态。因而,在现实性上,应该使学术保持同社会现实之间的合适距离,既不漠视现实,又不逢迎现实,使自由既体现欢快流畅的特性,又要谨慎地观照自身的限度。这样,才

---

① 刘春华:学术原则与社会责任的平衡——德里克·博克《走出象牙塔——现代大学的社会责任》解读,《高校教育管理》2009年第6期,第64页。

能使学术自由不至于陷入理想主义的孤傲之中,不至于失去其思想精华。这种现实性的学术自由,是促使高等教育在与社会生活保持适当距离的状态下,创造新思想、新文化,从而引导社会进步的基本条件。

(二)大学物质文化

大学之学在于对高深学问的探索和学术自由,这一特性内在地决定了校园建筑与环境等物质文化要体现大学之学,要有利于师生的自由思想不被环境所阻碍,发明与创造的灵感不被高大的建筑所淹没,以人为本的教育理念与学术为本的校园核心价值需要在宽松、和谐、自由、休闲的校园环境中才能得到充分的张扬。大学建筑与环境,是一种显性的文化样式,是校园内看得见、摸得着的物化了的文化形态,是大学校园文化和大学教育存在和发展的物质基础。大学校园建筑与环境有着深刻的教育学和文化学的意义,是大学文化物质载体,体现了大学的价值取向、审美趣味,承载了大学的历史,见证了教育发展和文化变迁的历程,是以大楼之大用、大气之恢宏气象去承载大家、大师和大成之历史功绩和活动轨迹。同时,大学建筑与环境又是校园文化的灵魂与核心,一方面,大学建筑与环境是校园人对象化活动的结果,是校园人智慧的结晶,另一方面,校园人又是校园建筑与环境的受用者,时时刻刻受到它的熏陶和感染,使人感受到一种人格化的力量。

人创造了环境,环境也塑造人。一流的大学文化总是与优质的校园环境相伴相生。1884 年,利兰·斯坦福把自己 8 180 英亩用来培训优种赛马的农场捐赠出来建设校园,这使斯坦福大学比以往任何大学的设计都要宏大、壮观,在今天依然是美国面积第二大的大学,人们还亲切地将其称为"农场"。斯坦福大学从设计之初,就对整个校园进行了精心的设计和规划,展现了独特的校园环境,也使身在其中的斯坦福人受到特定文化环境的深刻影响。在校园景观建设上,斯坦福大学被视为美国最美的校园之一。美丽的校园景观和充裕的地域范围,是斯坦福大学的一笔巨大财富,也是学校备受青睐的一个重要因素。在学校建筑设计上,斯坦福夫妇也十分用心,他们聘请美国当时最著名的园林设计师欧姆斯泰德担纲设计,并聘请麻省理工学院院长沃尔克担任设计顾问。他们提出建设红瓦顶和巨大粗石墙的低层建筑,在建筑之间以回廊连接,形成套层庭院,校园大道两边种植棕榈树,草地覆盖校园空地,校园自然延伸至浓密的橡树林中。在首期建设完成、大学开学时,乔丹校长发表了演讲:"这些长长的回廊和它们的雄伟石柱,这些随风摇曳的棕榈树就像化学实验室和讲堂一样在学生的教育中起着重要作用。这个庭院的每块石头都有教育意义。"斯坦福大学在校园建设中始终坚持以"美"和人文精神为基本原则。前校长卡斯帕尔就明确提出,校园建设要遵循美学目标,要"实现'美'和我们的奠基者所希望的'尊贵'之间的统一"。这样的建设理念使其将艺术气质、学术氛围、自然景观有机糅合在一起,创作出了与众不同的西方风格的建筑,并使之成为斯坦福的标志。进入斯坦福大学,人们首先看到的就是特色鲜明的土黄色大石墙环绕下的红屋顶建筑,拱廊相接,棕榈成行,充满着浓郁的校园文化气息。校园中央是宽广的草坪,据说是美国名校中最开阔的草坪,草坪上绿草茵茵,鲜花争奇斗艳,彰显着这所百年名校的活力与宁静。主方庭之后是一个大院子,院内建有斯坦福大学最有名的建筑纪念教堂。整个教堂的四幅壁画分别以爱、希望、信念、博爱为主题,既体现了斯坦福夫人对先生的怀念之情,也展示了老斯坦福一生的博爱与追求。漫步于校园之内,这些兼具西班牙传教会式风格和罗马式建筑设计风格的人文景观,都给人以一种心灵的舒适感和文化的愉悦感。这既得益于斯坦福夫妇的匠心设计和倾心付出,也体现出斯坦福人对于自身独特文化的长期坚守与执着追求。

人们常说,何谓大学之大,主要体现在以下五个大上:即大家、大师、大成、大楼、大气。所谓大家是指执掌大学牛耳的教育家,引领大学发展的方向,一名大学校长对于大学的意义是不可估量的。查尔斯·艾略特可以称得上是现代社会最杰出的教育家之一。正是在他的领导下,哈佛大学由19世纪初的一个地方性大学发展成为世界上的顶尖学府。在艾略特担任校长的40年时间里,哈佛的校园也不断扩展。而今的哈佛园就是他亲自带领学生完成的作品。有人评价艾略特时期的40年是哈佛建校几百年来的黄金时期、所取得的成就起码超过之前200年的总和。最有力、最直接的证据是校园里现在仍然还在的数十座建筑,单是数量,就远远超过哈佛建校头两百年的总数。所谓大师是指大学学科组织中那些旗帜性的学术权威,在不同的学科领域,学术权威普遍受到人们的尊崇,他们自身所具有的渊博知识、深厚功力、敏锐思想、开阔视野、谦逊宽容等品质几乎成为学者形象的一种典型标识,为他人所信赖、敬重。他们对学科的核心作用是不言而喻的,在很大程度上,他们是学科的旗帜,是他们决定了一个学科的发展方向和学术声誉。同样也给学校带来了声誉。所谓大成,指的是大学在社会历史发展过程中有较大的贡献,无论在科学研究、技术创新、人才培养等方面取得较大成就。所谓大楼是指大学校园内的硬件设施和景观,图书馆、教学楼、体育馆等建筑都是大学的标志性建筑,成为一个大学的象征。所谓大气是指大学人特有的那种海纳百川、有容乃大的宽容气度和雅量,大度包容,容无止境,百花齐放,百家争鸣。唯有如此,才有学术的自由,才能激发人的创造力和追求真理的勇气。大学才能不断推陈出新,创造新文化,并不断随着时代的进步而进步;反之,大学将缺少生机与活力,发挥不了推动社会进步的巨大威力,乃至大学将不成其为大学。

因而,大学建筑与环境中要体现的大学之大指的是时间上的历史悠久和空间上的通透旷远,大学之大必须有大气之恢宏气象才能承载得下大家、大师和大成之历史功绩和活动轨迹。哈佛的建筑,很多都用人名命名。有哈佛声名鼎盛的校友,成就卓绝的校长,也有捐赠丰厚的资助者。为纪念校长艾略特而紧挨着查尔斯河建造的艾略特楼,透着一丝神秘和崇高。雕刻精制的铁门恰似一个景框,像一幅宗教般神秘的风景画,在招引过往的行人驻足仰望,无法抵挡想进入这个精神殿堂的诱惑。[①]

(三) 大学制度文化

大学理念引导着大学的发展,理念只有转化为大学制度,体现在制度中,它的引导作用才能发挥出来。大学办学理念不仅体现在大学校长对大学办学所形成的理性认识上,体现在一所大学里人们所形成的共识上,而且也体现在大学办学的各项制度安排上。离开办学理念的支撑,管理制度就会失去其自身的内涵而流于形式。大学办学理念既是抽象的,又是现实和具体的。办学理念总与一定的制度安排联系在一起,离开一定的制度安排,办学理念只能停留在

---

① 参见宣永,单玉川:大学建筑与环境建设中高等教育理念的融入,《浙江工业大学学报》2002年第3期,第303-304页。

观念层次上，难以实现其价值。因此必须确立制度予以保障办学理念的实现。

在大学的发展问题上，制度创新是一个重要问题。制度创新是大学发展的关键，任何制度总是与一定的观念联系在一起的，观念是行动的先导，没有先进的、正确的观念，制度的创新就失去了方向。观念的创新是基础，只有把观念的创新与制度的创新结合起来，才能推动大学不断向前发展。大学制度文化建设是一项复杂的系统工程，它体现了高校管理者的价值取向、信仰追求。现代大学制度包含宏观的大学制度（指一个国家或地区的高等教育系统，包括大学的管理体制、投资体制和办学体制等）和微观的大学制度（指一所大学内部的组织结构和运行机制，包括组织结构的分层、内部权力体系的构成等）。前者主要涉及大学的外部运作机制即高等教育与政府和社会的关系，后者主要涉及大学的内部运行机制。大学制度文化建设着眼于制度体系的导向性、激励约束力和人性化，通过为大学组织提供保障、维持或塑造大学的特色、整合有利于大学发展的要素资源并形成整体性合力等，从而规范和调节高等教育活动，促进高等教育的发展。大学发展的实践表明，制度的建设是根本性的问题，只有构建一流的制度支撑体系，才能创建世界一流大学。一流大学成长与发展的制度支撑体系，包括一流的图书馆服务支撑体系，一流的网络信息资源服务支撑体系，一流的教学服务支撑体系，一流的科研管理服务支撑体系及一流的校长和管理支撑体系等。

制度文化对于大学至关重要。在西方大学发展史上，德国应用型本科的崛起就是一个典型的例子。20世纪60年代末70年代初，科技进步要求教育行政部门和高等教育自身高度重视高级应用型专门人才的培养,工业化国家开始大力发展应用型本科教育以适应经济社会的飞速发展,德国的应用科技大学正是在这种大背景下应运而生。作为德国最年轻的高等学校类型,应用科技大学仅仅用了40年就成为德国高等教育体系的两大类型之一,不仅打破了德国高等教育单一学术型人才培养的模式,弥补了德国高等教育体系在人才培养目标、专业设置、培养途径以及在区域分布等方面的不足与缺陷,更为德国经济社会发展培养了大量急需的高级应用型人才,得到了德国社会各界的一致赞许。德国应用科技大学之所以能实现这样辉煌的成就,与其有着完善的制度设计作为支撑和内外部协同推进作为保障是密不可分的。在应用科技大学的创设及发展过程中,德国政府从政策导向、法律保障到质量监督等各方面都设计并制订了一系列行之有效的制度政策。实践证明,这些制度措施,在应用科技大学的创办、发展过程中发挥着极其重要的作用。

德国高等教育一直高度重视大学制度文化建设。二战后,德国恢复了历史传统,在文化教育事业上实行联邦主义,教育由各州管理,各州在文化教育领域享有自治和自主权,包括高等教育在内的文化教育事业的立法权及行政管理权都属于各州。二战结束到1956年,联邦政府没有对教育提供任何经济资助,教育不在联邦政府的管辖范围之内。到了20世纪50年代后,联邦政府开始越来越多地涉足高等教育。1969年,德国联邦议会对基本法进行了修改,改变过去把高等教育只是作为州政府责任的惯例,由联邦政府和州政府共同承担教育和科研任务,要求联邦政府就高等教育制度的总原则发布一个框架,规定高等教育机构的扩大和新建以及高等教育的发展计划等,都要在这个框架规定的范围内进行。同年,联邦政府在原来科研部的基础上,扩建成立联邦教育科学部,对全国的教育和科研任务进行宏观管理。1976年,联邦德国颁布了第一部关于高等教育的法规《高等教育总法》,对有关高等教育管理的各个方面都做了原则性的规定,并要求各州在《高等教育总法》的原则下制定各州的高等教育的管理法规。

(四) 大学行为文化

作为大学的引领者,大学校长扮演着至关重要的角色,对大学的生存与繁荣起着决定性作用。校长的领导能力与大学的兴衰紧密相连,他们如何引导大学应对现代社会的挑战,成为衡量其成功与否的关键。随着时代的发展,对高等教育的要求及期待与日俱增,校长的专业化成为一种必然趋势。他们的教育背景、职业经历、任命方式、任期长度以及选拔机制等,都深刻影响着他们的办学理念和能力。专业校长们致力于探索如何引领大学不断突破界限,迈向卓越。在这一过程中,大学校长需要充分发挥自身的特质和能力。作为专家、学者和管理者兼具的校长,他们所展现的人格魅力和学术影响力,构成了他们领导力的核心部分,也是带领大学走向辉煌的关键所在。

在高等教育发展的历史长河中,那些名垂青史的学府背后,都曾有过卓越的引领者。他们以深邃的智慧和远见卓识,将教育理论与实践巧妙融合,铸就了独树一帜的教育理念,成为真正的教育巨匠。费希特,柏林大学的光辉舵手,他以非凡的洞察力,为这所历史悠久的学府注入了新的活力。他的办学理念如同璀璨星辰,照亮了无数学子前行的道路。赫钦斯,芝加哥大学的杰出领袖,他以独特的视角审视教育,提出了一系列富有前瞻性的教育思想。在他的引领下,芝加哥大学成为一所追求卓越、勇于创新的学术殿堂,培养出了一代又一代的杰出人才。柯南特,哈佛大学的传奇人物,他以深厚的学识和卓越的领导才能,为这所世界顶尖学府的发展奠定了坚实的基础。他的教育理念深入人心,激励着无数哈佛学子不断追求真理、探索未知。克拉克·赫尔,加州大学的杰出代表,他以开放包容的心态和前瞻的视野,推动了这所学府的国际化发展。在他的努力下,加州大学成为一所汇聚全球智慧、培养国际精英的摇篮。这些教育家们,以其独特的魅力和卓越的成就,书写了教育史上的辉煌篇章。他们的办学理念和实践经验,不仅带领其所在的大学取得巨大成就,更为整个教育事业的发展提供了宝贵的启示和借鉴。

大学校长办学定位理念对治校的实践意义主要体现在两个方面:第一,有利大学确认自己的"身份",进行类型定位;第二,有利大学确定自己的目标,进行水平定位。优秀的大学校长都有强烈的角色定位意识,因此他们格外重视自己独有的办学追求,并强调形成自己的办学特色。如康乃尔大学选择的是:创办一所任何人都能受到从事任何研究所需的教育的大学。以理工学院冠名的麻省理工学院和加州理工学院,前者由于认识到人文和社会科学的重要性,在时任校长吉里安的推动下,从20世纪40年代末就开始致力于建设和发展高水平的人文、社会科学,为MIT最终成为文、理、工多学科相互交融的大学,并始终居美国最好大学的前几位添力增色。而后者则从1891年创办至今始终坚持只办理、工两科,尽管它十分重视对理工学生的人文、社会科学教育,但它从不追求所谓文、法、理、工、医、农等学科的齐全,并且在办学规模上也从不追求数量,在校生多年来都保持在2 000人左右,1999年只有900多名本科生,研究生所占比例略高于本科生。然而,学科单一和规模偏小并未妨碍加州理工学院成为世界一流大学。美国大学的魅力在于它们的多样性,而这种多样性来自各个学校不同的办学定位和各自独特的办学理念。正如普林斯顿大学前校长伍德罗·威尔逊所言:"普林斯顿不像哈佛,也不希望变成哈佛那样;反之,也不希望哈佛变成普林斯顿。我们相信民主的活力在于多样化,在于各种思想的相互补充,相互竞争。"[1]

伴随着高等教育的快速发展,大学校长对于大学发展的关键作用越来越成为普遍共识。就宏观考察而言,大学校长主要起概念领导、文化选择、组织整合的三大作用:但这三大作用并不是各自独立发生的,它们虽有独自的内容但彼此互有渗透,从而构成大学校长在治校中作用的整体性。[2]

大学的灵魂,在于大师们的存在。在这个信息爆炸的时代,知识更新的速度比以往任何时候都要快。然而,真正能够经得起时间考验的,不是那些昙花一现的信息,而是那些深入人心的智慧和思想,是大师们的言传身教,滋润着学生们的心田,让他们在知识的海洋中不断前行。

哈佛大学作为世界顶尖的高等学府,其声誉与大师级学者有着密不可分的关系。哈佛大学的领导团队由各个领域的专家组成,包括校长、教务长、各学院院长等,他们在学术界具有重要影响力,是学校学术领导力的中坚力量。哈佛大学的学者在学术界担任领导角色,他们的研究方向和思想常常引领着整个学科的发展,这种领导力是哈佛大学声誉的重要组成部分。学校的终身教授制度为学

---

[1] 肖木,丽日编著:《普林斯顿大学——世界著名学府》,湖南教育出版社1992年5月第1版,第125页。

[2] 眭依凡著:《大学校长的教育理念与治校》,华东师范大学博士论文2001年5月,第29-31页。

者提供了稳定的研究环境,使他们能够专注于长期和基础的研究工作,这种制度有助于培养和保留大师级学者。在哈佛大学的毕业生和教职员工中包括多位诺贝尔奖得主,如化学家马丁·卡普拉斯(Martin Karplus)和经济学家阿尔文·罗斯(Alvin Roth)。他们的研究成果不仅推动了各自领域的发展,也提升了哈佛大学的国际声誉。在《美国新闻与世界报道》(U.S. News & World Report)的2024年最佳大学排名中,哈佛大学位列全美大学第三名。可以说,大学与大师是相互成就的。

教师作为大学的一个主要活动主体,从文化属性的角度来看,应该是显性的。然而,这个群体在开展其职业活动时所产生的文化特征却是隐性的。这里主要包括三个方面:首先是教师的师德。教师作为一种职业,在社会发展中起到特殊的作用。他们在长期履行教师职责的过程中,积淀而成的道德观念、品质、情感、行为习惯、理想和境界等因素的总和,我们称之为师德,即教师的职业道德。师德是教师应有的道德和行为规范,是全社会道德体系的组成部分,更是青少年学生道德修养的楷模之一。从实践的角度看,具有高尚情操、渊博学识和人格魅力的教师,会对其学生产生深远的影响。教师作为人类灵魂的工程师,传道、授业、解惑是其职业功能;而师德则是教师工作的精髓,可以用"师爱为魂,学高为师,身正为范"来概括其内涵。其次是教师的学术风气。学术自由是追求真理的必要条件,是从大学产生以来一直所奉行的理念。大学文化拒绝一切思想观念的禁锢与束缚,不唯上,不唯书,只唯实,始终强调独立人格、独立思考、独立判断,要求在自由的氛围中进行学术的理性思考和研究,在开放的环境中实现科学的创新和发展。从这个意义上来讲,大学必须提供一个良好的学术环境、一个宽松自由的环境,使大学教员们能够静下心来,专心研究学问。同时,大学还必须有一种包容的思想,包容不同学术观点、不同学术流派的学者。大学教师的学术水平、风气很大程度上体现了大学的学术氛围,并会进一步影响到学生的学习态度和成效。最后是教师的教学水平。教师的教学水平和教学质量是学校最宝贵的财富,是高等学校培养人才的根本保证。

学生作为高等教育的主要对象,在大学文化建设中是很重要的群体。学生从文化属性的角度看应该是显性的,但是,这个群体所开展的各项活动所产生的文化特征则是隐性的,这里主要包括两个方面:第一是学生的品德。学生品德的养成很大程度上是受周围环境的影响,在学生群体的集体行为中个体会相互影响、相互模仿,从而形成了具有相对稳定而特色的学生群体文化,反映在学生的日常行为、品性、素质以及精神面貌上来。第二是学生的学习风气。学习是学生的本职任务,也是人类不断进步发展的唯一途径。只有通过不断的学习,才能探索未知世界的规律,服务社会经济建设。学生的学习风气由学生的学习态度、学习付出以及求知的方法等因素决定,如果一所学校的学生求真务实、积极探索,那反映出来的学习风气是浓郁的、进取的,否则,则是松散的、浮躁的。当然,学校的良好学习风气的形成不仅仅依靠学生这个群体来营造,同样需要学校管理者的引导和培育,比如建设大量的公共阅览、图书资源,经常性的学术报告、研讨会、论坛等学习活动,等等。

校风,可以被视为是大学的隐性文化,是大学师生员工在教学过程、科研活动、服务社会、生活娱乐等实践活动中共同创造的,它不仅是一所大学的发展目标、办学理念、办学方针、专业特色和人文精神的反映,也是一所大学群体意识、价值观念和行为规范的反映;

它既是了解社会文明程度的一个窗口,又是先进文化的生长点。良好的大学隐性文化不仅可以促进教学、科研及管理活动,而且可以丰富校园生活、振奋师生的精神;良好的大学隐性文化具有强大的凝聚力和吸引力,能较好地调节和激励师生员工的思想行为,较好地培养和激发师生员工的群体意识和集体精神,较好地促进师生员工自我约束、自我管理和自我完善,较好地保持学校的长期发展和稳定。此外,良好的隐性文化还可通过学校所培养的人才渗透到社会的各个领域,必将对社会主义文化乃至整个社会发挥巨大的作用和影响。

大学是一个古老的"组织",有其特定的文化精神。西方的中世纪大学作为"学者行会",是学者们自由追求学术,探讨高深学问,进行精神自由交往的地方。它以"象牙塔"自居,自由沉思人类千百年来遗留下来之精神与文化遗产,对社会现实进行思考与批判。为了保护这种"学术自由"和"精神的自由交往",大学谨慎地与社会生活保持着一定距离。大学是自由的、超越的,是远离尘世和功禄,追求真理和至善之境的,是具有文化批判精神的。大学之精神孕育出文人之精神气节。在科学文化取得强势地位后,大学教育在不同国度形成了不同风格。按蔡元培先生的说法是:英国的大学重养成人格,德国的大学专重学问,美国的大学兼及实用。而不容忽视的是,美国大学兼及实用的风格,在二战之后,风靡全球,成为现代大学的典范,各国高等教育无不受其影响。日本教育家永井道雄曾告诫人们要警惕"现代大学的危机",认为"当大学与企业结合得过于紧密,学术上又过于反映出实用性的时候,大学的创造性就会枯竭"。事实正是如此,大学如果失去自由与批判精神,大学中"精神的自由交往"就不复存在了。那样的大学与人力工厂或职业培训所无异,甚至会成会追逐名利的竞技场,成为人们各取所需的百货商店。用尼采的话来说,大学变成了"精神本能退化的工场","一切高等教育的任务"是"把人变成机器",使人失去自我和生命本能,听命于知识,听命于金钱,听命于国家,而独不听命于他自己。这种实用和功利化的大学教育观必然会遭受人们的批判,大学精神的复归和价值教育的复位因此成为世纪之交大学教育的重要转向。

当前,教育的人文诉求在大学中得到张扬,谋求科学教育与人文教育的整合已成为世界高等教育的重要趋势之一。这就是说,教育要把人作为目的和价值归宿,把人自身的解放和人性的完满作为价值追求,使教育由"外在化"走向"内在化",由外在的技术追求转向内在的价值追求,由外在的实践活动转向为内在的实践活动,由对外在世界的改造转向为内在精神世界的改造,同人的意义世界建立起普遍联系。这也许是杜威所说的"(教育)在它自身以外没有目的,它就是它自己的目的"的深刻意蕴。

三、国内外大学文化建设的经验启示

考察国内外顶尖高校的发展历史,可以发现它们都极其重视大学文化的塑造,形成了既深厚又独特的文化形态,激励着一代又一代的学子不断前行。例如,哈佛大学以其开放包容的文化氛围和追求卓越的学术精神而闻名于世;牛津大学则以其悠久的历史传统和严谨的学术态度而备受推崇。这些顶尖高校通过塑造独特的大学文化,吸引了优秀的师生加入其中,并激发了他们的创造力和进取心。在新时代背景下加强中国特色的大学文化建设,推动文化传承与创新,增强文化自信显得尤为重要。随着全球化的发展和我国在国际舞台上的地位不断提升,我国大学面临着前所未有的机遇和挑战。为了更好地适应时代需求和社会发展变化,我国大学需要积极借鉴国内外大学文化建设的成功经验,结合自身实际进行创新发展。同时,要紧密围绕立德树人的教育根本任务,加强顶层设计,注重系统构建,并通过多方协同合作来推进这一进程。

(一) 追求卓越,不断增强大学文化建设内驱力

文化的内驱力是一种源自人们对文化的需求和认同的内在动力。它不仅能够激发个体积极参与文化活动,还能够在更宏观的层面上推动整个社会的文化进步与发展。内驱力是大学文化之于大学的重要作用之一。当大学人对大学文化有着强烈的需求和认同,就会自然而然地被这种文化所吸引,进而产生参与其中的欲望。犹如一个热爱音乐的人,会因为对音乐的热爱而主动去学习乐器、参加音乐会一般。不仅如此,当大学文化得到广泛的认可和接受后,它就会成为推动大学发展的重要力量。在深入分析全球顶尖学府的核心使命与愿景时,不难发现,对卓越的不懈追求不仅构成了它们区别于其他教育机构的显著特征,而且也成为其推动发展的最大内驱力。这些名校视卓越为发展的命脉,将其深深植根于大学文化之中,作为推动学校前行的不竭动力。卓越不仅是深藏于大学精神内核的品质,更是一流学府的灵魂所在,它代表了这些学校的共性——一种普遍而深刻的价值观。这种价值观已经渗透到每所一流大学的方方面面,与之融为一体,共同塑造出一种独特的"普遍主义"气质。在追求卓越的过程中,每所名校都注重挖掘和发挥自身的特色,确保在保持共性的同时,展现出独特的个性魅力。这种对卓越的持续追求和对特色的深度挖掘,使得这些名校在全球教育舞台上熠熠生辉,成为引领学术潮流、培养未来领袖的重要力量。

在美国高等教育崛起过程中,我们可以清晰地看到,追求卓越成为美国大学快速发展的强大驱动力。美国大学是企业化运作,驱动力是追求竞争和创新,秉承大学自治原则,这孕育了美国大学的卓越、独立、自治和创新核心价值观。《大学之道》是乔纳森·R·科尔教授担任哥伦比亚大学首席学术官(教务长兼学术委员会主任)14年之久的心血之作,既是一本美国大学的社会史,也是一本美国文化史,被誉为"是一个了不起的成就"[1]。该书分三部分,第一部分"名校崛起"重点论述美国名校的崛起历程;第二部分"改变我们生活的发现",重点论述美国名校做出的重大研究成果;第三部分"直面挑战并展望未来",重点论述美国名校面临的问题与挑战。科尔教授指出,美国研究型大学之所以能够卓尔不群,在于它们所坚持的十二项理念:普遍主义、有组织的怀疑主义、创造新知识、思想的自由公开传播、无私利性、自由探索和学术自由、国际共同体、同行评议制度、为"共同"利益工作、权威治校、学术传承、学术共同体的活力。正是由于对上述基本理念的坚持,造就了20世纪30年代以来美国研究型大学的崛起,使得世界一流学府在美国的确立成为现实。此外,科尔教授还列出了一所卓越的大学所必须具有的十三个因素,即教师的研究产出、研究的质量和影响、基金与合同经费、荣誉性奖励、获得高质量的学生、教学卓越、硬件设施和先进的信息技术、大型捐赠基金和丰富的资源、大的学术科系、自由探索和学术自由、地缘因素、对公共利益的贡献、卓越的领导。[2] 在科尔教授看来,

---

[1] 【美】乔纳森·R·科尔著,冯国平、郝文磊译:《大学之道》,人民文学出版社2014年5月第1版,第002页。
[2] 陈旻:如何建成一所卓越的大学——评《大学之道》,《光明日报》2014年09月05日,第12版。

美国名校在崛起进程中,是高举12条"核心价值",踏上追求卓越的征途,遵循13项"金科玉律"以构筑卓越之塔的。

在不断追求卓越的过程中,名校不是外国大学的抄本,而是根植于美国社会和政治土壤自然结成的硕果。现代的美国大学,既非牛津,也非柏林,她融合了英国学院思想和德国强调研究与研究生教育的先进经验,经过本土化改造,形成了一种新型的、具有美国特色的现代高等教育制度。可以说美国高等教育的崛起并非一蹴而就,而是美国大学在汲取英国、法国、德国等先进教育经验的基础上,巧妙融合本土特色,历经岁月沉淀,逐步攀登而至。美国大学的发展轨迹,深刻体现了"博采众长,自成一家"的智慧。它们从德国大学那里学到了教学与科研并重的理念,又从英国古典大学的修道院式教育中汲取了深厚的文化底蕴。然而,这并不意味着简单的复制粘贴,而是结合美国自身的国情和需求,进行了创造性的转化与升华。在这一蜕变过程中,价值观的引领、结构体系的优化以及人才的培养等软实力因素,发挥了至关重要的作用。它们如同无形的纽带,将美国大学紧密相连,共同铸就了今日的辉煌。正是这些看似微不足道的细节,汇聚成了推动美国高等教育不断前行的强大动力。例如,哈佛大学作为美国最古老的高等学府之一,其发展历程堪称一部浓缩的美国高等教育发展史。起初,它只是一所小型的文理学院,但随着时间的推移,哈佛逐渐扩展其学科范围,增设了法学院、医学院和商学院等多个专业学院。这种多元化的发展模式,不仅为学生提供了更广泛的学习选择,也使得哈佛能够吸引和培养更多领域的顶尖人才。此外,斯坦福大学则以其独特的创业文化而闻名于世。在这里,学生们被鼓励将创新思维付诸实践,许多著名的科技企业如谷歌、雅虎等都诞生于此。斯坦福的成功,展示了美国高等教育在培养学生创新能力方面的卓越成就。与此同时,麻省理工学院(MIT)则以其在科学研究和技术革新方面的领先地位著称。该校拥有一流的实验室设施和研究团队,为学生提供了进行前沿科学研究的绝佳平台。MIT的毕业生们在航天、计算机科学、生物工程等领域取得了举世瞩目的成就,进一步巩固了美国在全球科技竞争中的优势地位。芝加哥大学在经济学领域享有盛誉;哥伦比亚大学在新闻传播学方面独树一帜;加州理工学院则在物理学和天文学领域取得了突破性进展。这些多样化的卓越学术成就,共同构成了美国高等教育丰富多彩的画卷。

此外,牛津大学和剑桥大学等历史悠久的学府,以其深厚的文化底蕴和严谨的学术传统吸引着世界各地的优秀学子。这些名校不仅在学术上追求卓越,更注重培养学生的综合素质和社会责任感,使他们成为具有国际视野和领导力的未来精英。总之,全球顶尖学府之所以能够在众多教育机构中脱颖而出,关键在于它们对卓越的不懈追求和对特色的深度挖掘。这种独特的"普遍主义"气质和个性化魅力,使得这些名校在全球教育舞台上熠熠生辉,成为引领学术潮流、培养未来领袖的重要力量。

(二)彰显特色,不断提升大学文化竞争力

追求卓越并非一味向名校看齐,更不是亦步亦趋向名校学习,相反,卓越一定是凸显特色,有特色才能有高度。大学文化建设就是要坚持特色为要。文化的珍贵之处在于其多样性。自人类文明诞生以来,各种文化在多元共存的环境中相互交融、发展。尊重和保护文化多样性是构建强大文化自信的基石。大学文化建设不仅需要遵循普遍的规律,更应在此基础上提炼出独特的校园文化特

色,走上一条个性化、差异化的发展道路。

在世界一流大学中,一提产学研结合,就会想到斯坦福大学;一提学分制,就会想到哈佛大学,这就是办学特色的体现。美国大学正是在借鉴英国、法国、德国先进经验的基础上,结合自身特色,逐步登上世界巅峰,使得美国成为当今高等教育强国。美国大学在借鉴德国教学与科研并重型大学和英国修道院式古典大学的基础上,结合本国实际,经过多年摸索形成自身特色,得以蜕变为卓越。在这一蜕变过程中,美国独特的价值观、制度及人才体系等软实力因素发挥了巨大的作用。观察国内外著名大学的文化建设,不难发现,越是知名的学府,越重视其文化的独特性。例如,北京大学倡导"兼容并包"的精神,清华大学强调"自强不息、厚德载物"的理念,而斯坦福大学则在成立之初就决心打造一个与东部学术中心风格迥异的教育机构。这些例子都表明了大学文化建设中追求特色的重要性。随着时间的推移,这些独特的文化特征不仅成为各自学校的竞争优势,也塑造了它们独特的文化标识。

在当今社会,高等教育的多样性和复杂性日益显著。不同类型、不同层次、不同地域的高校,自其创立之初,便承载着各自独特的办学使命与愿景。这些使命与愿景,或源于对国家战略需求的深刻洞察,或基于对地方实际问题的精准把握,又或是对行业发展动态的敏锐捕捉。这种多元化的办学初衷,塑造了大学的独特性格和风貌。因此,大学本身就是一个多元共生的文化场域,汇聚了来自不同领域、不同背景的思想和文化,形成了丰富多彩的学术氛围和精神风貌。

我国拥有2 000多所高等教育机构,每所大学都应避免同质化,选择特色化建设和差异化发展作为其发展策略。每类大学都可以成为一流大学,都可以"一览众山小",关键是要找准自己的特色。

特色的具体体现是人无我有、人有我优、人优我特。在当前社会主义文化大繁荣大发展的历史背景下,高校应紧紧抓住这一历史机遇,认真研究办学历史和经验,深入思考办学目标与宗旨,准确把握学校建设规律,充分利用自身的地缘优势、资源禀赋、人才储备、学科特色和师资力量等有利条件,发挥各自的长处和优势,在学科建设、专业设置、人才培养、师资建设、学校管理、环境塑造等方面努力体现办学特质,努力打造具有鲜明特色的大学文化。这不仅可以增强学校的凝聚力和向心力,还可以提升学校的知名度和影响力,为培养高素质的人才提供有力的支撑。近年来,我国众多地方高校在特殊化的大学文化建设方面进行了积极的探索和实践。他们结合本校的实际情况和特点,开展了一系列富有成效的特色化尝试。例如,一些革命老区的高校深入挖掘红色文化资源,将红色文化融入教育教学全过程,通过开设相关课程、举办主题活动等方式,培养学生的爱国情怀和社会责任感。而一些民族地区的高校则注重民族团结教育的实践,通过加强民族文化交流、促进民族团结进步等方式,营造和谐共融的校园氛围。这些特色化的尝试不仅丰富了校园文化的内涵和外延,也为其他高校提供了有益的借鉴和参考。

在新时代背景下,大学文化建设应当坚持其基本原则的同时,更加注重创新和个性化发展,以确保每所大学都能展现出其独有的魅力和价值。习近平在全国高校思想政治工作会议上说:"我国有独特的历史、独特的文化、独特的国情,决定了我国必须走自己的高等教育发展道路,扎实办好中国特色社会主义高校。"[1]中国特色大

---

[1] 习近平著:《习近平谈治国理政》(第二卷),外文出版社,2017年11月第1版,第376页。

学文化建设的方向必须立足中国实际,同我国发展目标与要求相适应,努力做到为人民服务,为中国共产党治国理政服务,为巩固和发展中国特色社会主义制度服务,为改革开放和社会主义现代化建设服务。尤其是双一流大学建设更不能盲从西方国家标准,要根植中国社会和文化土壤,坚持中国特色,认真吸收世界上先进办学治学经验,遵循教育规律,扎根中国大地办大学,汲取中华优秀传统文化营养,推进传承与创新,不断提升我国高等教育综合实力和核心竞争力,服务国家发展战略,加快中华民族伟大复兴中国梦的实现。习近平总书记在参加十二届全国人大五次会议上海代表团审议时说:"办大学,最重要的是人们心中的声誉,是自己的底蕴,是自己的积累。这是需要长期积淀之后在人们心中形成的。"[1]这就要求,建设一流高校必须有大格局,站位要高。作为"中国特色,世界一流"的大学,既要肩负引领中国高校办学方向,提升办学水准和探索未来重责,也要为世界一流大学提供中国标准,彰显自身特色优势,承担引领世界一流大学前进方向的重任。

(三) 重视人文社会科学发展与研究,不断夯实大学文化建设底蕴

大学文化建设是一个长期的系统工程,深厚的人文社会科学学科基础与研究成果是大学文化建设的深厚土壤。在《大学之道》一书中,科尔教授详细列举了美国研究型大学的伟大发现与创新,以此作为美国杰出研究型大学在美国拥有超群地位的证据。这些伟大发展和创新中,"不仅有前沿与基础学科的理论创新与发现,也有深刻改变了人类社会、渗透到我们每一个人生活方方面面的

---

[1] 本报特派记者朱珉迕:习近平回应复旦校长:不要在意排行大学看底蕴和声誉,《解放日报》2017年3月7日,第4版。

发明与创造。其中既有像量子力学、天体物理学、地球物理学这些基础学科中的伟大发现,也有像条形码、发光二极管(LED)、计算机、谷歌(GOOGLE)这样与我们的日常生活密切相关的发明创造。而更令人赞赏的是,作者把社会科学与人文科学的发现纳入自己的视野之中,并给予了高度的评价。"①科尔教授充分肯定社会科学与人文科学的发现具有重大影响,同时指出,过去往往不会将社会科学与人文科学研究成果归入影响深远或有重大意义之列的做法是错误的。在他看来,"伟大的大学尽管也重视数学、科学、工程及其经济影响,但如果不在社会和行为科学、人文学科进行深入的研究,他们就不能保持其伟大地位。"②在该书中译本序中,科尔教授直言:"中国大学需要将一些文科学科看成大学至关重要的部分。"③在他看来,"人文学科虽然难以量化,但同样必不可少,它们和大学的知识网络不可分割地联系在一起。这就是为什么像中国这样的新兴强国,如果忽视人文学科,其建设伟大大学的努力就很可能功亏一篑。""人文学科的意义就在于逆潮流而行。它不是要确认或巩固已为大多数人所知或所察的东西,更不是确证当权者所做的任何事情。相反,他们的工作就是去质疑、使人们不安——去挑战具有优势地位的政治权力和没头没脑的媒体抛向公众的商品化的、无争议的、法典化的确定性事情。""不承认人文学科和社会科学在大学和广大社会中发挥的关键作用将会

---

① 陈旻:如何建成一所卓越的大学——评《大学之道》,《光明日报》2014年09月05日,第12版。
② 【美】乔纳森·R·科尔著,冯国平,郝文磊译:《大学之道》,人民出版社2014年5月第1版,第009页。
③ 【美】乔纳森·R·科尔著,冯国平,郝文磊译:《大学之道》,人民文学出版社2014年5月第1版,第009页。

是一个错误。"①科尔教授在书中对人文社会科学的高度重视,是美国大学重视人文社会科学发展与研究的真实写照。

美国社会普遍认同一种观点:是雷达技术帮助赢得了二战,而原子弹则结束了战争。这种观念使得科技的力量在美国民众心中占据了崇高的地位。因此,许多人认为美国的理工科研究型大学实力强劲,而人文和社会科学领域相对较弱。尽管自然科学的研究成果为社会进步做出了不可磨灭的贡献,但这些成就同样伴随着优势与劣势,并可能引发社会、伦理及道德层面的争议。这些问题单靠科学本身无法解决,必须借助人文学科的智慧来寻求答案。实际上,艺术与科学的融合一直是高等教育的核心使命之一。二战结束后,美国的许多知名学府开始积极拓展新兴学科领域,力图站在知识的最前沿。例如,麻省理工学院和加州理工学院等传统理工科强校也增设了人文社会科学课程,并且这些文科领域的教育质量不仅超越了一般的研究型大学,还保持了国际领先的水平。在美国,人文社会科学不仅是塑造国家形象的关键,也是传播美国软实力的重要工具。

耶鲁大学,作为美国历史最悠久且享有盛誉的学府之一,拥有深厚的文化底蕴和丰富的精神传统。首先,在人文主义方面,耶鲁始终致力于培养学生的人文素养;其次,独立自主的精神贯穿于其学术氛围之中,300年的发展历程中,形成了"为个体独立而奋斗,即使代价高昂也在所不惜"的坚定信念;再次,服务社会、关爱社会的传统体现了对社会的责任感,鼓励学生积极参与社区活动,为解决

---

① 【美】乔纳森·R·科尔著,冯国平、郝文磊译:《大学之道》,人民文学出版社2014年5月第1版,第115—117页。

社区问题贡献力量。同样地,剑桥大学作为一个整体,既坚守传统,注重大学精神的独立和延续,也顺应时代潮流、勇于创新。在保留古老传统的同时,不断推陈出新。剑桥拥有浓厚的宗教背景和卓越的学术传统。诞生和发展于基督教土壤中的剑桥,整个校园弥漫着浓厚的宗教气息,如学年分为米迦勒、四句斋和复活节三个学期,不少学院拥有自己的唱诗班,演出宗教声乐作品,这些孕育了剑桥高贵的、乐于奉献的学术精神和气质。文化融合和学术自由是剑桥的精神标志,剑桥免费向社区和整个英国社会开放,对学生很少有强制性规定,拥有广泛的研究自由。

习近平总书记《在哲学社会科学工作座谈会上的讲话》一文指出,"哲学社会科学是人们认识世界、改造世界的重要工具,是推动历史发展和社会进步的重要力量,其发展水平反映了一个民族的思维能力、精神品格、文明素质,体现了一个国家的综合国力和国际竞争力。一个国家的发展水平取决于自然科学发展水平和哲学社会科学发展水平。一个没有发达的自然科学的国家不可能走在世界前列,一个没有繁荣的哲学社会科学的国家也不可能走在世界前列。"[1]也可以说,一个不重视人文社会科学的大学不可能建成国际一流的大学。在当今这个知识爆炸、科技迅猛发展的时代,一个大学要想在国际舞台上脱颖而出,成为真正的国际一流学府,仅仅依靠理工科的硬实力是远远不够的。人文社会科学,这一看似柔软却蕴含着无穷力量的学科群,其实扮演着至关重要的角色。想象一下,如果一所大学只注重科研数据的堆砌,而忽视了培养学生的批判性思维、道德判断力和跨文化交流能力,那么它培养出来的学生

---

[1] 习近平著:《在哲学社会科学工作座谈会上的讲话》,人民出版社2016年5月第1版,第2页。

或许能在技术层面取得一时的成就,但长远来看,他们缺乏的正是引领社会进步、解决复杂问题所需的综合素质。因此,"双一流"大学建设过程中,人文社会科学的地位不可动摇,它们如同大学的魂魄,赋予其深厚的文化底蕴和社会责任感。此外,人文社会科学还能激发创新思维。许多科技创新并非孤立发生,而是源于对人类社会需求的深刻洞察。例如,经济学原理指导了市场机制的优化,心理学研究促进了用户体验设计的进步。这些交叉领域的成功案例充分证明了人文社科与自然科学之间的相互促进关系。可见,一个不重视人文社会科学的大学,就像一艘没有航向的船,即使拥有最先进的设备,也难以抵达理想的彼岸。只有均衡发展,让科学技术与人文精神并驾齐驱,才能真正建成既有高度又有温度的国际一流大学。

高校肩负着知识创新与知识传授的独特使命,面对加快构建中国特色哲学社会科学的时代命题,我国大学人文社科建设之路任重道远。习近平总书记强调:"加快构建中国特色哲学社会科学,归根结底是建构中国自主的知识体系。"[1]党的二十届三中全会指出,要"创新马克思主义理论研究和建设工程,实施哲学社会科学创新工程,构建中国哲学社会科学自主知识体系"。[2] 这是我们党站在统筹中华民族伟大复兴战略全局和世界百年未有之大变局的高度,对我国哲学社会科学建设做出的科学判断和战略部署,对哲学社会科学工作者提出的时代任务和光荣使命。高校作为我国哲学社会科学

---

[1] 习近平:坚持党的领导传承红色基因扎根中国大地走出一条建设中国特色世界一流大学新路,《人民日报》2022年04月26日,第1版。
[2] 《中共中央关于进一步全面深化改革 推进中国式现代化的决定》,人民出版社2024年7月第1版,第32页。

"五路大军"中的重要力量,具有学科齐全、文化积淀深厚、人才储备丰富的独特优势,肩负着基础理论创新、知识体系建设和对外话语传播的重要使命,必须站在推进教育强国建设、推动哲学社会科学繁荣发展的高度上,以坚定的文化自觉,聚焦知识生产、统筹规划、协同配合、传播推广,走出一条立足中国实践、诠释中国发展、展现中国形象的自主知识体系创新之路。

(四)坚持守正创新,不断激发大学文化发展活力

文化,本质上是实践的产物。在实践活动中坚守根脉、不断创新,是文化不断发展的内在动力和保持旺盛生命力的重要法宝。对大学而言,就是要在文化建设中坚持历史内涵与时代特征的统一,既充分挖掘、激活办学治校历程中积淀的深厚文化底蕴,又结合时代变化和实践发展与时俱进地丰富文化内核,为凝聚价值共识、激励团结奋斗提供精神动力和文化支撑。纵观世界大学文化建设历史,我们可以看到,创新文化是大学文化的精髓,创新精神是现代大学的精神核心。

美国大学科学研究不仅是国家创新体系的一个组成部分,而且是一个关键部分,研究型大学就是国家研究所实验室人才输送的主要通道,在国家创新发展战略中起到重要支撑和引领作用。它以知识创新为内核,强调知识生产、知识应用和知识产出,注意校企协同创新,注重科研成果产业化和商业化;以培养创新创业人才为主要目标,强调高端创新创业人才培养和聚集;注重知识生产中重大原始创新成果产出和影响未来发展重大变革性技术的探索,契合了国家创新战略需求。在《大学之道》一书中,科尔教授提出,美国研究型大学之所以拥有超群地位,之所以对国家是不可或缺的,原因是因为它成为"人类社会发现和创新的主要来源。"①尽管美国大学已经取得了骄人的业绩,但是美国研究型大学对保持创新活力上从未放松警惕,一直进行反思。在《大学之道》一书中,科尔教授对此进行分析。他认为,美国研究型大学的卓越地位并不是稳如泰山的。无论从历史还是现实而言,其时时刻刻都有遭受侵害与威胁的可能。并且深刻地指出,美国大学的真正威胁不是来自外部竞争,而是自身——"敌人是我们自己"。② 在科尔教授看来,捍卫和坚守学术自由和自由探究正成为美国研究型大学面临的一项艰难挑战。他详细列举美国历史上种种政策与措施对于学术自由的消极影响。20世纪五十年代麦卡锡主义时期的'红色恐怖'对学术自由的迫害,是美国一段挥之不去的惨痛经历。"9·11"后的反恐战争好像是这一历史的重演,攻击自由探究在这一轮反恐战争中被极大地显性化。出于对恐怖主义的恐惧,国会的各种委员会、大学的理事和董事、捐助者、各种倡导团体向大学施压,要求它在各种规范和价值观上退让。《大学之道》一书中提供的调查令人惊讶:"社会科学家在今天感受到的对学术自由的威胁,和麦卡锡时代同样多,如果不是更多的话。"③学术资本主义是自由探究的另一大危害。拥有巨大商业价值的生物医学、通讯技术等学科因获得大量资助而得以迅速发展,导致学院和学科的失衡。片面强调科学的实用价值、强调科研的利益性,直接影响大学的学术生态和学科的发展,导致大学非功

---

① 【美】乔纳森·R·科尔著,冯国平、郝文磊译:《大学之道》,人民文学出版社2014年5月第1版,第003页。
② 参见陈旻:如何建成一所卓越的大学——评《大学之道》,《光明日报》2014年09月05日,第12版。
③ 【美】乔纳森·R·科尔著,冯国平、郝文磊译:《大学之道》,人民文学出版社2014年5月第1版,第003—004页。

利性的人文、社会科学、艺术等学科日趋边缘化。科尔教授对美国研究型大学发展中面临的种种问题的反思,其目的就是为了捍卫"当代大学承担的这一社会使命:创新。"①

大学是科技创新的核心推动力。一流大学是国家创新体系的引领者,是国家高素质创新人才培养和高水平学术研究的阵地,其创新水平在很大程度上反映国家创新水平。党的十八大以来,我国高等教育规模和质量显著提升,建成了世界上规模最大的高等教育体系,高等教育毛入学率从2012年的30%提高至2021年的57.8%,实现了历史性跨越。我国高校在创新方面取得了显著成就,高校在国家科技创新中发挥了重要作用,承担了全国60%以上的基础研究和80%以上的国家自然科学基金项目。神舟飞天、北斗组网、羲和逐日、高速铁路、C919大飞机、港珠澳大桥等一系列大国工程中,数百所高校在突破"卡脖子"问题的基础理论和核心技术方面做出了突出贡献,取得了丰硕的科技成果。10年来,高校牵头建设了60%以上的学科类国家重点实验室、30%的国家工程(技术)研究中心。同时,全国超过40%的两院院士、近70%的国家杰出青年科学基金获得者集聚在高校。高校获得了全部10项国家自然科学一等奖中的6项、全部自然科学奖中的67%,是名副其实的基础科学研究主力军。数据显示,高校专利授权量从2012年的6.9万项增加到2021年的30.8万项,增幅达346.4%,授权率从65.1%提高到83.9%;专利转让及许可合同数量从2 000多项增长到15 000多项,专利转化金额从8.2亿元增长到88.9亿元,增幅接近10倍,实现了质、效、能的同步提升,将更多科技成果转化为现实生产力。与此同时,科技体

---

① 【美】乔纳森·R·科尔著,冯国平,郝文磊译:《大学之道》,人民文学出版社2014年5月第1版,第003页。

制机制改革也在不断推进,为科技创新营造出良好的发展环境,学术生态不断优化。"扩大高校和科研院所自主权,赋予创新领军人才更大人财物支配权、技术路线决策权""扩大科研经费使用自主权""赋予科研人员职务科技成果所有权和长期使用权"等一系列试点,为高校科技创新活力赋能。2013年,教育部就出台了关于深化高等学校科技评价改革的意见,2020年又出台《关于规范高等学校SCI论文相关指标使用 树立正确评价导向的若干意见》(简称《意见》)。10年来,高校国际科技合作更为广泛。高校共派出近40万人次参与国际科技合作,出席国际学术会议人员174万人次,发表特邀报告18.7万篇、交流论文88.3万篇。"更多高校走出国门,深度参与了国际热核聚变实验堆、大洋钻探等国际大科学计划,中国地质大学等高校牵头组织了国家首批国际大科学计划之一'深时数字地球',还有多个国际大科学计划正在加快培育。高校与国外高水平大学和研究机构广泛开展深层次国际合作,建设了70多个国际合作联合实验室,成为国际科技合作的重要窗口和桥梁。"[①]这些成就展示了我国高校在新时代背景下,通过不断的改革创新,为国家的科技进步和社会发展做出了重要贡献。

新时代,我国高校创新能力取得了显著提升,良好的社会环境为大学争创一流提供了支持与保障,但我们要清醒意识到,科研创新、制度创新、大学精神文化创新等方面与世界一流尚存差距,需要进一步改进和加强。如,当前我国高校在创新人才培养方面存在一定的短板,特别是在基础教育阶段,应试教育的模式限制了学生创新思维和创新能力的培养;我国高校的专利产量较高,但与国际知

---

① 参见本报记者孙亚慧:高校科创:"创新中国"生力军,《人民日报海外版》2022年11月14日,第9版。

名高校相比,专利的质量有待提高。例如,美国麻省理工学院、斯坦福大学和哈佛大学的年度授权专利数量相对较少,但转化价值较高。面对日新月异的科技进步,我国高校迫切需要转变创新理念和模式,加快以学科交叉融合为基础的知识、技术集成与转化,加快创新力量和资源整合与重组,促进政产学研紧密结合,支撑国家经济和社会发展方式的转变。党的二十大报告提出,教育、科技、人才是全面建设社会主义现代化国家的基础性、战略性支撑。党的二十届三中全会强调了创新在推进中国式现代化过程中的核心作用,并针对教育、科技、人才等领域的体制机制改革进行了全面部署。这些措施与高校的发展紧密相连,旨在推动高校培养更多具有创新精神和实践能力的人才,加强科研创新和成果转化,为现代化建设提供有力支撑。这也为新时代新征程上,我国大学文化建设提出更高要求。为此,我国大学文化建设要坚持用党的创新理论指导,继承发扬优良文化传统,结合新时代高等教育发展特征和文化建设规律,不断丰富一流大学文化的时代内涵,让创新精神成为大学文化建设的"新时代表达",成为新时代大学文化的基因和灵魂,为大学文化注入新的发展活力。

大学崛起是民族崛起的风向标,纵观国际大学发展史,每临重大历史关头,大学都会发生变化。二次大战促成德国大学模式在美国落地生根。二战后,美国人口增长,社会日益发展,大学开始向综合化、多元化和巨型化发展,这促进了大科学的兴起,并促成基于国家建设需求承担国家重大任务导向的科研模式形成。同时,高等教育向大众教育转向,美国政府加大对基础研究的支持,大学抓住政府给予前所未有支持这一历史机遇,积极主动承担国家重大任务,推动研究型大学和高科技企业协作,高等教育走上了快速发展轨道。美国大学的崛起之路,对我国加快建设世界一流大学,加快建成教育强国、科技强国具有重要的借鉴意义。美国大学以追求卓越为内在动力,秉承独立、自治和创新的核心价值观,抓住机遇,积极主动承担国家和社会重大任务,在实现国家富强繁荣的同时,自身也得以升华,跃上高等教育的塔尖,这对我国大学文化建设无疑具有重要的启示。

第四章 新时代我国大学文化建设的现实审视

大学的根本任务是立德树人,大学文化不仅是大学安身立命之本,更是重要的育人资源。中国特色社会主义进入新时代,大学文化在坚持马克思主义在意识形态领域的指导地位、培育和践行社会主义核心价值观、发展社会主义先进文化、弘扬革命文化、传承中华优秀传统文化方面等方面取得显著成效,充分发挥了中国特色社会主义大学文化的育人功能。教育是强国建设、民族复兴之基,面向2035年建成文化强国、教育强国的奋斗目标,面对百年未有之大变局,面对日益激烈的思想文化交流、交融、交锋,在以中国式现代化全面推进中华民族伟大复兴的关键时期,大学文化建设必然面临更为艰巨的任务和更为严峻的挑战。

一、新时代我国大学文化建设新使命

大学是知识生产的殿堂,是文化传承、创新的阵地,它承载着历史的厚重,也肩负着面向未来的重任。因此,大学文化要有高度的使命意识和强烈的责任担当,面对不断变化的社会需求和时代挑战,大学文化的建设和发展,必须与时俱进,适应时代要求,体现出鲜明的时代特征,才能不断推动高等教育内涵式发展,更好地落实立德树人教育根本任务。

(一) 文化强国建设与大学文化建设新使命

文化关乎国本、国运,建设社会主义文化强国是新时代新的文化使命。党的十七届六中全会立足党和国家战略全局,第一次提出建设社会主义文化强国战略目标,具有里程碑意义。全会通过的《中共中央关乎深化文化体制改革,推动社会主义文化大发展大繁荣若干重大问题的决定》中指出,"没有文化的积极引领,没有人民精神世界的极大丰富,没有全民精神力量的充分发挥,一个国家、一个民族不可能屹立于世界民族之林。物质贫乏不是社会主义,精神空虚也不是社会主义。没有社会主义文化繁荣发展,就没有社会主义现代化。"[①]党的十九届五中全会提出到2035年建成文化强国的战略目标,首次明确建设社会主义文化强国目标的具体时间表,并对如何实现这一战略目标做出谋划和部署,不仅凸显了我们党对新时代文化建设的高度重视,而且体现了党对文化建设规律性认识的进一步深化。

自成立之日起,中国共产党就把文化建设摆在十分重要的位置,始终肩负文化建设的历史使命。在百余年的历史进程中,中国共产党始终是中华优秀传统文化的传承者和弘扬者、中国先进文化

---

① 本书编写组:《〈中共中央关于深化文化体制改革推动社会主义文化大发展大繁荣若干重大问题的决定〉辅导读本》,人民出版社2011年10月第1版,第6页。

的积极倡导者和发展者。无论是在革命、建设和改革各个历史时期，还是中国特色社会主义进入新时代，我们党始终坚持运用文化引领前进方向、凝聚奋斗力量，团结带领全国各族人民不断以思想文化新觉悟、理论创新成果、文化建设新成就推动党和国家事业向前发展。早在1940年，毛泽东就提出："我们不但要把一个政治上受压迫、经济上受剥削的中国，变为一个政治上自由和经济上繁荣的中国，而且要把一个被旧文化统治因而愚昧落后的中国，变为一个被新文化统治因而文明先进的中国。"[1]在改革开放和社会主义现代化建设的历史时期，我们党顺应时代发展大势，提出了物质文明和精神文明"两手抓、两手都要硬"的战略思想，强调文明在建设高度物质文明的同时，也要建设高度的社会主义精神文明，有力地推动了社会主义文化的繁荣发展。

进入新时代，以习近平同志为核心的党中央把文化建设提升到一个新的历史高度。习近平总书记反复强调，"文化兴则国兴，文化强则民族强"，科学揭示了文化发展与国家发展进步的内在关系。习近平总书记关于文化强国建设的系列重要论述，深刻回答了新时代为什么要建设文化强国、怎样建设文化强国等重大课题，是新时代我们党高度文化自觉、坚定文化自信和浓厚文化情怀的充分体现，也为新时代推进社会主义文化强国建设提供了科学指南。

文化强国建设是社会主义现代化建设的内在要求。习近平总书记《在教育文化卫生体育领域专家代表座谈会上的讲话》中强调，要"把文化建设摆在更加突出位置。中国特色社会主义是全面发展、全面进步的伟大事业，没有社会主义文化繁荣发展，就没有社

---

[1] 毛泽东著：《毛泽东选集》（第2卷），人民出版社1991年6月第2版，第339页。

主义现代化。"①在中国特色社会主义事业"五位一体"总体布局、"四个全面"战略布局中,文化是重要内容;在社会主要矛盾已经转化的今天,文化是满足人民群众美好生活需求特别是精神文化生活需求的重要因素;在世界百年未有之大变局加速演进,世界之变、时代之变、历史之变的特征更加明显的今天,文化是我们战胜前进道路上各种风险挑战的重要力量源泉。实践已经充分表明,文化建设绝不是现代化建设的点缀装饰,而是现代化建设的固本之举。建设社会主义文化强国是中华民族实现全面复兴的题中之义。近年来,我们不仅吹响了建设社会主义文化强国的时代号角,也不断增进文化强国建设的路径自觉。②

文化强国建设是应对世界变局的客观需要。当今世界,百年未有之大变局加速演进。大国博弈日益激烈,国家战略格局深度调整,思想文化交流交融交锋更加频繁。建设社会主义文化强国,不仅是一个事关文化繁荣发展的文化使命,更是一个事关国家前途命运的战略任务。这是因为,伴随着世界进入新的动荡变革期,"文化在综合国力竞争中的地位和作用更加凸显,维护国家文化安全的任务更加艰巨,增强国家文化软实力、中华文化国际影响力的要求更加紧迫。"③在东西方思想文化领域斗争中能否占据主动地位,不仅关系强国建设、民族复兴伟业的实现,而且关系我们在世界格局中的国际地位和影响力。要在一个充满机遇和挑战的世界变局中抢

---

① 习近平著:《在教育文化卫生体育领域专家代表座谈会上的讲话》,人民出版社 2020年9月第1版,第4页。
② 沈壮海/访谈嘉宾,贺政凯/访谈人:建设社会主义文化强国与新的文化使命——访武汉大学党委常务副书记、马克思主义学院教授沈壮海,《高校马克思主义理论研究》2024年第1期,第4页。
③ 《中共中央关于深化文化体制改革,推动社会主义文化大发展大繁荣若干重大问题的决定》,人民出版社 2011年10月第1版,第4页。

占先机,占据主动,就必须大力推进社会主义文化强国建设,不断提升国家文化软实力,确保在思想文化领域斗争中掌握主动权。

党的二十大报告中对"推进文化自信自强,铸就社会主义文化新辉煌"做出全面部署,不仅为建设社会主义文化强国指明了前进方向,也为增强实现中华民族伟大复兴的精神力量、不断提升国家文化软实力和中华文化影响力提供了根本遵循。习近平总书记在文化传承发展座谈会上强调:"在新的起点上继续推动文化繁荣、建设文化强国、建设中华民族现代文明,是我们在新时代新的文化使命。"①文化强国建设既是中国式现代化建设的重要内容,也是以中国式现代化全面推动中华民族伟大复兴的必然要求,是新时代担负的新使命。正是在这一战略目标的引领下,我国文化建设不断迈上新台阶,为党和国家事业发展提供了源源不断的精神和智力支持。

我国大学的发展始终与国家和民族命运密切相关,始终承载着独特的历史使命。在以中国式现代化全面推进强国建设、民族复兴的伟大征程中,大学被赋予了新的时代特征,肩负自觉而强烈的使命感。大学文化是中国特色社会主义文化的重要内容,也是建设社会主义文化强国的重要力量。在文化强国建设视域下,大学肩负着推动文化繁荣、建设文化强国和构筑中华民族现代文明的重要使命,大学文化在创造、涵育和传播先进文化,推动中华优秀传统文化创造性转化、创新性发展中起着核心作用。面向未来,大学文化要充分发挥自身优势,在推进文化自信自强、铸就社会主义文化新辉煌的宏伟事业中,勇担使命,守正创新,为推进中华文化繁荣兴盛、为2035年建成文化强国贡献更多力量。

---

① 习近平著:《在文化传承发展座谈会上的讲话》,人民出版社2023年9月第1版,第10页。

(二) 教育强国建设与大学文化建设新任务

教育兴则国家兴,教育强则国家强。高等教育,是一个国家发展水平和发展潜力的重要标志。"大学是培养高层次人才的场所,是传播学术文化的渠道,是蕴育思想理论的沃土,是创造文化成果的平台。"[1]在人类文明发展史上,无数历史事实表明,国家兴衰、社会进步与大学兴衰密切相关,可以说,大国崛起的背后都可以看见大学兴盛的足迹。意大利成为16世纪的世界科学活动中心,不仅与现代大学的前身在11到12世纪出现在意大利半岛密不可分,而且还体现在当时意大利在整个欧洲是大学最多的地方。伴随着现代大学在英国兴起,第一次工业革命也从英国开始。同样,伴随着19世纪研究型大学在德国出现之后,德国在第二次工业革命中脱颖而出,也成为近代科学活动中心。"到了19世纪末20世纪初,美国把欧洲古老大学的好传统综合在一起,又配合了美国本身的特点,创造了新型的美国高教体系。当它把英国的教化型的博雅学院、德国的研究型大学和美国的专业学院三者融合一体之后,世界就进入了所谓的'美国世纪'。"[2]在日本,东京大学是明治维新的产物,明治维新使日本迅速崛起。在中国,北京大学的前身——京师大学堂,也是维新变法的产物,对近代中国历史起到了有力的推动作用。进入21世纪以来,一流大学之于国家发展的重要性更是得到淋漓尽致的体现。一流大学可以吸引世界上最优秀的学者和学生,也可以为国家发展、社会进步培养急需的高素质人才,这是国家综合国力中最重要的核心竞争力,是在激烈的国际竞争中赢得战略主动的基础性、战略性支撑。

---

[1] 郝立新:大学使命与文化强国,《光明日报》,2012年12月26日,第14版。
[2] 丁学良著:《什么是世界一流大学?》,北京大学出版社2004年12月第1版,第29页。

新中国成立75年来，我国教育事业硕果累累，为国家科技进步、经济发展和文化繁荣提供了坚实的人才支持。党的十八大以来，以习近平同志为核心的党中央坚持把教育作为国之大计、党之大计，全面贯彻党的教育方针，做出深入实施科教兴国战略、加快教育现代化的重大决策，确立到2035年建成教育强国的奋斗目标，加强党对教育工作的全面领导，不断推进教育体制机制改革，推动新时代教育事业取得历史性成就，发生了格局性变化，教育强国建设迈出了坚实步伐，为我国的未来发展奠定了坚实基础。我国已建成世界最大规模且有质量的教育体系。这一体系的建立，标志着中国特色社会主义教育制度体系主体框架基本确立。学前教育、义务教育普及程度达到高收入国家平均水平，这意味着更多的孩子能够享受到优质的教育资源。同时，高等教育进入世界公认的普及化阶段，这为我国的人才培养提供了更广阔的平台。教育现代化发展总体跨入世界中上国家行列，学生德智体美劳全面发展方面取得了更加显著的成效，综合素质得到全面提升。人民群众的教育获得感更加充实，教育事业发展带来的实惠和福祉惠及更多群众。教育支撑经济社会发展更加有力，为国家的繁荣富强提供了坚实的人才保障。教育综合改革更加深入，不断探索适合中国国情的教育发展道路，努力破解制约教育事业发展的体制机制障碍，使教育事业焕发出新的生机与活力。中国教育的国际化影响力更加彰显，积极参与国际教育交流与合作，推动中国教育走向世界舞台。通过与其他国家的互学互鉴，不断提升自身的教育水平和国际竞争力。

建设教育强国是一项复杂的系统工程。党的二十大报告将"实施科教兴国战略，强化现代化建设人才支撑"作为一个单独部分，对"办好人民满意的教育"做出战略部署。党的二十届三中全会指出，

"教育、科技、人才是中国式现代化的基础性、战略性支撑",并从深入实施科教兴国战略、人才强国战略、创新驱动发展战略,统筹推进教育科技人才体制机制一体改革,健全新型举国体制,提升国家创新体系整体效能出发,对深化教育综合改革做出系统部署。

2024年9月9日至10日,全国教育大会在北京召开。习近平总书记出席大会并发表重要讲话,站在党和国家事业发展全局的战略高度,全面总结新时代教育事业取得的历史性成就、发生的格局性变化,系统阐释教育强国的科学内涵和基本路径,深刻阐明教育强国建设要正确处理好的重大关系,系统部署全面推进教育强国建设的战略任务和重大举措。习近平总书记强调,建成教育强国是近代以来中华民族梦寐以求的美好愿望,是实现以中国式现代化全面推进强国建设、民族复兴伟业的先导任务、坚实基础、战略支撑,必须朝着既定目标扎实迈进。习近平总书记深刻指出,我们要建成的教育强国,是中国特色社会主义教育强国,应当具有强大的思政引领力、人才竞争力、科技支撑力、民生保障力、社会协同力、国际影响力,为以中国式现代化全面推进强国建设、民族复兴伟业提供有力支撑。

"建设教育强国,龙头是高等教育。放眼全球,任何一个教育强国都是高等教育强国。"[1]进入新时代,我国不仅建成了世界最大规模的高等教育体系,更在质量和深度上取得了显著的成就。截至2023年,全国各种形式的高等教育在学总规模达到了惊人的4 763.19万人。这一数字不仅体现了我国高等教育体系的庞大规模,还反映了国家对人才培养的重视和投入。高等教育毛入学率也攀升至60.2%,

---

[1] 习近平著:《论教育》,中央文献出版社2024年9月第1版,第230页。

标志着我国高等教育已经进入了世界公认的普及化阶段。在当前以全面深化改革推进中国式现代化的新征程中,高等教育是落实党的二十大和二十届三中全会精神关于教育、科技、人才一体发展战略部署的引领力量,更是2035年建成教育强国的中坚力量,我们必须要坚持系统性、整体性、协同性,进一步完善顶层设计,深化综合改革,切实发挥好高等教育的龙头作用。

　　文化是大学的灵魂,是大学凝聚力、创造力和生命力的集中体现。建设什么样的大学文化、怎样建设大学文化,关乎大学自身办学理念和价值追求,关乎人才培养、科学研究、学科建设的质量和品位,是中国大学在强国建设、民族复兴新征程上理应贡献的知识资源和文化力量。新时代大学文化已成为高校履行其五大核心职能的关键纽带。我国现代大学肩负着"人才培养、科学研究、社会服务、文化传承创新、国际合作交流"五大职能。其中,人才培养不仅是大学的根本任务,更是其立身之本;科学研究则彰显了大学的竞争力,为其发展提供源源不断的动力;社会服务体现了大学深厚的社会责任感;而国际合作交流则是我国提升国际地位、增强经济实力的必然选择。文化传承创新,作为大学的一项基本职能,不仅源于其知识生产与传播的本质属性,更对其他四大职能的实现起到了关键的协调作用。文化的力量如同春风化雨,无声无息地渗透在人才培养的每一个环节,使思想的力量在潜移默化中滋润着学子们的心灵;文化的精髓从学术的深厚积淀与不断创新中孕育而生。人文精神的反思与自省,学术道德的规范与塑造,为科学研究划定了不可逾越的底线;社会服务则展现了现代大学在文化基因种植、文明成果传播方面的重大责任;国际合作交流则构建了一座文化多元融合、和谐共生的桥梁。大学文化不是孤立存在的,它融入人才培养、科学研究、社会服务、国际合作交流等各个方面。因此,大学文化的建设并非单一的行为,而是多项功能相互促进、共同进步的结果。新时代新征程上,我们必须以习近平文化思想为指导,书写好文化强国建设和教育强国建设的高校答卷,不断展现新时代大学文化建设的新气象新作为。

(三)"双一流"大学建设与大学文化建设新要求

中国特色社会主义进入新时代,高等教育领域迎来了前所未有的发展机遇。2015年10月24日,国务院印发《统筹推进世界一流大学和一流学科建设总体方案》,要求按照"四个全面"战略布局和党中央、国务院决策部署,坚持以中国特色、世界一流为核心,以立德树人为根本,以支撑创新驱动发展战略、服务经济社会发展为导向,坚持"以一流为目标、以学科为基础、以绩效为杠杆、以改革为动力"的基本原则,加快建成一批世界一流大学和一流学科(简称"双一流")。根据《总体方案》,到2020年,中国若干所大学和一批学科进入世界一流行列,若干学科进入世界一流学科前列;到2030年,更多的大学和学科进入世界一流行列,若干所大学进入世界一流大学前列,一批学科进入世界一流学科前列,高等教育整体实力显著提升;到21世纪中叶,一流大学和一流学科的数量和实力进入世界前列,基本建成高等教育强国。"双一流"建设,是中共中央、国务院作出的重大战略决策,也是中国高等教育领域继"211工程""985工程"之后的又一国家战略,是新时代高等教育强国建设的引领性和标志性工程,对于提高高等教育综合实力,支撑创新驱动发展战略,服务经济社会高质量发展具有重大意义。

2017年1月,经国务院批准同意,教育部、财政部、中华人民共和国国家发展和改革委员会印发《统筹推进世界一流大学和一流学科建设实施办法(暂行)》;9月21日,教育部、财政部、国家发展和改革委员会联合发布《关于公布世界一流大学和一流学科建设高校及建设学科名单的通知》,标志着我国高等教育正式跨入了"双一流"建设的全新篇章。首批世界一流大学和世界一流学科的建设大学共计137所,其中建设世界一流大学42所,建设世界一流学科的大学95所,"双一流"建设学科合计总共有465个。2022年2月14日,教育部、财政部、国家发展改革委公布《第二轮"双一流"建设高校及建设学科名单》,公布第二轮"双一流"建设高校及建设学科名单和给予公开警示(含撤销)的首轮建设学科名单。公布的名单共有建设高校147所。建设学科中数学、物理、化学、生物学等基础学科布局59个、工程类学科180个、哲学社会科学学科92个。北京大学、清华大学自主建设的学科自行公布。从双一流建设的名单来看,"双一流"建设是我国继"211工程""985工程"后,国家层面出台的目标更加明确的战略性重点高校建设。学科成为"双一流"建设的独特标注,几乎覆盖所有行业领域。尤其是第二轮"双一流"建设高校不再区分一流大学建设高校和一流学科建设高校,将探索建立分类发展、分类支持、分类评价建设体系作为重点之一,引导建设高校切实把精力和重心聚焦有关领域、方向的创新与实质突破上,创造真正意义上的世界一流。可见,"双一流"建设目的是要打破前千校一面,形成百花齐放、各领风骚的崭新局面,发挥大学文化塑造的独特性尤为重要。只有通过办学进程中不断选择和固化的独特大学文化,才能真正呈现"双一流"大学的精神底蕴、代表发展方向。

众所周知,大学的核心竞争力一定是多方面综合而成的,不仅办学资源、学术实力、教学水平、服务能力等"硬实力"要强,而且教育力、凝聚力、创造力、引领力等"软实力"也要强,二者缺一不可。一方面,伴随着科学技术的迅猛发展,科技在推动社会发展中的作用日益明显,科学技术成为第一生产力。大学作为科技创新的前沿阵地、科技人才的集中聚集地和人才培养的摇篮,不仅为国家培养了大量投身科技创新的人才,而且在原创性学术研究成果生产上始终走在社会前列,并且在将科技成果转化为现实生产力,实现科技变革与产生变革深度融合,不断增强国家核心竞争力和综合国力方面发挥了极其重要的作用。由此,大学的"硬实力"得到了国家和社会的高度关注。另一方面,伴随着人类文明的进步,文化与政治和经济的相互交融日益深入,文化在综合国力中的地位和作用越来越重要,大学文化"软实力"的重要性也日益凸显。大学不仅是人类社会的知识权威,还是人类文明的精神家园,凝聚在深厚文化底蕴之中的大学文化"软实力",不仅是大学的核心竞争力,更是国家核心竞争力的重要基础和内涵。大学文化作为一种内生动力,能够有效引领高校"双一流"建设、发挥大学职能。在"双一流"建设中,大学文化建设应该发挥应有的推动作用。

大学文化建设是"双一流"建设的核心内容。"双一流"建设对高等教育提出了更高的要求。《关于高等学校加快"双一流"建设的指导意见》(教研[2018]5号文)指出,要"立足办学传统和现实定位,以社会主义核心价值观为引领,推动中华优秀教育文化的创造性转化和创新性发展,构造具有时代精神、风格鲜明的中国特色大学文化"。综观国际名校,无一不具有独具特色的大学文化。这些名校高度弘扬科学精神和人文精神,执着追求真理,以培养人格健全、具备创新能力和思辨能力的杰出人才为使命。习近平总书记强调"世界上不会有第二个哈佛、牛津、斯坦福、麻省理工、剑桥,但会有第一个北大、清华、浙大、复旦、南大等中国著名学府"[1]。走中国特色的高等教育之路,是"双一流"建设的不二选择。要建成中国特色的世界一流大学,衡量的标准,外在的形式可以比肩国外大学,但内核必须是中国的,一定要体现中国大学特色、传承中国大学文化、展示中国大学风格、彰显中国大学气派。"双一流"建设的目标就是不断超越和创新,以"双一流"建设为目标,深化高校综合改革,关键在于加快构建中国特色现代化大学制度,形成充满活力、富有效率、更加开放、有利于学校科学发展的体制机制,积极乐观、充满探索精神的大学文化是"双一流"建设以及现代大学持续发展、求真求实的思想内力。通过行之有效的大学文化建设,激励师生不断超越自我,不断求索未知,直接推动"双一流"建设和大学不断前进发展。同时,"双一流"建设也为大学文化建设搭建了重要平台。新时代的中国大学,理应借助"双一流"建设的改革东风,走出一条富有中国特色的现代大学文化建设之路。

新中国 75 年发展历程表明,大学文化在中国特色社会主义教育发展道路中呈现出深刻的文化自觉和文化自信。在当代,中国大学肩负的使命被赋予新的时代特征,承载了中华民族伟大复兴的光荣梦想。面对机遇与挑战并存的复杂情势,中国大学文化建设应有更加自觉而强烈的使命感。大学文化的发展应自觉着眼于建设中国特色社会主义的总依据、总布局、总任务,自觉服务于文化强国和教育强国建设的战略目标,自觉服务于高校"双一流"建设的发展目标。

---

[1] 习近平著:《习近平谈治国理政》,2014 年 10 月第 1 版,第 174 页。

二、新时代我国大学文化建设的问卷调研

为了能更好地了解新时代我国大学文化建设的现状,我们采用问卷调查和个别访谈的方法在部分上海市地方高校开展新时代大学文化建设的相关情况进行调研。上海高等教育资源丰富,2023学年,上海市共有普通高等学校68所,普通本专科在校生57.24万人(比上学年增长3.3%),毕业学生数14.84万人(比上学年增长0.7%)。此外,全市还有独立设置的成人高校12所,成人本专科在校生14.35万人,共有网络(开放)本专科在校生13.79万人,全市共有民办普通高校19所,在校学生14.63万人;[①]以上海地方高校为参考,调研新时代大学文化建设具有一定的代表性。本调查以"文化软实力视域下高校内涵式发展正能量研究"为题,发出问卷总数420份,回收有效问卷400份,回收率95.24%。调查内容包括调查对象的基本情况、从文化视角看高校内涵式发展的制约因素及集聚推动内涵式发展正能量的文化因素等。调查后,将各高校收集的资料输入计算机,并用相关软件对统计结果进行数据分析。

(一)调查对象的基本情况

本次调研对象为上海海洋大学、上海海事大学、上海第二工业大学、上海工程技术大学、上海金融学院、上海理工大学及上海应用技术学院等7所本市地方院校的部分教师、教辅及行政工作人员。

---

① 2023年上海市国民经济和社会发展统计公报:上海市统计局网站,https://tjj.sh.gov.cn/tjgb/20240321/f66c5b25ce604a1f9af755941d5f454a.html

1. 性别：男女比例相当，分别占总数的 48.3% 和 51.7%。

2. 年龄：各年龄段比较均衡，具有一定的代表性（见表 1）。

表 1 问卷调查对象年龄构成表

年龄段	≤30	31～35	36～40	41～45	46～50	≥51	总计
人 数	47	68	85	91	52	57	400
所占比	18.80	17.00	21.25	22.75	13.00	14.25	100%

3. 学历（学位）：客观反映了高教系统高学历、高层次特点（见表 2）。

表 2 问卷调查对象学历构成表

学历（学位）	博士	硕士	本科	大专及以下	总计
人 数	93	222	77	8	400
所占比	23.25	55.50	19.25	2.00	100%

4. 职称：高、中、初级分别占 29%、48.5%、13%，无职称 9.5%。

5. 职级：呈现出较强的基层和群众代表性，同时体现了干部的适当比例性（见表 3）。

表 3 问卷调查对象职级构成表

职 级	校级	处级	科级	普通职工	总计
人 数	2	71	199	128	400
所占比	0.50	17.75	49.75	32.00	100%

6. 岗位：专职专业技术人员占多数，为 66.2%；行政人员占 20.5%；党务人员占 9.5%；其他员工占 4.8%，总体上与高校人员结构相一致。

(二) 问卷分析

1. 制约因素及原因

(1) 大学文化缺失影响发展能量集聚

调查结果显示，大学文化缺失是制约高等教育内涵式发展不可忽略的因素。其中，大学精神荒芜（占 60.00%）、办学特色不明（占 53.25%）、管理机制滞后（占 53.25%）、办学目标功利化（占 48.75%）、人文精神衰微（占 46.50%）呈高相关（见图1）。

图1 影响高校内涵式发展主要因素有哪些？

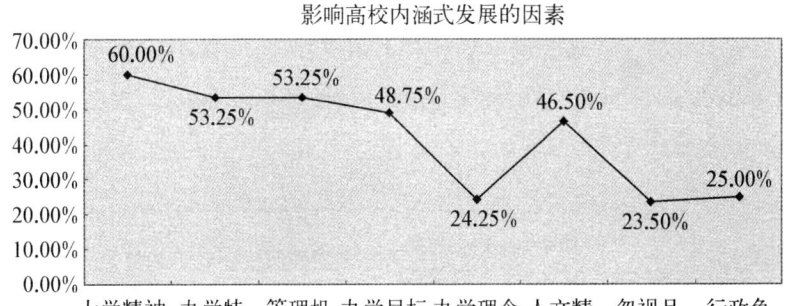

影响高校内涵式发展的因素

因素	百分比
大学精神的荒芜	60.00%
办学特色不明	53.25%
管理机制滞后	53.25%
办学目标功利化	48.75%
办学理念表层化	24.25%
人文精神衰微	46.50%
忽视品德教育	23.50%
行政色彩过浓	25.00%

原因：大学文化是大学精神、大学传统、大学理念、大学制度、大学校风等多种因素的综合体现，是一所学校所特有的核心价值观和精神品质。与精神文化、制度文化、行为文化和物质文化等文化的4个层次相对应，大学文化由大学的精神力、制度力、行动力与形象力等4个要素构成，对内表现为一种文化的力量，对外表现为一种吸引

力和影响力。然而,我国高等教育在实现规模扩张、硬件提升、数量增长等外延上快速发展的同时,却出现了数量扩张却未能很好实现质量同步提升、资源增加却未能实现优质均衡、教育发展却未能满足经济社会需求等突出矛盾。部分高校没有领会"发展"的本质和要义,盲目学习综合性大学,在追赶热门中导致高校办学目标功利化、办学理念表层化和办学定位同质化的现象,失去办学特色,导致千校一面。这些都严重制约了高等教育的内涵式发展。而大学精神式微、文化传承的效果不佳、大学追求的迷茫等,更是直接导致了促进内涵式发展的凝聚力、吸引力、激发力、约束力、规划力等正能量难以集聚。

(2) 功利主义渗透冲击教育立身之本

调查中有75.50%人员认为目前高校师生之间的关系是良性的教学相长,有着值得称道的师生情谊。但是,令人遗憾的是,有11.00%调查对象认为是当前师生之间更多充斥着购买服务与利益交换的关系,13%的调查对象认为二者兼有或说不清楚(见表4)。

表4 你认为目前高校师生之间的关系是?

师生关系	教学相长师生情谊	购买服务利益交换	二者兼有	说不清楚	总计
人 数	302	44	43	11	400
所占比	75.50	11.00	10.75	2.75	100%

调查还显示,高校规模扩张中所导致的远郊办学布局结构,不仅仅拉大了教与学在物理空间上的距离,更加剧了师与生在心灵空间上的疏远。当被问及"远郊办学带来的问题"时,有76.75%调

查对象认为通勤时间长,疲于奔波,缺少对师生情感的投入与培养;68.75%的调查对象认为远郊办学后,师生互动机会减少了,甚至无暇互动(见图2)。

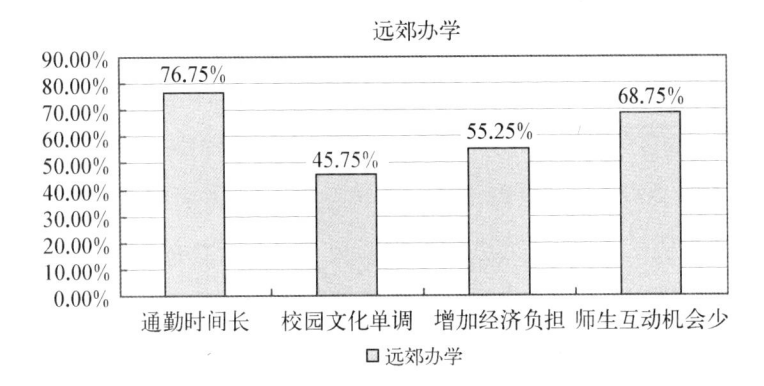

图2 你认为远郊办学带来的问题有?

远郊办学

- 通勤时间长:76.75%
- 校园文化单调:45.75%
- 增加经济负担:55.25%
- 师生互动机会少:68.75%

原因:市场经济的大潮冲击着传统的教育价值观,利益至上与物化关系甚至开始渗透到师生关系这一人类最纯粹的情感中来了。迅速扩张的外延式发展使人们过于浮躁,办学理念脱离教育主旨,教师队伍建设无论在质量还是数量上都面临着很大挑战。教育功利化、行政化泛化的情况影响了部分师生对教育本质的坚守。远郊办学又使得师生互动减少、价值取向的错位,对纯粹的、无上的师生情谊带来一定负面影响。

(3)体制行政化盛行干扰办学自主发展

调查结果显示,有42.25%的人员认为,高校的管理往往"以利于行政为主"而未能真正体现"以人为本";也有调查对象指出,高校管理中存在的科层制管理现象造成一线教师参与管理少;有33.25%调查对象认为当前大学管理体制是高度同质化(见表5)。

表5 你认为目前大学管理体制的特征是?

体制特征	便于行政	科层化过度	管理同质化	说不清楚	总计
人　　数	170	170	133	7	400
所占比	42.25	42.25	33.25	1.75	100%

调查显示,目前高校的管理体制尤其令青年教师们倍感"亚历山大"。调查中,有85.75%调查对象认为在当前管理体制下,青年教师面临岗位考核、职称晋升以及生活待遇等方面的压力,甚至有调查对象表示,这些压力已经成为影响工作积极性的主要因素。一些受访者明确表示,当前的管理体制尤其是考核机制令青年教师们整天为着论文、项目而"殚精竭虑",对教学、对学生无论是时间还是情感上都投入不足。工资待遇与工作压力之间形成强烈反差,让一些青年教师日渐失去了对教师职业的认同感,教师岗位所能带给他们的职业幸福感和荣耀感也在日渐式微。科研教学任务过重、管理体制滞后、理工科院校里人文社科考核与理工同类指标雷同,缺乏针对性和科学性等,经常被受访者提及,体现出了调查对象对高校管理体制中存在的过于行政化现象深深之焦虑与无奈(见图3)。

原因:高等教育的发展有其自身的规律和要求,大学的发展必须建立在自身办学理念的积累和传承的基础之上,教育水平和办学水平的提升更多地应该依靠办学特色的内涵性发展。然而,目前高等教育的发展更多依靠政府投入,以外部导向为特征的路径依赖与高等教育发展的内部规划之间存在矛盾,高校缺乏激发自身特色活力的内部规划机制,同样缺乏与社会良性互动的机制。一方面,政府制定的评估标准导致评价方式单一、量化,生硬地强调考核、科研

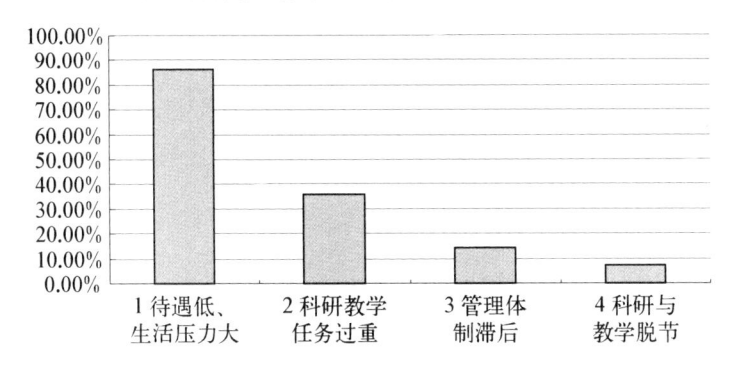

图3 目前影响青年教师的工作积极性的因素有？

因素	百分比
1 待遇低、生活压力大	~85%
2 科研教学任务过重	~37%
3 管理体制滞后	~15%
4 科研与教学脱节	~8%

项目GDP、论文数等,高校考核指标存在简单趋同现象,无法真正发挥考核指挥棒的激励作用。由此导致部分高校办学缺乏活力,与飞速发展的社会、经济、文化需求不相适应;另一方面,通过行政体制配置资源不尽合理、公平竞争机制不够完善,导致教育资源配置呈封闭性,部分高校过分追逐资源,重科研而轻教学,重成果而轻育人,影响了高等教育内涵发展的转变提升。

2. 具体对策与建议

调查中,有31%调查对象认为高校党建是集聚高等教育内涵式发展正能量的重要抓手。35%的调查对象认为党建可以优化团队精神,31%调查对象认为党建可以带动科研和教学。而党建工作又如何在高校中集聚内涵发展的正能量？调查结果显示,42.25%人员选择了先进的办学理念,39.50%调查对象认为党建工作要融入教学、科研全过程,25.00%人员提出要加强典型宣传、正面引导,21.25%人员认为要形成良性激励(见图4)。

可见,要实现高校内涵式发展,很重要的一个方面就是,以党建工作作为重要抓手,依托党组织的优势力量通过扎实有效地开展顶层设计和思想政治工作,提升大学文化软实力,凝聚正能量,为高等

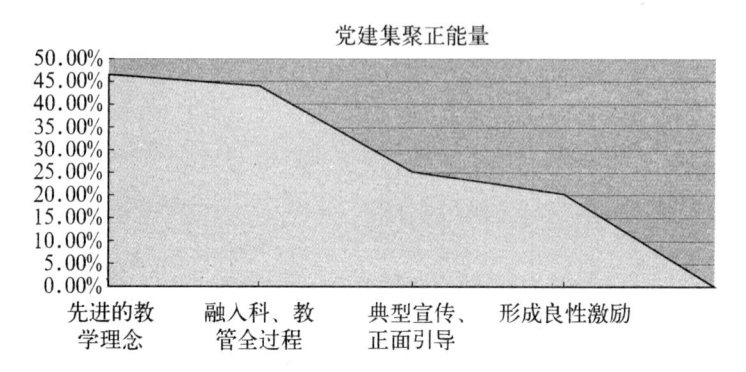

图 4 党建工作如何在高校中集聚正能量？

党建集聚正能量

[图表：横轴从左至右为"先进的教学理念"、"融入科、教、管全过程"、"典型宣传、正面引导"、"形成良性激励"；纵轴为 0.00%–50.00%，数据从约 45% 递减至接近 0%]

教育的综合改革和内涵式发展注入"灵魂"、把牢方向，全面推动高校内涵式发展。具体而言，可从如下方面着眼：

（1）树魂：以大学精神文化凝练内涵式发展正能量

大学之大，在于精神之大，大学精神之于大学，犹如人的灵魂之于身体。大学精神是大学文化的灵魂与核心。"大学精神文化主要包括了大学的办学理念、历史积淀、价值观念、精神风貌等"[①]。大学精神文化是大学文化的核心和深层表现形式，是学校在长期的教育实践过程中，受一定社会文化、意识形态影响形成的为其全部或部分师生员工所认同和遵循的精神成果与文化观念，包含大学精神、大学理念等。如何把一所大学办好，如何办出一所好大学，涉及很多因素。其中对大学管理者来说，大学理念和大学精神至关重要，带有基础性和方向性。大学理念和大学精神，好像是看不见摸不到的，但却是实实在在地存在于每一所大学，并且发挥着重要作用。大学理念在本质上涉及两个根本问题：办什么样的大学？如何办好

---

① 张代宇著：《大学文化传承创新研究：审视大学第四功能》，中国纺织出版社，2023 年 05 第 1 版，第 62 页。

大学？大学精神至少包括：使命感、务实作风、包容精神和公民意识等核心要素。大学需要根据自己的办学特点，在传承学校办学传统，接续学校文化血脉基础上提炼出本大学的大学精神和办学理念，以充分体现自己的办学传统和特色，推进高校内涵式发展。对于这一观念，调查对象高度认同（见表6）。

表6　你认为高校内涵式发展中的正能量包括？

正能量	先进的办学理念	优良的办学特色	一流的人才培养质量	全员办学的团队意识
人　数	270	351	173	67
所占比	67.50	87.75	43.25	16.75

通过调查和个人访谈，调查对象认为，凝练办学特色，一要弘扬学校传统，升华办学理念；二要定位发展目标，厘清发展思路；三要强化学科建设，优化课程结构；四要重视产学研结合，增进社会服务等。

在探索高等教育的卓越之路上，我们可以看到，大学精神是推动大学文化发展的核心力量。全球众多知名学府已经铺就了各自独特的文化基石。这些高校不仅明确了自己的教育方向，还精心塑造了鲜明的办学特色。缺乏大学精神的引导，大学文化的建设将失去凝聚力、系统性和持续性，变得形式化且乏味。大学文化中深刻蕴含的大学精神，是其存在的终极意义所在。在大学精神的指导下，大学文化建设得以有序展开，更好地体现和传承这一精神。没有大学精神的指引和动力支撑，大学文化建设将难以为继；同样，缺乏大学文化的滋养，大学精神也将失去根基。两者相互依存、共同发展的关系,要求我们在大学文化建设中高度重视培育和弘扬大学精神。在中国特色社会主义新时代背景下,我国大学肩负着文化传承与创新的重要职责,以及坚定中国特色社会主义文化自信的崇高使命。因此,大学文化建设必须适应新时代的要求,更好地服务于我国高等教育发展战略和时代新人的培养需求。

(2)立根:以大学制度文化集聚内涵式发展正能量

大学制度文化是大学在长期办学实践中形成的一系列规范和规则的总和。它既约束着大学的办学行为和广大师生员工的学习工作行为,又为大学的生存和发展提供制度上的保障。大学本质上是发展学术、追求真理、培养人才的机构,需要建设民主、科学、平等、高效的制度文化,实现学术权力与行政权力的协调配置。

在对"如何以提升文化软实力集聚推动高校内涵式发展的正能量"的访谈和调查中,调查对象"最想说的一句话"主要包括:(1)把现实的就业等压力转变为文化建设的动力;(2)为教学、教职工、学生服务,甜头要从群众开始,苦头要从领导吃起;(3)想百姓所想,做百姓所望事;(4)强化人文关怀,提升教师素质,提高教工待遇,使教职工在物质和精神上得到满足;(5)制定落实分类分层的政策引导和业务指导,以提高其积极性和创造性;(6)树立行政为教学科研、人才培养服务理念,不搞形式主义,不要官僚作风。

这些"最想说的一句话"很多都是对于大学制度建设的呼唤。构建现代大学制度,实现大学制度文化创新是当前我国大学面临的主要任务。大学在实现依法自主办学、民主管理、学术自由等价值目标过程中,必须创新体制机制,探索建立合理的人才选拔、培育、激励、竞争、考核和保障机制,完善评价体系,实现分类指导,理顺校、院、系三级关系,强化院系的组织管理职能,实现管理重心逐步下移,使学校成为重大事项的决策中心,院系成为工作的指挥和执行中心,充分发挥院系作为办学主体的作用和活力。

(3) 强本：以大学行为文化推动内涵式发展正能量

大学行为文化是学校师生员工在教育实践过程中产生的活动文化,是学校作风、精神面貌、人际关系的动态体现,也是学校精神、学校价值观的折射。苏霍姆林斯基曾说:"学校好比一种精致的乐器,他奏出一种和谐的旋律,使之影响每一个学生的心灵,一旦要奏出这样的旋律,必须把乐器的音调准,而这种乐器是靠教师、教育者的人格来调音的。由此就提出最重要的一点：学生是怎样来看教师的,他们在教师身上看见和发现了什么,每一个教育者和整个教师集体在学生面前表现了人的品质的哪个方面。能够迫使学生去检点自己,思考自己的行为和管住自己的那种力量,首先就是教育者的人格,他的思想信念,他的精神生活的丰富性的道德面貌的完美性。"[①]可见,教学问不如教做人,回归教育本质,塑造健全人格,重在心灵教育的塑造至关重要。

调查中,有73.75%调查对象持相同意见,认为大学精神集中体现在心灵教育,12.25%人员认为是职业培养,6.75%人员认为是学术传承,7.25%人员不知道(见图5)。

据此,推进大学文化软实力建设,很关键的一点就是要积极推动教风、学风和作风建设。一要把大学文化落实到大学教学科研和服务社会的实践之中,以学生为本、增进师生互动,大力提倡"学高为师、身正为范""笃学敬业、教书育人"的教师情怀,大力弘扬教育家精神,争当有理想信念、有道德情操、有扎实学识、有仁爱之心的

---

① 蔡汀,王义高,祖晶主编：《苏霍姆林斯基选集》(第二卷),教育科学出版社2001年8月第1版,版,第114页。

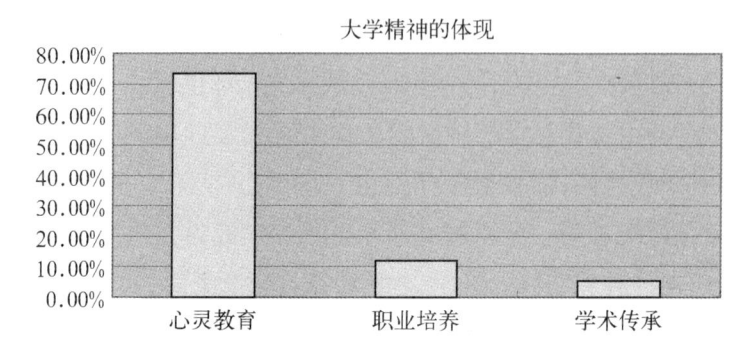

图 5　你认为大学精神应体现在？

大学精神的体现

心灵教育	职业培养	学术传承
~73%	~12%	~5%

"四有"好老师。二要切实加强学风建设,着力培育和营造崇尚学术、勤学笃行的治学氛围,让优良学风蔚然成风。三要树立平等民主的工作作风,服务学生成长成才,营造开放自由的大学氛围,使社会公众更好地认识该大学的文化内涵和特色。

（4）固基：以大学物质文化成蹊内涵式发展正能量

大学物质文化是指由大学教育教学物质条件构成、能被人们感觉到的客观存在的物态实体文化,主要表现为学科专业、师资队伍、教学设施和手段、校史馆、图书馆、实验室(实训基地)、建筑布局、人文景观等有形事物。《史记·李将军传》有言："桃李不言,下自成蹊。"人们常说,学生不是教出来的,而是大师级的人物熏陶出来的。在《牛津的魅力》一文中,作者写道："我一个人徜徉在牛津街头,中世纪的塔楼古色古香；文艺复兴风格的建筑弥漫着浪漫的气息；城东的摩德林城堡被称为'凝固了的音乐',的确优美异常；图书馆建于1371年,是英格兰最古老的图书馆；大学植物园建于1621年,是英国最早的教学植物园；蜿蜒曲折,幽深绵长的皇后小巷,从牛津建校(1168年)一直保留到现在,路边的石凳长满了青苔,让人回想起牛津的过去……王尔德坐过的木凳,萧伯纳倚过的书架,照原样未动。"①牛津贵族气质和精英主义的文化魅力已然扑面而来。

在对"你认为校园文化的表现是?"的个人访谈和调查中,67.25%人员选择了以学生为对象的学术活动,53.25%人员认为是以学生为主体的校园文化活动,31.75%人员认为是师生传咏的校园故事(见表7)。

表7 你认为校园文化的表现是?

表现	以学生为对象的学术活动	以学生为主体的校园文化活动	师生传咏的校园故事	便于管理的日常活动
人数	269	213	127	41
所占比	67.25	53.25	31.75	10.25

因此,大学要充分发挥校园文化的载体作用,牢固树立以文化人的文化育人理念,在打造一批高水平、结构合理、特色鲜明的学科、专业和课程,培养一支具有学术造诣深厚和善于治学育人的教师队伍的同时,建造一群现代化的图书馆、实验室(实训基地)和校园网等,搭建一系列诸如大讲堂、大课堂、大论坛等特色文化品牌的高端传播平台,将大学精神和治学文化的内核"审美化"、"景观化"、"品味化",充分发挥科学精神、人文精神和大学精神良好的教育、感染和引领作用。

三、新时代我国大学文化建设面临的主要问题

中国特色社会主义进入新时代,以习近平总书记为核心的党中

---

① 杨牧之著:《在那恒河的原野》,故宫出版社2014年12月第1版,第110页。

央高度重视包括大学文化在内的文化建设,把文化建设放在党和国家全局的战略地位。这一战略举措不仅体现了对文化建设规律的深刻认识,也彰显了对高等教育在社会发展中重要作用的高度关注。我国大学文化建设面临着前所未有的发展机遇,在取得显著成就的同时,也存在一定问题和短板。"随着大学逐渐由社会的边缘机构走向社会中心并成为社会轴心机构的同时,大学文化在其演进过程中开始出现过度行政化、过度市场化、过度功利化和过度同质化等现象。"[①]"大学的一切活动都变成了技术性活动,失去了反思性、公正性和艺术性等与人类的健全的思维息息相关的东西"[②]如此等等,大学文化建设中存在的问题不仅成为制约大学发展的瓶颈,更是导致大学遭受诟病和批评的原因之一。直面问题,分析成因,提出应对,是新时代大学文化建设实现跨越式发展的必经之路。

(一)商业文化的功利主义倾向导致大学精神式微

从我国大学的发展趋势看,为更好地实现科教兴国、人才强国、文化强国战略,不断加强高素质人才的培养,充分应对知识经济带来的机遇和挑战,不断提升国家的综合国力,培养更多人才以满足经济社会的快速发展,我国在1999年确立了构建高等教育大众化这一目标。此后,许多大学纷纷开始合并重组、扩招,建设新校区、多校区、大学城等不断实现大学教育的普及化、大众化,我国高等教育事业迅猛发展。伴随大学教育从精英教育逐步朝着大众化与普及化的趋向演变,大学的规模不断扩大,教育理念和教育水平也向教

---

① 范玉鹏:反思与重构:现代大学文化式微之检视,《湖北社会科学》2018年第1期,第175页。
② 胡港云著:《大学文化自觉及其提升研究》,湖南大学博士论文2015年12月,第66页。

育大国的方向发展。然而,我们同时也看到,在大学繁荣发展的背后,大学精神遭受多元社会思潮以及价值观的冲击,其结果是大学的精神面临着前所未有的侵蚀。这种侵蚀不仅体现在学术自由和独立思考的缺失上,还反映在校园文化的日益商业化和功利化上。这一现象在新时代依然存在,而且外部环境的复杂化加剧了多元化思潮和价值观对大学文化建设的冲击,严重影响了我国大学文化的健康发展,导致大学精神式微。

商业文化导致部分大学在价值取向上的功利化倾向。大学发展的历史表明,在不同的历史阶段,大学的发展反映了其价值取向的变迁,即教育主体在决策中如何平衡社会与个人价值。市场是利益交换的场所,市场经济条件下,市场主体难以避免地以利益为导向进行交换活动。随着我国改革开放的深化及市场经济体制的确立,利益在社会关系中的地位日益凸显,功利主义思潮也随之兴起。商业文化的兴起对大学文化构成了挑战,使得大学所倡导的价值观和信仰受到了市场名利场中各种诱惑的冲击。当前,大学与市场的联系日益紧密,不可避免地受到功利主义的影响,导致校园内弥漫着功利化的价值取向,这对大学的传统价值观和精神内核构成了冲击,也对师生的价值观产生了影响。市场的逐利性可能导致大学在科研和教学领域出现不正当的竞争,这种纯粹追求利益的行为不仅会破坏大学的纯洁风气,还会严重干扰大学培养德才兼备人才的目标。受泛市场化思维的影响,大学越来越重视科技而忽视人文,注重物质而轻视精神,偏向功利而忽略公益。在这种背景下,大学的办学方向往往以政府利益和市场需求为主导,缺乏必要的批判精神,表现为过分追求政治和经济利益,忽视精神和文化需求,重视科研而轻视教学,关注短期成果而忽略长远发展,强调个人成就而轻视社会责任。这种倾向显然偏离了大学"求真育人"的根本宗旨。学术领域也受到了这种风气的影响。商业文化的影响使得大学陷入了功利主义的困境,导致一些大学的学术功能变成了可以批量生产的商品。原本应以追求真理为己任的学术研究,现在却有部分学者为了社会资本和经济利益而从事科研工作,将学术作为获取金钱和地位的手段。这种急功近利的态度导致了学术研究的质量下降,甚至出现了学术不端和腐败现象。同时,项目申报、职称评定以及大学排名等机制也加剧了这种趋势。"为了博得市场的青睐,一些学者不惜放弃知识分子作为社会守望者的职业操守,沦为企业和其他利益组织的附庸。"[①]

大学价值观的功利化趋势必然影响大学生的价值观。首先体现在他们对价值目标的选择上,即从追求理想转向了注重现实,从重视社会贡献转变为关注个人利益,以及从崇尚正义变为追求物质利益。具体而言,这表现在学习动机、入党理由和职业选择等方面,都倾向于"实用性",同时伴随着对社会责任感的淡化。其次,这种变化也反映在价值评价的标准上。传统的集体主义标准逐渐让位于个人主义,虽然肯定个人价值的合理性是必要的,但部分人却走向了极端,忽视了社会价值。他们往往用集体的标准去衡量他人,而对自己则采用个人主义的标准,放弃了理想追求,选择了实用主义和享乐主义。最后,这种功利化趋势还体现在价值实现的手段上。随着社会经济结构的多元化,组织形式、利益关系和交换方式的多样化,大学生们的价值实现途径也变得更加多样。然而,一些学生不再愿意通过自身的努力去实现价值,而是试图通过关系网、

---

① 李建华:人文精神与文人精神:当下教育的一种窘境,《湖南师范大学教育科学学报》2017年第2期,第80页。

造假等不正当手段来获取成功。

大学价值观功利化的一个集中反映就是大学人文教育的缺失。在当今市场经济的迅猛发展中,人文教育似乎成了一项不被看好的任务。人们难以直接感受到其价值,因而认为它"无用"。这种对人文教育的误解导致大学精神逐渐偏离正轨,趋向功利化。在世俗社会中,"官"与"商"的角色不断挤压着大学的学术本质,使得大学过分追求名利,忘记了人文关怀的重要性。校园内弥漫着市场经济的规则,学生关心的是未来职业的收入潜力,教师关注的是科研带来的经济收益,行政人员则着眼于排名以争取更多国家资助。这种趋势若走向极端,将导致大学教育的变质,西方学者通过多部著作批评了大学对名利的过度追求和腐败现象,如亚当·戈尔曼的《美国大学的衰落》、罗伯特·奈斯的《学术教义的堕落》以及拉塞尔·柯克的《高等教育的颓废与复兴》,这些作品都深刻揭示了问题所在。大学的本质应是为公共利益服务,而非追求利润。当学问仅被视为追求物质生活的手段,缺乏应有的尊重时,大学精神便开始衰败,大学也将失去其存在的价值。

(二)多元社会思潮对大学文化建设带来冲击

随着我们国家对外开放的不断深化和经济体制的革新,我国的文化发展正展现出一种多样化的趋势。这一现象不仅是全球文化发展的共同趋势,也是中国文化现代化进程中的一个重要阶段。在全球化加速推进的背景下,封闭已成为过去,各种文化相互交融,形成了一个多元共存的新格局。多元文化共存格局给文化发展带来活力,促进不同文化交流交融,推动形成"文明因交流而多彩,文明因互鉴而丰富"的良好局面。但是,我们不得不看到,当前,我国正处于改革发展的攻坚阶段和"深水区",经济体制深刻变革、社会结构深刻变动、利益格局深刻调整、思想观念深刻变化,伴随文化多元化时代的到来,不可避免地导致各种复杂多变的社会思潮相继涌现,并且正在深刻地影响和改变着人们的思想观念和思维方式,其中某些消极社会思潮对大学文化建设带来了不容忽视的负面冲击和影响。

西方资产阶级自由化思想对大学文化的渗透。西方资产阶级自由化思想起源于资本主义的发展过程中,但今天变成部分西方国家和平演变社会主义制度的意识形态工具。大学成为意识形态斗争的重要阵地,是西方资产阶级自由化思想渗透和侵蚀的重点领域,大学生更是西方对华和平演变的重要对象。在全球化的背景下,借助互联网新媒体技术等,一些西方国家不断对我国进行资本主义意识形态渗透,他们极力向青年学生鼓吹资本主义不劳而获的"福利国家"模式,宣扬指导思想多元化;主张多党制、议会制等,兜售普世价值等,对我国意识形态工作带来很大挑战,给我国大学文化建设带来很大冲击。此外,历史虚无主义也成为影响大学生树立正确价值观的主要错误思潮之一。这种思潮在20世纪80年代中后期传入中国,或打着"历史重鉴"的旗号歪曲历史,或通过"以点盖面"蛊惑人心,目的就是制造思想混乱,消解人们的斗志,试图通过否定历史主体、颠覆唯物史观,以模糊歪曲和抹杀消除的方式,实现对历史的"虚无"。他们通过"戏说"、"恶搞"历史,抹黑董存瑞、黄继光、邱少云、刘胡兰等英雄人物。打着"还原历史"的幌子,为卖国贼、反动派涂脂抹粉,歌功颂德。否定革命和建设的历史,认为革命只起破坏性作用,把近代中国凡是追求变革进步的都斥为"激进"而加以否定。通过捏造事实、割裂联系、否定规律等手段篡改和丑化党的历史。受这些错误思潮的影响,一些大学生的价值观开始偏离正轨,言行失范和违法乱纪问题不乏有之。对此,习近平总书记在庆祝中国共产主义青年团成立100周年大会上的重要讲话中指出:"新时代的中国青年,更加自信自强、富于思辨精神,同时也面临各种社会思潮的现实影响,不可避免会在理想和现实、主义和问题、利己和利他、小我和大我、民族和世界等方面遇到思想困惑,更加需要深入细致的教育和引导,用敏锐的眼光观察社会,用清醒的头脑思考人生,用智慧的力量创造未来。"[1]

此外,"受到庸俗文化的巨大冲击,大学文化冲突现象严重,圈子文化、拜金文化、功利文化泛滥,成为新常态大学文化的孱弱之处,不利于大学文化功能的有效发挥"[2]。庸俗文化的侵蚀,如同一股无形的毒流,悄然渗透进校园的每一个角落,滋生出享乐主义、拜金主义、利己主义以及攀比之风等不良现象。这些思想的蔓延,不仅扭曲了大学生的人生观和价值观,更对大学文化建设造成了严重的负面影响。享乐主义,作为一种以追求快乐为人生目标的伦理学说,其核心在于趋乐避苦。然而,当这种思想在大学中不断滋生时,它却演变成了一种腐朽的人生观和价值观。部分大学生在这种思想的毒害下,开始好逸恶劳,荒废学业,沉迷于短暂的欢愉,忽视了长远的发展和自我提升,最终导致人生的迷茫和沉沦。与此同时,庸俗文化还催生了拜金主义的盛行。随着市场经济的发展,社会的物质财富被快速地创造出来,一些人因此实现了"一夜暴富"的美

---

[1] 习近平著:《在庆祝中国共产主义青年团成立100周年大会上的讲话》,人民出版社2022年5月第1版,第8页。
[2] 杨志秋,王少媛:冲突与选择:新常态下我国大学文化建设的几点思考,《黑龙江高教研究》2019年第4期,第26页。

梦。这种现象引发了社会价值观念的混乱,使得拜金主义逐渐成为一种流行的思潮。在大学校园里,一些大学生将拜金主义视为人生信条,他们挥霍金钱,超前消费,甚至不惜网贷消费,以满足自己对物质的追求。这种过度追求物质享受的行为,不仅加重了家庭的经济负担,更让他们失去了对精神世界的追求和探索。庸俗文化还在大学校园中滋生出利己主义,导致部分学生成为"精致的利己主义者",处处从自身利益出发,懂得利用体制的力量来达成自己的目的。与此同时,庸俗文化也在大学的物质文化建设中催生了一种盲目攀比的现象。一些大学为了实现快速发展,互相攀比建立新校区,大搞基础建设,不惜重金绿化校园、美化校园,这种盲目攀比的现象不仅导致了大学文化失去自身的价值,而且也会导致校园失去其原有的精神内涵,变得空洞而浮躁。在这样的环境下,学生们很难静下心来专注于学业,反而容易陷入物质追求的漩涡中。面对这种现象,我们应该引起足够的重视。大学作为培养人才的摇篮,应该注重培养学生的品德修养和综合素质,而不是让他们成为只追求物质享受的"精致的利己主义者"。同时,大学也应该加强对校园文化的保护和传承,让学生们能够在一个充满文化底蕴的环境中成长。只有这样,我们才能培养出真正有才华、有担当的新一代青年。

(三)网络文化给大学文化建设带来新挑战

随着互联网、大数据和人工智能等新一代信息技术的迅猛发展,大学文化建设迎来了前所未有的机遇和挑战。在这个信息爆炸的时代,互联网已经成为我们生活中不可或缺的一部分,正深刻地改变了我们的生活方式、思维模式乃至社会结构。它不仅重塑了信息的传递方式,还催生了一种前所未有的新文化形态——网络文化。这一新兴的文化范式,其根基深植于日新月异的网络技术和日益完善的网络设施之中。正是这些技术与设施,为人类提供了一个前所未有的广阔平台,使得跨越时空的交流成为可能,让知识、情感、创意得以自由流动和碰撞。在这个平台上,人们不再受限于地域、种族或语言的界限,而是能够以更加开放和包容的心态,共同创造和分享属于自己的文化成果。具体而言,网络文化的形成与发展,离不开以下几个关键要素:首先,是网络技术的不断创新与突破。从最初的电子邮件到如今的社交媒体、直播平台、虚拟现实等,每一次技术的进步都极大地拓展了网络文化的边界,丰富了其内涵。其次,是网络设施的广泛普及。随着互联网的深入渗透,越来越多的人能够接入网络,参与到网络文化的构建中来,形成了一个庞大而多元的网络社群。再者,是人类对于网络空间的积极探索与利用。无论是在线学习、娱乐、购物,还是社交、创作、公益,人们都在不断地挖掘网络的潜力,将其转化为推动社会进步和个人成长的重要力量。此外,网络文化还具有鲜明的时代特征和地域特色。它既反映了当代社会的科技水平、价值观念和审美趣味,又融合了不同地域的文化元素,形成了一种多元共生、相互交融的文化景观。同时,网络文化也以其强大的传播力和影响力,对现实世界产生了深远的影响。它不仅改变了人们的消费习惯、工作方式和生活方式,还促进了全球范围内的文化交流与融合,推动了人类文明的进步与发展。

然而,我们必须清醒地看到,互联网的发展也带来了一些负面影响。有些人沉迷于网络游戏、社交媒体等虚拟世界,忽视了现实生活中的责任和义务。此外,互联网上的信息参差不齐,有些甚至是错误的、有害的。犹如互联网一样,网络文化也是一把双刃剑,

"网络文化作为一种完全开放的现代文化形态,传播途径、内容错综复杂。由于网络文化具有强大的传播能力,网络文化在进入校园后,势必会影响大学生群体的文化认知和思想认知。"①。大学生是网络的原居民,网络文化存在的问题给大学文化以及大学生带来的消极影响不容忽视。

网络文化中的负面信息影响了大学精神的凝聚力和向心力。网络的普及为人们的精神世界带来了前所未有的自由,它允许我们在紧张的生活节奏中找到一丝喘息的空间。然而,这种自由并非没有代价。在精神领域里,各种思想的边界变得模糊,甚至有时完全消失。一些大学生可能会沉迷于网络聊天,参与低俗话题的讨论,以此来释放自己的情绪;有目的可能深陷于网络游戏的泥潭,被算法算计,逐渐失去自我。这种现象的出现,无疑对大学精神凝聚力和向心力的形成构成了挑战。当个体沉溺于虚拟世界,忽视了现实生活中的责任和义务时,他们与周围人的联系就会变得松散,从而削弱了集体的凝聚力。因此,如何在享受网络带来的便利的同时,保持对现实生活的关注和投入,成为当代大学生必须面对的问题。在网络时代,信息的真实性难以保障,各种负面内容如个人主义、无政府主义等利用网络传播,企图对我国进行西化或分化。部分网站的设计具有欺骗性和诱惑性,推销庸俗内容,影响大学生的是非观念和民族意识。这些不良信息对大学精神的凝聚力和向心力构成威胁,给新时代大学文化建设以及大学生思想政治教育带来新的挑战。

网络文化对大学主流文化的权威性带来挑战。在数字时代的

---

① 李俊畅,李浩贤,李盼:互联网时代下高校校园特色文化创建路径探析,《大学》2023年第22期,第29页。

洪流中,网络的自由精神催生了一股文化多样性的浪潮,其中非主流文化——包括世俗与流行元素——如同野火燎原,在虚拟空间中迅速蔓延,对传统主流文化的边界带来冲击。这些新兴文化形态不仅以其新颖独特吸引眼球,更通过创新的传播手段,如视频平台的广泛运用,以丰富多样的内容形式成为公众瞩目的新焦点。相形之下,主流文化因其庄重与严肃的传播姿态,在追求新鲜体验的大众面前显得略显保守,传播速度与覆盖范围上稍显逊色。尤其值得注意的是,网络作为无国界的信息高速公路,其强大的跨境传播能力使得西方发达国家得以利用技术优势,推行一种潜在的网络霸权文化,对我国本土文化安全构成不容忽视的挑战。这一现象揭示了技术进步双刃剑的本质:既促进了文化的多元交流,也为外来文化的渗透提供了便利。在这个由比特和字节构建的文化生态园内,主流与支流文化相互交织,共同塑造着网络世界的文化景观。尤为引人深思的是,人工智能技术的介入,以其逻辑严密的数字化能力,似乎预示着一个全知全能的网络未来,这种"网络万能论"无形中助长了人类对自身控制力的盲目乐观,特别是对于身处信息海洋中的大学生群体,个体的渺小感与日俱增,仿佛被一张无边无际的数字网紧紧束缚,难以挣脱。随着网络失范现象的加剧,它逐渐侵蚀着年轻心灵,削弱了社会主流文化在道德教化与价值引导上的作用。这是一场关于文化主权与个体自由的双重危机,亟待社会各界的关注与行动。

(四)大学治理过于行政化的弊端对大学文化建设带来负面影响

大学的有效运作依赖于高效的管理体系,其核心在于遵循层级分明的管理架构,确保每一级管理层各司其职。这种内部管理模式往往借鉴外部政府机构的管理经验,强调行政级别和隶属关系,形成了以官方权威为核心的运行逻辑。然而,大学作为文化传承与创新的殿堂,其深厚的文化底蕴和独特的文化运行模式与这一管理机制之间存在着某种程度的张力。这种张力不仅揭示了大学管理中存在的问题,也反映了其潜在的负面影响。

大学过度行政化,指的是大学内部管理过于层级化和官僚化。这种现象给大学文化的建设带来了一定的负面影响。在我国,大学文化行政化表现为大学被赋予一定的行政级别。然而,大学的主要职责是培养学生和进行科学研究,其正常运行主要依赖于行政部门的管理。大学文化建设也属于行政管辖的范畴。但是,过度的行政化却削弱了大学文化的作用。中国的高等教育体系深受行政导向的影响,这一现象源远流长,可追溯至早期的教育机构如天津西学堂、南洋公学以及京师大学堂,它们均体现了政府对教育领域的深入介入与行政化管理。历经两千余年的封建统治及新中国成立后的计划经济时期,这种模式不断巩固,使得大学在很大程度上成为政府的延伸机构。在当前的大学治理结构中,过度行政化的趋势十分突出,表现为行政权力的过度扩张。大学管理过程中普遍存在着将官僚科层制原则过度应用或误用的现象,即将学术机构视同行政部门进行管理,同时混淆了学术事务与行政事务的界限。

大学治理过度行政化在内部具体表现为大学管理的行政科层化。随着高等教育大众化和大学行政管理化的推进,以及高等教育领域中行政人员数量的增长,高级行政人员的管理权力得到了显著加强,他们控制了预算和学术规划。因此,大学事务的复杂性引入了政府机构的行政管理模式,导致大学治理行政科层化趋势明显。然而,行政科层化对于政治组织是有效的,但对于集教育性和学术性为一体的大学而言,却可能衍生出对"人"的价值的忽视,甚至助长官僚作风的兴起。近年来,我国许多高校行政机构臃肿,行政冗员过多,越来越成为高校治理中备受诟病的现象。有的高校甚至处级单位有100多个(包括校属的院、系所、中心),处级干部有三四百名之多,处级以下行政人员甚至近千人,导致学校人员结构不合理,行政人员与专职教师之间的数量失衡。庞大的行政机关群体,不仅极易造成财力、物力、人力的分散和浪费,高成本、低效益管理更是严重制约了高校的可持续发展。因为自上而下的科层化等级制度,使得行政人员在行政职位层级间苦苦攀爬,而处于大学主体的教师和学生对于行政人员的任用却没有发言权。这种状况不仅影响了大学的运行效率,也削弱了大学作为教育和学术机构的本质功能。机关行政权力过大,阻碍了大学文化发展的多样化,学术自由受到影响。在实际工作中,少数大学领导官僚主义作风严重,对大学文化建设重视和投入不够,导致大学文化建设沦为形式上的建设、表面上的建设。

大学治理过度行政化的外部体现则是行政权威过于强大。政府与大学之间的良性关系是基于相互尊重和支持的原则建立的。这种关系不仅有利于保障教育的质量和效果,也促进了社会的整体进步和发展。历史地看,我国大学和政府之间的良性关系呈现出一种特定的格局。政府在这一关系中扮演着主导角色,而大学则作为其重要组成部分,共同推动教育事业的发展。大学的办学自主权在一定程度上受到政府的指导和支持,这体现在大学校长的任命、课程安排以及机构设置等方面。这种模式确保了教育体系的稳定性和连贯性,同时也为学术研究提供了坚实的基础。在大学内部,行政组织机构的设置反映了政府对高校的支持和管理。这种结构有助于维护学术秩序,促进教学和科研工作的顺利进行。教师和学生作为学术活动的主体,在行政管理人员的协助下开展工作,共同营造一个良好的学术环境。领导团队在各自负责的学校事务上拥有决策权,这有助于提高管理效率,确保教育活动的有序进行。然而,大学治理过度行政化则打破了这种良性格局,过度强调政府的绝对主导地位,在办学资源分配以及办学效果评估等方面掌握了绝对的话语权,大学的办学自主权削弱了,甚至导致行政权力对学术权力的控制。这种格局对大学文化带来的直接影响就是大学学术地位的弱化。大学文化的精髓表明,研究高深学问是大学发展的内在价值。然而,大学治理结构的科层化倾向及权力集中现象,正悄然侵蚀着这一根基。行政力量的膨胀,使得资源分配与审核大权集中,教师参与决策的平台亦被行政色彩所笼罩,一线学者的声音渐行渐远。尤为令人忧虑的是,那些学术底蕴尚待深厚的学府,更易成为行政专权的温床,进一步加剧了学术边缘化的危机。在这样的环境下,大学的自主性与科研创新活力受到影响,学术人才的地位与作用被削弱,长此以往,大学追求真理、崇尚学术的精神本质,恐将逐渐功利主义的侵蚀,被异化为另一种形态的存在。因此,如何在正确处理好大学与国家权力间关系,并形成长效机制和制度体系,是我国现代大学建设的重要课题。

(五)大学文化建设在满足发展需求上还存在薄弱环节

新时代新征程,高等教育是教育强国、科技强国、人才强国建设的重要结合点。强国建设、民族复兴的时代重任对高等教育提出新任务新要求,大学文化要为高等教育实现跨越式发展提供强大动力和重要支撑。新时代以来,我国高等教育事业发展取得历史性成就、发生格局性变化,大学文化建设也取得显著成效。但是,不可否认,与时代呼唤和发展需求相比,新时代大学文化建设还存在短板不足及薄弱环节。

文化趋同化是我国大学文化建设的一个普遍性问题。不同大学,学科特色、师资状况、管理模式不同,大学文化也必然具有多样性、差异性,这就要求大学文化建设要有个性化。大学文化的个性化和特色是大学文化的活力和魅力之所在。然而,在我国高等教育领域,众多大学在办学理念、组织结构、课程设置以及校训表达等多个维度上呈现出日益趋同的现象,由此导致专业设置和人才培养目标趋于一致,失去了应有的个性和特色。一方面,部分大学的办学目标设定过于宏大,盲目追求与世界顶尖学府看齐,导致实际发展与初衷有所偏差。另一方面,专业设置的同质化现象较为严重,热门专业的过度集中和扩招造成了毕业生就业市场的供需失衡,进而影响了学生的就业竞争力。此外,大学文化的个性特色不足,趋同化现象明显,这在一定程度上削弱了各大学的特色和竞争力。这些问题的存在,反映了大学在追求发展过程中,对于文化建设的重视程度不够,以及对于教育质量和特色的深入思考不足。因此,加强大学文化建设,促进大学文化的多样性和个性化发展,是提升我国高等教育质量的重要途径。近年来,一些有识之士开始反思,呼吁大学文化回归教育本质,强调个性化发展的重要性。他们认为,每所大学都应有自己的特色和优势,而不是一味追求规模和排名。就像普林斯顿大学一样,虽然规模不大,但它凭借卓越的师资力量、严谨的学术氛围和对学生全面发展的重视,成为世界顶尖学府之一。

大学文化建设内容一定程度上还存在简单化倾向。大学文化内涵深厚,其建设是一项系统工程,需要从多个层面进行细致规划和实施。然而,在实际执行中,有些高校倾向于将组织文体活动或塑造建筑风格视为大学文化建设的全部,忽略了将文化元素融入教育教学的每个环节以及人才培养的全过程。此外,对文化建设成效的评估往往不够重视,导致大学文化建设过于简化和机械化,这在一定程度上限制了大学文化在教育培养方面的作用。首先,我们需要认识到,大学文化建设并非仅仅是举办几场文体活动、打造独特的建筑风格那么简单。这些固然是大学文化的一部分,但它们只是表象,而非本质。真正的大学文化建设应该是一种精神的传承和价值观的塑造,它需要渗透到教育教学活动的全过程,贯穿于人才培养的各个环节。其次,大学文化建设还需要注重效果评估。我们不能仅仅满足于举办了多少场活动、建设了多少个文化景点,而应该关注这些活动和文化景点是否真正起到了育人的作用。因此,我们需要建立一套科学、合理的评估体系,对大学文化建设的效果进行定期评估,以便及时调整策略,确保文化建设始终沿着正确的方向前进。最后,我们要强调的是,大学文化建设是一个系统性工程,需要全校师生的共同参与和努力。只有当每一个人都成为大学文化的传承者和弘扬者,我们的大学才能真正成为一个充满智慧和人文气息的学府。此外,大学文化建设重形式轻内容也是一种简单化的表现。许多大学在追求大学文化建设形式上的繁荣与扩张时,却忽视了内涵的深化与丰富。具体而言,一些地方政府和高校为了追求规模效应,将大量资源倾斜到拓展校园空间、更新教学设备等硬件设施上。这些举措固然能够提升学校的硬件水平,为学生提供更好的学习环境。但有的学校顾此失彼,一味只注重硬件投入,在文化建设方面投入的精力和财力则相对不足,这必然影响大学文化建设的实效性。

大学文化在提升国际影响力方面还有待于进一步加强。伴随着教育国际化趋势的发展,大学文化在对外传播、提升国际影响力中有着举足轻重的地位。我国大学文化的对外传播初衷是希望更好地向世界展示中国大学近年来所取得的成就,展示中国大学的精神风貌,学术修养。进而增强世界对当今中国大学学者、学生的了解和认可,了解我国近年来的新变化、新成就,推动中华文化的对外交流,提升中国国际形象。为了实现这一目标,改革开放以来各大高校纷纷开展了一系列丰富多彩的国际交流活动,许多大学还积极组织海外交换生项目,鼓励学生走出国门,担当传播中国文化的使者。一些高校还特别注重打造具有中国特色的文化品牌,不仅让国际友人感受到了中国文化的独特魅力,也让他们更加深入地了解了中国大学的文化内涵。通过这些努力,中国大学文化的对外传播取得了显著成效。越来越多的国际学生选择来华留学,他们对中国的传统文化和现代发展都有了更加全面的认识。同时,中国大学的学术成果也越来越受到国际学术界的关注和认可。但是,我们依然应该清醒地看到,我国大学文化在对外传播中还存在自信不足、传播不力等情况。在全球化的浪潮中,西方大学文化以其悠久的历史、深厚的学术底蕴和广泛的国际影响力,形成了一股强大的文化力量。面对这样的强势影响,一些高校在进行国际文化交流时显得自信不足效果不佳。这可能源于对自身文化价值的不确定,或是担心在国际舞台上遭遇不必要的冲突和误解。在学术研究领域,西方标准往往被视为权威,这在一定程度上反映了西方学术界在全球知识体系中的主导地位。然而,这种过度依赖西方标准的现象也暴露了某些高校。缺乏足够的自信去推广和展示本国的传统文化,此举不仅限制了文化的多样性和丰富性,也可能影响到国际社会对中国文化的理解和认识。因此,如何在尊重多元文化的基础上,更加自信和积极地推广本国的教育理念和文化价值,是当前大学文化建设面临的一个重要课题。

第五章 新时代我国大学文化建设的实践路径

在国家迈向强盛、民族走向复兴的伟大进程中,大学肩负着提供智慧支持和文化动力的重要使命。新时代大学文化建设要有高度的使命意识和强烈的责任担当,要始终立足中国特色,坚持大学文化建设的社会主义方向;;坚持立德树人教育根本任务,坚定新时代大学文化建设的育人导向。要坚持因势而新,推进新时代大学文化建设的改革创新。

一、扎根中国大地,坚持大学文化建设的社会主义方向

"求木之长者,必固其根本;欲流之远者,必浚其泉源"。万物有所生,而独知守其根。办什么样的大学、怎样办好大学,培养什么样的人、怎样培养人,是大学尤其是大学文化建设必须思考和回答的首要问题和根本问题。2014年5月4日,习近平总书记在北京大学

考察时,明确提出了"办好中国的世界一流大学,必须有中国特色"的观点,并强调"我们要认真吸收世界上先进的办学治学经验,更要遵循教育规律,扎根中国大地办大学。"[①]在全球化的今天,高等教育的重要性愈发凸显。中国作为一个拥有五千年文明史的国家,其高等教育的发展不仅关系到国家的未来发展,也是实现中华民族伟大复兴的重要基石。扎根中国大地办大学,是坚定文化自信、展现大国担当的必由之路,也是中国大学的使命追求,是中国高等教育在世界格局中奋进一流的"中国坐标"。

"扎根中国大地办大学",体现了教育的本土性与适应性哲学。教育是为了培养适应本国社会发展需求的人才,中国有着独特的历史、文化、社会制度和发展需求。扎根中国大地办大学就是要遵循中国的教育规律,从中国的实际情况出发,而不是盲目照搬国外的教育模式。办好中国的大学,必须有中国特色,这个特色中最大的一点,就是我们要坚持社会主义办学方向。新中国成立后,我国高等教育在办学方向上,始终坚持社会主义的立场。毛泽东在1957年提出:"我们的教育方针,应该使……成为有社会主义觉悟的有文化的劳动者。"1958年党中央、国务院发出《关于教育工作的指示》,提出:"党的教育工作方针,是教育为无产阶级的政治服务,教育与生产劳动相结合……,教育的目的,是培养有社会主义觉悟的有文化的劳动者。"可以说,在新中国成立以后,办社会主义的教育,教育要为社会主义服务就成为明确的方向。改革开放以后,教育的社会主义性质也一再被强调。1978年改革开放前夕,邓小平在全国教育工作会议上指出:"我们的学校是为社会主义建设培养人才的地方。"1985

---

① 习近平著:《习近平谈治国理政》,外文出版社2014年10月第1版,第174页。

年《中共中央关于教育体制改革的决定》提出,"教育必须为社会主义建设服务,社会主义建设必须依靠教育。"1990年党的十三届七中全会文件提出,"继续贯彻教育必须为社会主义现代化服务……的方针"。1993年党中央和国务院颁布的《中国教育改革和发展纲要》再一次提出,各级各类学校要认真贯彻"教育必须为社会主义现代化建设服务的方针"。1995年的《中华人民共和国教育法》第五条规定:"教育必须为社会主义现代化建设服务,必须与生产劳动相结合,培养德、智、体等方面全面发展的社会主义事业的建设者和接班人。"教育的社会主义性质以法律的形式得以确认。进入新世纪以后,党的十六大报告提出,"全面贯彻党的教育方针,坚持教育为社会主义现代化建设服务,为人民服务,与生产劳动和社会实践相结合"。2007年党的十七大报告再次指出:"要全面贯彻党的教育方针,坚持育人为本、德育为先,实施素质教育,提高教育现代化水平,培养德智体美全面发展的社会主义建设者和接班人,办好人民满意的教育。"在党的十八大报告中,教育的社会主义性质再一次被确认。教育的目的是要培养"社会主义建设者和接班人"。党的十九大报告指出:"要全面贯彻党的教育方针,落实立德树人根本任务,发展素质教育,推进教育公平,培养德智体美全面发展的社会主义建设者和接班人。"党的二十大报告强调,"要全面贯彻党的教育方针,落实立德树人根本任务,培养德智体美劳全面发展的社会主义建设者和接班人"。因此,扎根中国大地办大学,意味着大学必须始终坚持教育的社会主义方向,紧密联系中国的实际,结合中国的历史、文化、社会和经济发展需求,培养满足国家战略需求的人才,推动科学研究与技术创新,服务社会和经济发展,这也是新时代大学文化建设必须担负的新使命。

(一) 新时代大学文化建设要始终坚持和加强党的全面领导

中国特色社会主义最本质的特征是中国共产党的领导,中国特色社会主义制度的最大优势是中国共产党领导。党政军民学,东西南北中,党是领导一切的。习近平总书记指出:"加强党对高校的领导,加强和改进高校党的建设,是办好中国特色社会主义大学的根本保证。"[①]坚持党对高校的领导,是中国特色社会主义大学的本质特征,也是中国特色社会主义大学的最大政治优势。大学文化建设要坚持"为党育人、为国育才",落实立德树人根本任务,回答好"培养什么人、怎样培养人、为谁培养人"的根本问题。

坚持和加强党对高校的全面领导,是马克思主义政党在教育领域展现出的独特优势,更是确保中国特色社会主义大学蓬勃发展的根本保障。这一原则不仅是历史经验的总结,更是对未来发展的坚定指引。自新中国成立以来,我国高校发展历程中最为宝贵的经验便是始终坚持并不断强化党的全面领导。从中华人民共和国成立之初,我们党便高瞻远瞩地提出"教育工作必须由党来领导",为教育事业的发展指明了方向。随着改革开放的深入推进,《高等教育法》的颁布实施,进一步明确了国家举办的高等学校实行中国共产党高等学校基层委员会领导下的校长负责制,这一制度设计不仅体现了党的领导在高等教育领域的根本性地位,也为高校的健康发展提供了坚实的制度保障。进入新时代,以习近平同志为核心的党中央高度重视高校党的建设工作。习近平总书记系列重要讲话,深刻阐述了事关高校党的建设的方向性、根本性问题,为高校党的建设提供了根本遵循。习近平总书记系统总结了推进我国教育改革发

[①] 习近平:坚持立德树人思想引领 加强改进高校党建工作,《人民日报》2014年—12月30日,第1版。

第五章　新时代我国大学文化建设的实践路径

展的"九个坚持",其中"坚持党对教育事业的全面领导"被放在首位,凸显了党的领导在教育事业发展中的核心地位。① 当前,我国已成功建成世界上规模最大的高等教育体系,并在"双一流"建设的推动下,实现了高等教育的内涵式发展。这一成就的取得,离不开党的全面领导。实践证明,当党对高校的领导得到全面加强时,高等教育事业就能沿着正确的轨道顺利前进;反之,若党的领导弱化,高等教育事业就会面临种种困难和挑战。因此,站在新的历史起点上,办好中国特色社会主义大学,建设新时代大学文化,我们必须坚定不移地坚持和加强党对高校的全面领导。要坚决维护党中央权威和集中统一领导,确保党的教育方针政策在高校得到不折不扣地贯彻落实。只有这样,我们才能确保高等教育事业始终沿着正确的方向前进,为强国建设民族复兴提供源源不断的人才保障和智力支持。

坚持和加强党对高校的全面领导,必须牢牢掌握党对高校工作的领导权,使高校成为坚持党的领导的坚强阵地。高校党委要承担起管党治党、办学治校的主体责任,全面领导学校各项工作,把方向、管大局、作决策、保落实。

要坚持以政治建设为统领,坚定不移践行"两个维护"。党的政治建设是党的根本性建设,决定党的建设的方向和效果。要牢牢把握社会主义办学方向,教育引导党员干部和广大师生坚持政治立场、保持政治清醒、严守政治纪律,牢固树立"四个意识",坚定"四个自信",做到"两个维护",始终在政治立场、政治方向、政治原则、政治道路上同以习近平同志为核心的党中央保持高度一致。在学校层面,要强化党组织的政治把关定向作用。党组织要在重大决策中

---

① 习近平:坚持中国特色社会主义教育发展道路 培养德智体美劳全面发展的社会主义建设者和接班人,《人民日报》2018年9月11日,第1版。

发挥领导作用,确保学校发展符合党的教育方针和国家战略需求。同时,要建立高校政治生态定期研判机制,及时发现和解决影响学校政治生态的问题,营造良好的校园政治生态和育人环境。在二级院系层面,要探索治理体系改革,提升党组织在党政联席会议制度中的功能作用发挥。这包括加强党组织对院系重大事项的决策参与,确保院系的工作方向和内容符合党的教育方针。在民办高校,要加强党组织的把关作用,强化党组织参与重大决策的权重。民办高校虽然在办学形式上有所不同,但在政治立场和方向上必须与公办高校保持一致,确保教育的社会主义方向。

要坚持以思想建设为根本,持续强化理论武装。党的思想建设是党的组织建设和作风建设的基础。坚持以思想建设为根本,持续强化理论武装,是确保党的先进性和纯洁性的重要途径,也是高等教育培养合格社会主义建设者和接班人的关键环节。高校要积极培养和推动广大师生切实做习近平新时代中国特色社会主义思想的坚定信仰者、忠实实践者。在学懂弄通中深化思想认识,在学以致用中解决实际问题。创新新时代高校党的思想建设的思路和机制,是提高思想建设实效性的关键。这包括更新教育内容,改进教育方法,以及利用现代信息技术提高教育的吸引力和影响力等。推动思政课、日常教育、专业课程协同育人,是全面做好师生思想政治教育工作的重要途径。通过不同课程和教育形式的相互配合,形成全方位、多层次的思想政治教育体系,切实加强党的思想建设,确保高等教育沿着正确的政治方向前进,培养出符合国家发展需求的高素质人才,为实现中华民族伟大复兴中国梦做出贡献。

坚持党管干部的原则,是确保高校沿着正确方向发展的基石。这一原则体现了中国共产党对高等教育的领导,确保了高校的干部队伍能够忠诚于党的教育方针,服务于国家的教育战略。党管干部原则是指高校在选拔、培养、使用和管理干部过程中,必须坚持党的领导,确保干部队伍的政治立场、政治方向、政治原则、政治道路与党中央保持高度一致。在选拔干部时,高校要坚持德才兼备、以德为先的原则,注重干部的政治素质、业务能力和道德品质。选拔过程要公开、公平、公正,确保选拔出真正符合岗位要求的优秀干部。高校要通过多种途径培养干部,包括但不限于理论学习、实践锻炼、专业培训等。通过这些途径,提高干部的理论水平、专业能力和领导能力,使其更好地服务于高等教育事业。在使用干部时,高校要坚持人岗相适、人尽其才的原则,根据干部的特长和岗位需求合理分配工作,充分发挥每个干部的潜力和作用。高校要建立健全干部管理机制,包括考核评价、激励约束、监督问责等。通过这些机制,确保干部能够严格遵守党的纪律,认真履行职责,不断提高工作效能。高校要营造风清气正的政治生态,为干部的成长和发展提供良好的环境。这包括加强党风廉政建设,反对和防止任何形式的腐败现象,确保干部队伍的先进性和纯洁性,为高等教育事业的发展提供坚强的组织保证。

以组织建设为基础,做好学校基层党建工作,是高校坚持和加强党的全面领导的重要基础。要坚持和完善党委领导下的校长负责制,建立健全加强党的领导的组织体系、制度体系、工作机制。贯彻民主集中制原则,健全领导班子议事规则和决策机制。坚持党委领导、校长负责、教授治学、民主管理、依法治校,以改革创新精神推进高校治理体系和治理能力现代化。首先,要加强党组织的设置和优化。根据学校的实际情况和工作需要,合理设置党组织机构,确保党的组织覆盖到学校的各个领域和层面。同时,要定期对党组织进行优化调整,以适应学校发展的新形势和新要求。其次,要建立科学高效的考核评价机制。推进党支部标准化规范化建设,推动党支部建设整体效能提升,不断提高基层党组织的政治领导力、思想引领力、群众组织力、社会号召力。再次,高校基层党组织要加强党组织与群众的联系。党组织要深入基层,了解群众的需求和意见,及时解决群众的实际问题,积极开展各种形式的党建活动,如主题党日、志愿服务等,让党员在实践中锻炼自己,服务群众。同时,党员干部要充分发挥模范带头作用,要加强对群众的宣传教育,引导群众树立正确的价值观和世界观,增强群众对党的信任和支持,不断增强党组织的凝聚力和战斗力,更好地发挥党组织在学校工作中的核心作用,推动学校的科学发展和社会进步。

加强作风建设是高校党建的重要内容,它直接关系到高校的教育质量、学术氛围以及社会声誉。作风不仅是形象的体现,更是力量的象征。坚持不懈地反对形式主义、官僚主义、享乐主义和奢靡之风,建立长效机制,确保作风建设取得实效。党员领导干部应发挥示范作用,不断增强服务意识,把服务师生作为工作的出发点和落脚点,引领学习、调研、实干和节俭的风尚,针对师生关切的问题进行集中整治,做到立行立改。行政职能部门要把握理想信念这一核心,从服务对象的视角出发,将自身、职责和工作融入其中。紧盯关键时期,对重点领域和环节实施持续监管,一旦发现问题,立即严肃处理并公开曝光。定期组织党员干部和教职工进行作风教育和培训,提高他们的政治素质和职业道德水平。通过校内外监督、舆论监督等多种方式,加强对高校作风建设的监督检查,确保各项规定和措施得到有效执行。通过奖惩机制,激励党员干部和教职工积极进取,同时对违反作风建设要求的行为进行约束和惩处。及时了解和解决师生的实际问题,提高师生对高校工作的满意度和信任度。通过公开透明的方式,让师生了解高校的决策过程和工作进展,增强师生的参与感和归属感。将作风建设与高校的实际工作紧密结合,确保作风建设能够真正转化为推动高校发展的实际行动,以良好的工作作风,为培养高素质人才创造良好的环境,进而不断提升高校的整体形象和社会影响力。

  加强高校党的纪律建设是确保高校健康发展的重要保障。学校党委要落实全面从严治党主体责任,筑牢压实各级党组织的政治责任。高校纪委要提高政治站位,牢记职责使命,发挥专责监督作用,聚焦重大政治原则、政治部署、政治责任,以强有力的政治监督,推动党的教育方针政策和党中央关于高校党建与思想政治工作决策部署的贯彻落实。高校要严格落实党风廉政建设责任制,明确党政领导班子和领导干部在本单位党风廉政建设中应负的责任,坚持"党委统一领导,党政齐抓共管,纪委组织协调,部门各负其责,依靠群众支持和参与"的领导体制和工作机制。《党内监督条例》明确了党内监督的重点对象是党的各级领导机关和领导干部,特别是各级领导班子主要负责人。高校要加强对干部行政行为的民主监督,提高民主管理和监督的整体水平,促进政治文明建设。高校要加强对纪律建设的领导,了解掌握本单位纪律建设情况,做到了然于胸,有针对性地开展工作,有组织、有计划、有步骤、分层次落实对党员干部进行经常性的党纪教育。深化运用"四种形态",加大监督执纪问责力度。党员干部要主动接受监督、习惯接受监督,在严实环境下更好工作。党支部要认真履行监督职能,从严教育管理监督党员干部,完善对权力运行的制约和监督机制,构筑全方位监督体系,不断强化党对高校的全面领导,推动全面从严治党向纵深发展,为落实立德树人根本任务提供坚强纪律保障。

（二）新时代大学文化建设要致力于打造中国特色社会主义文化建设新高地

习近平总书记指出："文化是一个国家、一个民族的灵魂。"[①]文化兴则国运兴，文化强则民族强。文化自信是更基本、更深沉、更持久的力量。没有高度的文化自信，没有文化的繁荣兴盛，就没有中华民族伟大复兴。大学作为知识传承和文化创新的重要机构，肩负着推进文化自信自强、铸就社会主义文化新辉煌的使命。大学文化建设必须始终坚持以习近平文化思想为指引，充分发挥文化优势、发掘文化潜能，大力发展社会主义先进文化、弘扬革命文化、传承中华优秀传统文化，努力成为中国特色社会主义文化建设新高地。

习近平文化思想对于高校肩负起文化传承创新使命，深入推进大学文化建设具有重要指导意义。"党的十八大以来，习近平总书记深刻把握新时代历史方位，把宣传思想文化工作摆在治国理政的重要位置，以坚定的文化自觉、宏阔的历史视野、深远的战略考量，就新时代文化建设提出了一系列新思想新观点新论断，深刻回答了新时代文化建设中具有方向性全局性战略性的重大问题，擘画了以中国特色社会主义文化繁荣助推实现中华民族伟大复兴的战略图景，夯实和筑牢了以中国式现代化全面推进中华民族伟大复兴的文化基础和努力建设中华民族现代文明的精神支撑，形成了博大精深、内容丰富、体系完备的习近平文化思想。"[②]习近平文化思想既有

[①] 习近平著：《习近平著作选读》（第一卷），人民出版社2023年4月第1版，第536页。
[②] 续梅：以习近平文化思想为指导勇担高校文化传承创新使命，《中国高等教育》2024年第Z1期，第4页。

文化理论观点上的创新和突破,又有文化工作布局上的部署要求,明体达用、体用贯通,明确了新时代文化建设的路线图和任务书,标志着我们党对中国特色社会主义文化建设规律的认识达到了新高度,表明我们党的历史自信、文化自信达到了新高度,并在我国社会主义文化建设中展现出了强大的思想伟力。高校作为培养人才、传承文化的重要阵地,必须准确把握学习贯彻习近平文化思想对建设教育强国和培育时代新人的重要意义,坚持以习近平文化思想为指导,推动各项工作落地见效。在大学文化建设中,要始终坚持以习近平新时代中国特色社会主义思想为指导,深入学习贯彻习近平文化思想,深刻领会其核心要义。充分发挥自身学术优势、人才优势和智力优势,汇聚各方智慧与力量,紧密结合时代发展的新要求,在真学、真懂、真信、真用上下功夫,通过体系化研究、学理化阐释,不断提升研究的深度和广度,从整体上把握习近平文化思想的内在逻辑和结构体系,挖掘其背后的理论价值和实践意义,更加全面、深入地理解习近平文化思想,为高校文化理论创新与实践发展提供有力支撑。

高校要将习近平文化思想这一强大思想武器和科学行动指南自觉贯彻落实到大学文化建设的各方面和全过程。"习近平文化思想对于高校肩负起文化传承创新使命,做好新时代宣传思想文化工作具有重要指导意义。高校要落实立德树人根本任务,在着力培育时代新人上下功夫;要提高思想认识和政治站位,在宣传思想文化创新上出实招;要认真履行自身职责和使命,在加强自身文化建设上见成效。"[1]秉持"不忘本来、吸收外来、面向未来"的核心理念,强

---

[1] 续梅:以习近平文化思想为指导勇担高校文化传承创新使命,《中国高等教育》2024年第Z1期,第4页。

化政治担当,勇于改革创新,敢于善于斗争,扎根于中国实践的沃土,致力于构建具有中国特色、中国风格、中国气派的学科体系、学术体系、话语体系,展现中国文化的自信与魅力,以高水平哲学社会科学研究成果不断开创新时代高校大学文化建设工作新局面。高校要在贯彻落实习近平文化思想的生动实践中及时将理论创新成果转化为育人资源,坚持从中找方向、找思路、找方法、找答案,持续巩固壮大奋进新时代的主流思想舆论,在实践中努力推动形成与新时代高等教育体系与格局相一致的师生思想观念、精神面貌、文明风尚和行为规范,努力在建设社会主义文化强国、建设中华民族现代文明的奋斗和实践中展现新气象、实现新作为。

中华优秀传统文化博大精深、源远流长,是中华民族不断发展壮大的精神命脉,是中国特色社会主义伟大事业的生长沃土,更是中国立于世界文化之林的深厚根基。新时代,推动社会主义文化繁荣发展,要求大学文化有所作为,尤其是要大力传承与弘扬中华优秀传统文化。这就要求,大学文化必须坚定中华文化立场、传承中华文化基因、展现中华文化精神风貌,深入探索中华优秀传统文化中蕴含的思想观念、人文精神和道德规范,结合大学办学特质,实现优秀传统文化的现代性转化,赓续传统文化中丰富的精神文化资源生成新时代的大学精神文化。要在大学文化建设中,立足自身实际,在汲取中华优秀传统文化丰厚滋养、加强中华优秀传统文化研究阐释上发挥科研优势,努力在传承和弘扬上加强创新、在转化和发展上加强创新,在深化研究中华优秀传统文化的同时,积极推动中华优秀传统文化创造性转化、创新性发展。我国很多大学办学历史悠久,积淀了丰富的文化遗产和深厚的文化底蕴,这些不仅是推动大学自身持续进步的精神财富,同时也是构成国家文化软实力的基石。因此,大学必须增强对这些珍贵文化遗产的保护与研究力度,坚持"民族的就是世界的",弘扬其中跨时空、超国界的文化精神,使广大学生能够深入认识并传承这些文化的精髓,使中华文明的文化基因与现代社会相协调。

昂扬向上的革命文化是中国特色社会主义文化的重要组成部分,它承载着党的初心和使命,体现了党的理想信念和革命精神。新时代大学文化建设的重要使命之一就是要传承好中国共产党革命文化。中国共产党革命文化,是中国共产党领导中国人民在革命、建设和改革的伟大斗争中,在近代中国从站起来到富起来再到强起来的历史、理论、实践逻辑中建构的具有典型中国特色的文化内容,是中国共产党人和广大人民群众共同奋斗积累形成的优良传统和品格风范的集中体现,是中国共产党革命历史留给今天的文化瑰宝和精神财富,是新时代实现"两个百年"奋斗目标,推进中华民族伟大复兴的强大精神动力。这样的革命文化今天遍布于革命遗址、革命文物、革命书籍、革命故事、革命人物之中,凝结着中国共产党的光辉历史,是中国共产党人不忘初心、牢记使命、坚定前行的力量源泉。它丰富的文化底蕴、独特的文化内涵、强大的文化功能、鲜明的文化导向,为新时代我国大学文化建设提供了丰厚的政治滋养和强大的精神力量,需要在大学精神文化建设中得到全面、系统、有效的传承与弘扬。大学文化建设要坚持以习近平文化思想为指导,深入挖掘革命文化中蕴含的思想观念、人文精神和道德规范,并结合时代要求进行继承和创新,注重依托革命精神凝练现代大学精神,注重加强革命精神育人功能,让革命文化展现出永久魅力和时代风采,为凝聚价值共识、激励团结奋斗提供精神动力和文化支撑。

大学文化建设要引领社会主义先进文化之风。社会主义先进文化是指以马克思主义为指导,以培养有理想、有道德、有文化、有纪律的"四有公民"为目标的面向现代化、面向世界、面向未来的,民族的科学的大众的具有特色社会主义的文化。社会主义先进文化的建立与发展符合先进生产力发展要求,代表着历史发展方向,在改革创新实践中实现了社会主义先进文化的民族性、科学性、大众性和开放性、包容性的有机统一,有力推动着社会生产力的发展,这是社会主义先进文化的优越性所在,也是文化自信的源泉和动力。中国共产党始终代表先进文化的前进方向,"中国共产党从成立之日起,既是中国先进文化的积极引领者和践行者,又是中华优秀传统文化的忠实传承者和弘扬者。当代中国共产党人和中国人民应该而且一定能够担负起新的文化使命,在实践创造中进行文化创造,在历史进步中实现文化进步!"[1]新中国成立以来,社会主义先进文化为中国经济发展和社会全面进步,为全社会形成共同的理想和精神支柱,激励人们团结一致,克服困难,争取各项事业取得更大胜利提供了强大精神动力。"大学精神文化建设既要充分体现社会主义先进文化的本质属性,也要适应社会先进文化发展的时代要求,要力争能够引领社会主义先进文化之风。"[2]大学文化要始终坚持和巩固马克思主义的指导地位,深入贯彻落实习近平新时代中国特色社会主义思想,坚持文化建设的人民立场,把文化建设与促进人的全面发展结合起来,坚决抵制和消除各种落后的、腐朽的思想文化的影响,保证文化建设始终沿着正确方向发展,创造性地推进社会

---

[1] 习近平著:《决胜全面建成小康社会 夺取新时代中国特色社会主义伟大胜利——在中国共产党第十九次全国代表大会上的报告》,人民出版社2017年10月第1版,第50页。
[2] 李栋宣著:《文化自信视域下大学文化的传承与创新》,西南师范大学出版社2020年6月第1版,第137页。

主义先进文化建设,更好构筑中国精神、中国价值、中国力量,为经济社会发展提供有力的思想保证、精神动力和智力支持。

习近平总书记强调,"中国特色社会主义文化,源自于中华民族五千多年的文明历史所孕育的中华优秀传统文化,熔铸于党领导人民在革命、建设、改革中创造的革命文化和社会主义先进文化。植根于中国特色社会主义伟大实践。"[①]在 5 000 多年文明发展中孕育的中华优秀传统文化,在党和人民伟大斗争中孕育的革命文化和社会主义先进文化,积淀着中华民族最深层的精神追求,代表着中华民族独特的精神标识。大学文化建设要充分发挥大学的文化优势,发掘其内在的文化潜能,大力发展社会主义先进文化,弘扬革命文化,传承中华优秀传统文化,努力使大学成为中国特色社会主义文化建设的新高地。

(三) 新时代大学文化建设要始终坚持马克思主义在意识形态领域的指导地位

"意识形态决定文化前进方向和发展道路。"[②]习近平总书记强调:"我们的同志一定要增强阵地意识。"[③]大学文化建设中必须牢牢守住意识形态阵地,抵御各种腐朽意识形态的侵袭,为师生精神的健康成长提供良好的环境。

"意识形态工作是党的一项极端重要的工作"[④],它关乎一个国

---

① 习近平著:《决胜全面建成小康社会 夺取新时代中国特色社会主义伟大胜利——在中国共产党第十九次全国代表大会上的报告》,人民出版社 2017 年 10 月第 1 版,第 41 页。
② 习近平著:《决胜全面建成小康社会 夺取新时代中国特色社会主义伟大胜利——在中国共产党第十九次全国代表大会上的报告Ⅱ》,人民出版社 2017 年 10 月第 1 版,第 41 页。
③ 中共中央党史和文献研究院编:《习近平关于总体国家安全观论述摘编》,中央文献出版社 2018 年 4 月第 1 版,第 104 页。
④ 习近平著:《习近平谈治国理政》,外文出版社 2014 年 10 月第 1 版,第 153 页。

家、一个政党、一个民族的前途命运。历史和现实都警示我们,舆论阵地没有真空,不是正面声音去占领,就必然被负面声音所充斥。在这个信息爆炸的时代,各种思想文化相互激荡,意识形态领域的斗争尖锐复杂。历史虚无主义等错误思潮对我国革命、建设的历史进行歪曲和否定,其目的就是要搞乱人心,煽动推翻社会主义政权。如果这些错误思潮泛滥,势必会导致人们思想认识混乱,削弱人们对党的信任和对中国特色社会主义的信心,威胁党的执政地位和国家政权安全。因此,我们必须高度重视并切实加强意识形态工作,有力批驳各种错误思潮和观点,坚决维护党的执政地位和国家政权安全。马克思曾指出:"如果从观念上来考察,那么一定的意识形态的解体足以使整个时代覆灭。"[1]习近平总书记坚持和发展了这一思想,他指出,"一个政权的瓦解往往是从思想领域开始的,政治动荡、政权更迭可能在一夜之间发生,但思想演化是个长期过程。思想防线被攻破了,其他防线就很难守住"。[2] 在意识形态领域斗争上,我们没有任何妥协、退让的余地,必须把意识形态工作的领导权、管理权、话语权牢牢掌握在手中,任何时候都不能旁落,否则就要犯无可挽回的历史性错误。

高校是意识形态斗争的前沿阵地。高校是青年人最多、思想最活跃、知识最密集、网络技术应用最快的地方,是多种思潮的汇集地,也是敌对势力争夺青年的重要阵地,更是各种文化交流交锋交融的复杂阵地。在市场经济的背景下,各种文化来来往往,有的相

---

[1] 中共中央马克思、恩格斯、列宁、斯大林著作编译局译:《马克思恩格斯全集·第46卷》(下册),人民出版社1980年8月第1版,第35页。
[2] 中共中央党史和文献研究院编:《习近平关于防范风险挑战、应对突发事件论述摘编》,中央文献出版社2020年9月第1版,第36页。

第五章　新时代我国大学文化建设的实践路径

互交融,有的相互排斥,文化繁荣的表象下暗流涌动,伴随着各种网络社交平台的出现,使得各种异质文化有了可以随时着陆的基地,意识形态领域的斗争形势复杂多变。一些非主流的意识形态和西方文化因其满足了学生的猎奇心与反叛性,容易得到了青年学生的追捧,造成了他们短暂的意识形态摇摆与迷茫。"旗帜就是方向、就是道路、就是形象,同时也就是主义、就是意识形态。"①高等学校肩负着学习研究宣传马克思主义、培养中国特色社会主义事业建设者和接班人的重大任务。加强高校意识形态建设,事关党对高校的领导,事关全面贯彻党的教育方针,事关新时代中国特色社会主义事业后继有人,对于巩固马克思主义在意识形态领域的指导地位,巩固全党全国各族人民团结奋斗的共同思想基础,具有十分重要而深远的意义。"大学文化建设要旗帜鲜明地巩固主流意识形态,肩负好学习研究宣传马克思主义、培育弘扬社会主义核心价值观,推动实现中华民族伟大复兴中国梦的崇高文化使命。"②

习近平总书记强调,"要着力建设具有强大凝聚力和引领力的社会主义意识形态"。③ 面对多元社会思潮的冲击,大学文化建设必须坚持和巩固马克思主义在意识形态领域的指导地位,牢牢守住意识形态阵地。坚持马克思主义的指导地位,是中国革命、建设、改革取得不断胜利的基本经验。"在坚持马克思主义指导地位这一根本问题上,我们必须坚定不移,任何时候任何情况下都不能

---

① 侯惠勤著:《马克思的意识形态批判与当代中国》,中国社会科学出版社,2010年5月第1版,第16页。

② 李栋宣著:《文化自信视域下大学文化的传承与创新》,西南师范大学出版社2020年6月第1版,第142—143页。

③ 习近平著:《高举中国特色社会主义伟大旗帜　为全面建设社会主义现代化国家而团结奋斗:在中国共产党第二十次全国代表大会上的报告》,人民出版社2022年10月第1版,第43页。

有丝毫动摇。"[①]马克思主义为我国社会主义文化指明了发展方向，也为大学文化建设指明了发展方向，在新时代强化大学文化正确方向，必须高举习近平新时代中国特色社会主义思想。不断巩固马克思主义在意识形态领域的指导地位，是坚持社会主义办学方向的根本要求，是推进高等教育综合改革、科学发展，办好世界一流大学的内在逻辑。办好中国特色社会主义大学，就是要旗帜鲜明地讲马克思主义，就是要坚持不懈用中国特色社会主义武装头脑，用社会主义核心价值观凝聚人心，不断增强广大青年学生的道路自信、理论自信、制度自信。

要切实发挥思政课立德树人关键课程作用，坚持用党的创新理论武装师生头脑，坚持用习近平新时代中国特色社会主义思想凝心铸魂，坚持用新时代中国特色社会主义伟大实践凝聚师生思想共识。习近平新时代中国特色社会主义思想是马克思主义中国化最新成果，是当代中国马克思主义、21世纪马克思主义。我们要持续深化学习教育，推动这一重要思想深入人心、落地生根，不断增进政治认同、思想认同、理论认同、情感认同，引导师生时刻保持清醒头脑，自觉践行社会主义核心价值观，树立正确的世界观、人生观、价值观，不断坚定文化自信。

要始终坚持和加强党对意识形态工作的全面领导。各级党委（党组）要切实负起政治责任和领导责任，落实意识形态工作责任制，加强对各类意识形态阵地的管理，牢牢掌握意识形态工作的主动权、主导权和话语权，严格落实意识形态工作责任制和网络意识

[①] 习近平：在庆祝中国共产党成立九十五周年大会上的讲话，《人民日报》2016年7月2日，第2版。

形态工作责任制,时刻强化阵地意识和责任担当,旗帜鲜明地唱好主旋律、打好主动仗,时刻压紧压实各级党组织的主体责任和领导干部的政治责任,发扬斗争精神和斗争本领,在大是大非问题上敢抓善管,在意识形态挑战面前敢于"亮剑",善于斗争,切实维护意识形态安全和政治安全。高校宣传部门作为党委主管意识形态工作的综合职能部门,要切实发挥好牵头抓总作用,统筹指导、督促协调各方面做好意识形态工作。各相关部门要主动担责、各司其职,切实履行好"一岗双责",抓好本部门本单位本领域意识形态工作。要在习近平文化思想指导下,在巩固壮大奋进新时代的主流思想舆论、巩固传统阵地、占领新兴阵地、弘扬主旋律、传播正能量等方面有新作为,切实提高舆论引导能力,牢牢把握正确舆论导向,确保一切工作都有利于坚持党的领导和社会主义制度,有利于推动改革发展,有利于凝聚师生,有利于维护校园稳定。

要进一步提高高校意识形态工作的质量和水平,把握好时、度、效,增强吸引力和感染力。意识形态工作的本质是政治工作,通过教育引导、舆论宣传、文化熏陶、实践养成、制度保障等方式,把广大师生紧紧团结在党的周围,坚定跟党走中国特色社会主义道路。意识形态工作是一项复杂的系统工程,需要全党动手、全社会参与,做好意识形态工作必须坚持齐抓共管、形成合力。当前,面对风云变幻的国际形势,面对艰巨繁重的国内改革发展稳定任务,我们更需要切实做好意识形态工作,才能使全体人民在理想信念、价值理念、道德观念上紧密团结在一起,为党和国家事业发展提供强大精神动力。要持续健全网络综合治理体系,提高网络综合治理效能,坚持正能量是总要求、管得住是硬道理、用得好是真本事,建立一体化联动工作机制。要进一步加强对学生社团的科学引导和规范管理,多措并举确保校园意识形态安全,牢牢掌握意识形态工作领导权,为实现中华民族伟大复兴的中国梦提供坚强思想保证和强大精神力量。

二、坚持立德树人,坚定新时代大学文化建设的育人导向

"高校立身之本在于立德树人。"①立德树人是我国教育的根本任务,也是新时代大学文化建设的育人方向。坚持这一育人方向,引导大学文化建设把培养德智体美劳全面发展的社会主义建设者和接班人作为重要使命,新时代大学文化建设才能顺利推进。

立德树人这一概念内涵丰富。"立德"一词最早出现在《左传》中:"大上有立德,其次有立功,其次有立言,虽久不废,此之谓不朽。"(《左传·襄公二十四年》)。立德、立功、立言是人生不朽的三种方式。立德主要是指成就高尚的道德品质,像尧舜、文王、周公那样,因为他们的道德品质高尚而被人尊称为圣人,为后世之楷模。他们以自己的德行感化人心,成为后人学习的榜样。立功则是指建立功业,因为所创立的成就而为后世敬仰。这些功绩不仅仅是个人的荣耀,更是对国家和民族的贡献。立言则是指对为人处事有所言说,因为真知灼见而为后世学习。这些言论不仅仅是个人的智慧结晶,更是对后人的一种启迪和引导。在这三者之中,立德被放在首位,突出的是高尚的道德品质。因为在儒家那里,立德,其核心含义是成为一个道德高尚的人,然后以自己的高尚品质影响感召世人,兼济天下,使世人都能得到教化,老百姓安居乐业。因此,这种高尚的

---

① 习近平著:《习近平谈治国理政》(第二卷),外文出版社 2017 年 11 月第 1 版,第 377 页。

道德品质才是最为人所称道，最值得人们去追求的。"树人"一词的首次出现可以追溯到《管子·权修》一书中，其中提道："一年之计，莫如树谷；十年之计，莫如树木；终身之计，莫如树人。"这本书是由刘向编纂的，汇集了先秦时期各学派的言论。尽管书中融合了法家强调法律的重要性和儒家倡导的道德教育，但"树人"的概念在这里被明确阐述。所谓"树谷"，指的是通过种植谷物，使其从种子成长为可食用的作物。而"树木"则是指让树木从种子发展成参天大树。同样地，"树人"意味着激发人的潜能，帮助他们成为理想中的自我。因此，"树人"的核心在于促进个体的各种潜在能力和才华的发展，使其成长为应有的模样。

立德树人的内涵与要求不是抽象的、不变的，它的具体内涵随着时代的变化发展而变化发展，具体时代的要求必然会反映到立德树人的内涵与要求中去，从而使得立德树人的要求带有时代的特征。我国教育的社会主义性质决定了所立之德必须是社会主义的道德，所树之人必须是社会主义建设需要的人。社会主义道德作为立德树人的重要内容，其核心在于培养学生具备社会主义核心价值观，成为有理想、有道德、有文化、有纪律的社会主义建设者和接班人。社会主义道德的内涵丰富多样，包括爱国主义、集体主义、诚实守信、尊老爱幼等传统美德，同时也融入了创新、协调、绿色、开放、共享的新发展理念。这些道德观念不仅是个人行为的准则，也是社会发展的基石。通过教育引导学生树立正确的世界观、人生观和价值观，使他们能够在未来的生活中做出有益于社会、有益于人民的贡献。在当今这个快速变迁的时代，立德树人的内涵与要求也在不断地演变和深化。过去，人们可能更多地关注于道德教育和行为规范的培养，而在今天，随着科技的进步和社会的发展，新的挑战和机遇不断涌现,立德树人的内涵变得更加丰富和复杂。例如,随着信息技术的普及,网络素养和数字公民意识成为新时代立德树人的重要内容。学生们不仅需要掌握基本的计算机操作技能,还需要具备辨别网络信息真伪的能力,以及在使用社交媒体时保持礼貌和尊重他人隐私的意识。此外,环境保护和可持续发展的理念也逐渐融入了教育体系,培养学生们的环保意识和责任感成为立德树人的新要求。同时,全球化的趋势也对立德树人提出了新的挑战。在多元文化的交融中,如何培养学生的国际视野和文化包容性,使他们能够在不同文化背景下进行有效沟通和合作,成为现代教育者面临的重要课题。这不仅仅是语言能力的提升,更是对价值观、思维方式和人际交往能力的综合培养。因此,立德树人的具体内涵是与时俱进的,它反映了社会发展的需求和人类进步的方向。教育者们需要不断地更新教育理念和方法,以适应不断变化的时代背景,确保培养出既有深厚文化底蕴又具备现代素养的新一代人才。

(一)要坚持社会主义核心价值观在大学文化建设中的引领作用

价值观是文化的灵魂。文化建设要以一定的价值观念为核心,价值观是决定文化的最深层次要素。社会主义核心价值观是中国特色社会主义文化的内核,它是反映现阶段中国人民价值认同的"最大公约数"和共同期待、集中体现国家基本制度特征和社会发展特征的国家文化软实力。具体而言,"富强、民主、文明、和谐"是国家层面的价值目标,是近代以来亿万中华儿女上下求索、历经艰辛确立的奋斗目标和追求的最大利益;"自由、平等、公正、法治"是社会层面的价值取向,体现了社会主义的本质要求,是国家价值目标与个人价值追求的有机结合;"爱国、敬业、诚信、友善"是公民个人层面的价值准则,凝结着中华优秀传统文化的精髓要义,体现了中国人独有的精神特质。积极培育和弘扬社会主义核心价值观,能够引导人、启迪人、教育人,使人们成为明大德、守公德、严私德的现代公民,从而充分发挥铸魂育人的作用。社会主义核心价值观的提出,是我国思想文化领域的重大理论创新,为坚持和发展中国特色社会主义提供了强大的精神支撑,为推进中国特色社会主义伟大事业、加强我国文化软实力建设凝聚了巨大的精神动力。当今社会,利益关系复杂,多种意识形态与思想观念相互碰撞,多元文化相互交融,社会主义核心价值观作为中国特色社会主义文化的精髓,体现了国家和政党价值目标、社会价值规范、公民价值准则的统一,为我国大学文化建设提供了基本的价值理念和价值支撑,对于引领大学文化建设具有不可替代的价值导向作用。

社会主义核心价值观为大学文化建设提供了明确的价值导向,引导师生树立正确的世界观、人生观和价值观。具体而言,在学术氛围方面,社会主义核心价值观倡导的"富强、民主、文明、和谐"等理念,激励着高校师生追求更高层次的学术成果,为国家的繁荣发展贡献智慧。在师生关系上,"友善、平等"等价值观促使教师尊重学生个性发展,构建和谐的师生互动关系。在校园活动中,社会主义核心价值观引导校园活动朝着积极健康、富有教育意义的方向开展。例如,清华大学始终将社会主义核心价值观融入学校的理论研究与学科建设中,通过开展一系列的理论研讨活动,不断丰富社会主义核心价值体系在高校学术领域的内涵,这为构建具有中国特色的和谐大学文化提供了坚实的理论依据。

社会主义核心价值观在大学文化建设中具有精神引领作用。社会主义核心价值观是中国特色社会主义先进文化的本质和灵魂,在我国社会思想文化发展中处于主导地位,是引领社会思潮、凝聚社会共识的强大精神力量。伴随着经济全球化、政治多极化和文化多元化的深入发展,西方国家的"和平演变"战略转化为深层次的价值观渗透,世界范围内的思想文化交流对我国产生了深刻的影响,形成了各种社会思潮的交流、交锋甚至碰撞的局面,主流的与非主流的同时并存,先进的与落后的相互交织。青年学生处于价值观形成阶段,尤其需要加强社会主义核心价值观教育,激浊扬清,不断激发师生的爱国热情、民族自豪感和社会责任感,形成积极向上的校园文化氛围。例如,一些高校举办纪念抗战胜利的主题活动,以社会主义核心价值观为精神引领,让师生深刻感受到民族精神的伟大,从而激发他们的爱国热情和社会责任感,使得校园中充满积极向上的正能量。

社会主义核心价值观有助于提升大学文化的凝聚力。大学文化的功能突出体现在凝聚力上,而凝聚力主要靠人们对共同价值观的认同,价值认同是大学文化认同的核心。社会主义核心价值观一旦作为大学的价值准绳深入人心,就能巩固大学文化建设这一宏大的系统工程。一所大学的文化软实力,从根本上说,取决于其践行核心价值观的生命力、凝聚力、感召力。社会主义核心价值观体现了强大的文化软实力,中国特色社会主义价值观念遵循国家层面的价值目标、社会层面的价值取向、公民个人层面的价值准则,这与西方资本主义国家宣扬"自由、民主、平等"口号下个人主义价值观的要求截然不同,中国特色社会主义制度属性决定了国家好、社会好才能人人好的价值实现路径。正是这种价值观念使每一个社会成员把自己的机遇和国家、社会的发展相联系;把自己的目标和国家、社会的目标相统一;把自己的命运和国家、社会的命运相结合。社会主义核心价值观倡导的行为准则,如诚信、友善、敬业等,为师生提供了行为规范和道德标准,有助于促进校园和谐稳定。比如,很多高校建立了诚信档案,将学生的考试诚信、学术诚信等纳入其中,这就是社会主义核心价值观中诚信准则在校园中的具体体现,有助于营造和谐稳定的校园环境。

总之,在世界局势纷繁复杂、科学技术日新月异、综合国力竞争日趋激烈、各种思想文化相互激荡的新形势下,大学培育和践行社会主义核心价值观,有利于巩固马克思主义指导地位,巩固中国特色社会主义共同理想,巩固全党全国各族人民团结奋斗的共同思想基础。为此,大学文化建设要紧紧围绕培育和践行社会主义核心价值观这一主题,紧紧围绕强国建设、民族复兴伟业,注重宣传教育、示范引领、实践养成相统一,注重政策保障、制度规范、法律约束相衔接,使社会主义核心价值观融入大学文化建设。

要注重把培育和践行社会主义核心价值观融入大学文化建设的全过程。社会主义核心价值观是当代中国精神的集中体现。习近平总书记在同北京大学师生座谈时指出:"我为什么要对青年讲讲社会主义核心价值观这个问题?是因为青年的价值取向决定了未来整个社会的价值取向,而青年又处在价值观形成和确立的时期,做好这一时期的价值观养成十分重要。这就像穿衣服扣扣子一样,如果第一粒扣子扣错了,剩余的扣子都会扣错。人生的扣子从一开始就要扣好。"[①]培育和践行社会主义核心价值观要从小处抓起、从大学教育抓起。坚持育人为本、德育为先,围绕立德树人的根本任务,把社会主义核心价值观纳入大学文化建设总体规划,贯穿

---

① 习近平著:《习近平谈治国理政》,外文出版社2014年10月第1版,第172页。

于大学教育和管理各环节,覆盖到大学所有受教育者,形成课堂教学、社会实践、校园文化多位一体的平台,不断完善社会主义核心价值观教育,形成有效形式和长效机制,努力培养德智体美劳全面发展的社会主义建设者和接班人。首先,要注重将社会主义核心价值观融入课堂教学环节。充分发挥高校思想政治课的主阵地作用,注重思政课程与课程思政同向同行,协同育人,将社会主义核心价值观融入教学内容,贯穿于教学的各个环节。要适应大学生特点和成长规律,深化大学生思想道德建设和思想政治教育,构建大学德育课程体系和教材体系,创新大学思想政治理论课教育教学,推动社会主义核心价值观进教材、进课堂、进学生头脑。完善大学、家庭、社会三结合的教育网络,引导广大家庭和社会各方面主动配合大学教育,以良好的家庭氛围和社会风气巩固大学教育成果,形成家庭、社会与大学携手育人的强大合力。其次,要注重开展实践活动,注重行为养成。通过组织丰富多彩的校园文化活动,如主题演讲、志愿服务、社会实践等,让学生在实践中感悟和践行社会主义核心价值观。要进一步完善实践教育教学体系,开发实践课程和活动课程,加强实践育人基地建设,打造大学生校外实践教育基地、实训基地、青年社会实践活动基地,组织大学生参加生产劳动和爱心公益活动、益德益智的科研发明和创新创造活动、形式多样的志愿服务和勤工俭学活动,让青年学生从中深刻体会到"友善""奉献"等价值观的内涵,提高学生的社会责任感。再次,要注重营造积极向上的校园文化氛围。利用校园广播、网络、宣传栏等媒介,广泛宣传社会主义核心价值观,营造浓厚的校园文化氛围,充分发挥大学文化的熏陶作用。同时,加强校园环境建设,打造具有社会主义核心价值观特色的校园景观。例如,有的高校在校园内设置了社会主义核心价值观主题雕塑、宣传标语牌等,这些直观的元素能够时刻提醒师生秉持社会主义核心价值观。

要注重加强社会主义核心价值观与大学文化建设的深度融合。在全球化和信息化的背景下,社会主义核心价值观引领大学文化建设面临多重挑战。一是多元文化对大学文化建设带来冲击,如何保持社会主义核心价值观的主导地位是一个挑战。例如,西方文化中的一些个人主义、消费主义价值观通过网络、电影等渠道在大学生群体中传播,可能影响他们对社会主义核心价值观的接受和认同。二是学生思想多元带来的挑战。当代大学生思想活跃,价值观多元,如何引导他们树立正确的价值观具有挑战。随着社会的发展,大学生接触到的信息越来越复杂,他们的价值观受到家庭、社会、网络等多方面因素的影响,不同学生可能有不同的价值取向。为此,要进一步注重大学文化建设与培育和践行社会主义核心价值观的深度融合,不断完善社会主义核心价值观引领大学文化建设的有效路径和长效机制,推动大学文化建设取得更加显著的成效。尤其值得强调的是大学的制度建设是大学推广社会主流价值的重要保证。要把社会主义核心价值观贯彻到制度建设的实践中,用制度增强人们培育和践行社会主义核心价值观的自觉性。注重把社会主义核心价值观相关要求上升为具体制度规定,充分发挥制度的规范、引导、保障、促进作用,形成有利于大学培育和践行社会主义核心价值观的良好制度保障。将社会主义核心价值观融入大学制度建设和治理工作中,形成科学有效的诉求表达机制、利益协调机制、矛盾调处机制、权益保障机制。同时,要创新大学治理,完善激励机制,褒奖善行义举,实现大学治理效能与道德提升相互促进,形成好人好报、恩将德报的正向效应。在学术研究、师生关系、校园环境等方面都形成具有社会主义核心价值观特色的制度体系,完善学生守则、大学规范,强化规章制度实施力度,在日常治理中鲜明彰显社会主流价值,使正确行为得到鼓励、错误行为受到谴责,形成有利于弘扬社会主义核心价值观的良好政策导向、利益机制和文化环境。同时,要建立完善相应的政策评估和纠偏机制,防止出现具体政策措施与社会主义核心价值观相背离的现象。

(二)要加强中华优秀传统文化教育,夯实大学文化建设的深厚土壤

中华优秀传统文化是中华民族的根与魂,蕴含着丰富的哲学思想、人文精神、道德观念和艺术审美,是涵养社会主义核心价值观的重要源泉,也是我们在世界文化激荡中站稳脚跟的坚实根基。党的十八大以来,习近平总书记高度重视中华优秀传统文化的传承发展,深刻指出,"中华优秀传统文化是我们最深厚的文化软实力,也是中国特色社会主义植根的文化沃土。"[1]中华优秀传统文化是历史的积淀,更是民族精神的体现,对于塑造大学生的价值观念、行为准则和审美情趣具有不可替代的作用。弘扬和传承中华优秀传统文化,是新时代大学文化建设的重要使命,也是大学文化建设的重要内容。

中华优秀传统文化是中华民族的基因,讲仁爱、重民本、守诚信、崇正义、尚和合、求大同等传统精神文化深深植根于中国人内心,潜移默化影响着中国人的思想方式和行为方式。2017年3月,教育部颁发了《完善中华优秀传统文化教育指导纲要》(以下简称

---

[1] 习近平著:《论党的宣传思想工作》,中央文献出版社2020年11月第1版,第90页。

《纲要》),为新形势下加强中华优秀传统文化教育作出了部署。《纲要》明确指出,"大学阶段,以提高学生对中华优秀传统文化的自主学习和探究能力为重点,培养学生的文化创新意识,增强学生传承弘扬中华优秀传统文化的责任感和使命感。"为此,要"以弘扬爱国主义精神为核心,以家国情怀教育、社会关爱教育和人格修养教育为重点"[①],开展中华优秀传统文化教育。可见,《纲要》对加强大学生中华优秀传统文化教育的目标诉求及教育重点有了宏观指导和整体规划。在这一框架下,高校可以着重从以下几个方面来加强大学生中华优秀传统文化教育。

首先,以中华优秀传统文化中的"修齐治平"思想、自强不息精神、"天下兴亡,匹夫有责"的担当,培育学生家国情怀。中国传统文化饱含家国情怀,既重视以孝为先的家庭伦理,又强调民族担当。儒家的"家国同构"理念下的"内圣外王"之道,将个人成长与家国梦想相融合。当下,用中华优秀传统文化教育学生,能促使个人成长与社会、国家发展相结合,激发爱国之情,树立实现中国梦的理想。爱国主义传统是家国情怀的核心,应是大学生传统文化教育的重点。中华民族爱国主义传统丰富,像"天行健,君子以自强不息"的刚健有为、"先天下之忧而忧,后天下之乐而乐"的家国情怀、"天下兴亡,匹夫有责"的担当,还有爱国志士与典故等,都是宝贵精神财富。挖掘这些资源,可激发大学生的爱国情、报国志、兴国心,使其承担历史与时代使命。

其次,依托传统和合文化与"忠恕"之道培育学生和谐仁爱情怀。中国传统文化追求多元和谐,形成深厚的和合文化,这是中华

---

① 《教育部关于完善中华优秀传统文化教育指导纲要》,教社科〔2014〕3号,2014年3月28日,http://www.moe.gov.cn/srcsite/A13/s7061/201403/t20140328_166543.html。

文化首要价值与人文精神精髓。和合文化在不同关系中有诸多体现：人与自然关系上主张"天人合一""万物并育而不相害，道并行而不相悖"，倡导和谐共生；人际关系上主张"仁者爱人"，"忠恕"之道强调推己及人、和衷共济；人与社会关系中崇尚"合群济众"；国家、民族关系倡导"协和万邦"；文明间主张"和而不同"；心灵世界讲究"见素抱朴""安贫乐道"等[①]，贯穿中国文化史。文化是人社会化的重要变量，它规范人们的行为，培养人们对身份、地位的认同，它可以造就人们的心理和人格，可以带给人们以经验、知识和技能，"它不仅使生物的人变成社会的合格成员，而且通过人的社会文化教化造就了伟大的人格。"[②]高校是学生走上社会的中转站，通过开设中国传统文化课程、举办以和谐为主题的文化节等弘扬和合文化的求同存异、相互理解等品格，启发学生树立友善、宽容等情怀，形成良好社会心理与行为，成为良好风尚引领者、和谐社会缔造者。

再次，以中华传统美德的丰富资源以及正己修身的道德修养方法，促进大学生完善人格修养、养成高尚道德品质。中华传统文化富有伦理色彩，蕴含丰富思想道德资源。传统美德是其精髓，包含传统优良道德和共产党人在革命、建设、改革中的优良革命传统，如无私奉献等，是民族的伦理精神支撑。黑格尔曾经说过："传统并不仅仅是一个管家婆，只是把她所接受过来的忠实地保存着，然后毫不改变地保持着并传给后代。它也不像自然的过程那样，在它的

[①] 张立文：和合文化与商道——21世纪经济活动的有效路径，《探索与争鸣》2005年第2期，第5页。
[②] 程旭辉著：《党员干部不可不知的社会学常识》，国家行政学院出版社2011年2月第1版，第126—127页。

形态和形式的无限变化与活动里,仍然永远保持其原始的规律,没有进步。"[1]传统文化在影响现实的同时,也在新时代氛围中发生蜕变,实现转型,获得新生。高校加强中华优秀传统文化教育既要体现传承,更要注重创新。高校应汲取传统美德资源,通过课程、活动等方式将仁爱等传统文化因子转化为大学生的价值追求和道德行为,助力大学生树立正确的人生观和价值观。

虽然家国情怀、社会关爱、人格修养三个维度无法尽述中华优秀传统文化的博大精深,但它们却是促进大学生全面成长成才不可或缺的宝贵财富。高校应紧扣大学生身心特征,顺应时代发展潮流,遵循教育规律,将中华优秀传统文化深度融入育人实践,充分发挥其在立德树人方面的独特优势。

首先,基于学生实际,深化对中华优秀传统文化的挖掘与阐释,提升其教育吸引力,是加强中华优秀传统文化教育的现实切入点。中华优秀传统文化作为中华民族的文化软实力,在经济全球化、政治多极化、文化多元化的今天,部分大学生却对其缺乏深入理解和兴趣,反而易受西方文化影响,对传统文化持轻视态度。网络文化的快餐化、碎片化特点进一步削弱了大学生对传统经典的关注。因此,高校需结合大学生特点,创新教育方式,既深入挖掘传统文化精髓,又在新时代背景下重新阐释,使之焕发新生。同时,将传统文化教育与解决现实问题相结合,引导学生用传统文化智慧思考社会热点,增强文化自信和价值观自信。在挖掘与阐释过程中,应避免过度阐释、盲目通俗以及全盘接受、过度夸大,理性定位传统文化的价值,引导学生辩证看待。

---

[1] [德]黑格尔著;贺麟、王太庆等译:《哲学史讲演录》(第1卷),上海人民出版社,1983年8月第1版,第10页。

其次，结合时代特征，实现对中华优秀传统文化的创造性转化和创新性发展，增强其时代张力，是加强中华优秀传统文化教育的核心要求。高校不应仅满足于让学生熟记古诗美文，而应引导学生深入把握传统文化精髓，处理好继承与创新的关系，强化文化主体意识和创新意识。习近平总书记强调要"古为今用、推陈出新"，明确指出了传承与创新并重的重要性。中华优秀传统文化既是历史的，也是现代的，更是面向未来的。加强其创造性转化和创新性发展，既是传统文化自身发展的需要，也是使其与当代文化、现代社会及大学生兴趣相契合的关键。在此过程中，应坚持正确的政治方向，以马克思主义为指导，同时坚持创新性原则，使传统文化在新时代获得新生。

再次，融入生活实践，积极探索和构建中华优秀传统文化教育实践模式，发挥中华优秀传统文化在立德树人中的突出优势，这是高校加强中华优秀传统文化教育的目标追求。注重躬行实践，强调知行合一，是中华优秀传统文化的重要品格。高校开展中华优秀传统文化教育可以从倡导大学生开展文明修身实践开始，让学生在学习中华传统礼仪文明、加强自身礼仪修养的实践活动中养成良好的思想道德品格和行为规范。高校还可以依托丰富多彩的校园文化活动，通过美德评选、亲情教育、感恩教育、道德教育、生命教育等主题活动，或者举办各种传统文化辩论赛、讨论会、经典诵读比赛、诗词读写比赛、古汉语知识竞赛，以各式主题文化教育为平台，形成系统的传统文化实践教育模式。此外，还可通过组织学生观看传统戏曲、观摩传统工艺流程或民间工艺技能展览、参加或举办各种民间文化节、参观各人文历史景观或建立传统文化实践基地等活动，让学生感受传统文化的真实存在，加深学生对传统文化的领悟和感知,于潜移默化中影响学生的品行操守。借助丰富多彩的实践教育模式,可以使学生在知情意信行的和谐一致中达到传统文化教育的养志、养心、养德、养正的多维教学目标,将传统文化滋养大学生心灵、涵养社会主义核心价值观的育化和源泉作用落在实处。

文以载道,文以化人。在5 000多年的文明演进中,中华文化已经成了中国人独特的精神世界,凝练成百姓日用而不觉得价值观,植根在中国人内心,潜移默化影响着中国人的思想方式和行为方式。今天,加强中华优秀传统文化教育,充分发挥优秀传统文化在立德树人中的独特优势,不仅可以帮助学生更好地理解和传承中华优秀传统文化,还能培养他们的文化自信和价值观自信,为他们的全面成长成才奠定坚实基础。

(三) 要扎实推进校风教风学风建设,注重隐性教育功能发挥

独特的校风、教风和学风是大学文化建设的核心所在。这些元素犹如阳光和空气,决定着万物的生长,直接影响着学生的学习和成长。因此,推进新时代的大学文化建设,必须注重培育优良的校风、教风和学风,以打造高品质的特色校园文化。

培育优良校风是大学文化建设的灵魂。校风代表着学校的整体形象和精神风貌,是师生共同遵循的行为准则和价值观念。积极向上、严谨求实的校风能够激发学生的学术热情,培养他们的创新精神和实践能力。树立正确的办学理念是校风建设的重中之重。办学理念直接决定了大学的发展方向和办学特色,是培育优良校风的首要因素。正确的办学理念能够使全校师生明确学校的办学目标、定位和特色,从而将其转化为共同的追求和行动指南。例如,香港科技大学在建校之初就确立了"创新、进取、国际视野"的办学理念。在这一理念的指引下,学校在学科设置上注重与国际前沿科技接轨,积极引进国际顶尖的科研人才和教育资源。在课程设置方面,强调跨学科的知识融合,培养学生的创新思维和综合能力。这种办学理念贯穿于学校的各项工作之中,逐渐形成了一种积极向上、勇于创新的校风。全校师生在这种校风的影响下,积极参与到学校的建设和发展之中,不断追求卓越。再比如,某农业大学秉持"服务农业现代化"的办学理念,在课程设置上加大了现代农业技术、农业管理等相关课程的比重。同时,还开设了大量的实践课程,让学生深入农村、农场进行实地调研和实习。通过这样的课程设置,不仅让学生掌握了扎实的专业知识,也让他们深刻理解了学校的办学理念,进而形成了务实、勤奋的校风。开展丰富多彩的校园文化活动,是校风建设的活力源泉。校园文化活动是校风建设的重要载体,它能够丰富学生的课余生活,增强学生的凝聚力和向心力,为优良校风的形成注入活力。学校通过举办校园文化节、学术讲座等,不仅拓宽了学生的学术视野,也营造了浓厚的学术氛围。通过文艺比赛、体育竞赛等,不仅丰富了校园文化生活,也培养了学生的团队合作精神和创新能力。体育竞赛则增强了学生的身体素质,同时也激发了学生的竞争意识和集体荣誉感。此外,学校还应鼓励学生社团开展特色活动,通过举办书法展览和书法交流活动等,丰富校园文化的内涵,为不同兴趣爱好的学生提供了展示自我的平台,在全校范围内营造了积极向上、充满活力的校风。

教风是大学文化的基石。它体现在教师的教学态度、方法和风格上,直接影响着学生的学习效果和学术发展。一个严谨治学、注重实践的教风能够引导学生深入思考、积极探索,培养他们的独立思考和解决问题的能力。为了培育优良的教风,学校应该加强教师队伍建设,提高教师的教学水平和专业素养,鼓励教师采用多样化的教学方法和手段,关注学生的个性化需求和发展。强化师德师风建设是教风建设的关键引领。高校是培养高素质人才的摇篮,教师的师德师风直接关系到人才培养的质量。加强师德师风建设,引导教师树立正确的教育观、教学观和师生观,是培育优良教风的关键环节。只有师德高尚的教师,才能培养出德才兼备的学生,为国家和社会的发展输送优秀的建设者和接班人。随着社会的多元化发展,各种思潮相互碰撞,高校教师作为学生成长道路上的引路人,必须具备高尚的师德师风,才能引导学生树立正确的世界观、人生观和价值观。党和国家高度重视高校师德师风建设,将其提升到教育事业发展的战略高度。习近平总书记提出系列关于加强教师队伍建设的重要论述,从"四有好老师"[1]"四个引路人"[2]到"经师"与"人师"相统一[3],从"做学生为学、为事、为人的大先生"[4]到提出教育家精神[5],充分体现了习近平总书记对教师队伍建设的高度重视,明确了教师队伍建设的根本遵循和指导方针。党的十八大以来,出台了

---

[1] 2014年第30个教师节前夕,习近平总书记考察北京师范大学时发表重要讲话,勉励广大教师做有理想信念、有道德情操、有扎实学识、有仁爱之心的"四有"好老师。

[2] "四个引路人"是2016年习近平总书记在北京市八一学校考察时发表的重要讲话所提出的目标。强调广大教师要做学生锤炼品格的引路人,做学生学习知识的引路人,做学生创新思维的引路人,做学生奉献祖国的引路人。

[3] 2022年4月25日,习近平总书记在中国人民大学考察时强调,培养社会主义建设者和接班人,迫切需要我们的教师既精通专业知识、做好"经师",又涵养德行、成为"人师",努力做精于"传道授业解惑"的"经师"和"人师"的统一者。

[4] 2022年4月25日,习近平总书记在中国人民大学考察时强调,"老师应该有言为士则、行为世范的自觉,不断提高自身道德修养,以模范行为影响和带动学生,做学生为学、为事、为人的大先生,成为被社会尊重的楷模,成为世人效法的榜样。"

[5] 2023年教师节前夕,习近平总书记致信全国优秀教师代表,明确提出并深刻阐释了中国特有的教育家精神:心有大我、至诚报国的理想信念,言为士则、行为世范的道德情操,启智润心、因材施教的育人智慧,勤学笃行、求是创新的躬耕态度,乐教爱生、甘于奉献的仁爱之心,胸怀天下、以文化人的弘道追求。

一系列相关政策文件,明确提出要加强教师思想政治教育,提高教师职业道德水平。2018年发布的《中共中央国务院关于全面深化新时代教师队伍建设改革的意见》,是新中国成立以来第一次以中共中央、国务院名义专门针对教师队伍建设发布的重要文件。2019年,教育部等七部门印发《关于加强和改进新时代师德师风建设的意见》[①]的通知,为高校师德师风建设提供了政策依据和方向引领。党的二十大报告首次对教育、科技、人才做出"三位一体"专章部署,明确提出"加强师德师风建设,培养高素质教师队伍,弘扬尊师重教社会风尚"。2024年发布的《中共中央国务院关于弘扬教育家精神加强新时代高素质专业化教师队伍建设的意见》是中共中央、国务院又一次专门针对教师队伍建设发布的重要文件,聚焦弘扬教育家精神,对教师队伍建设提出一系列新思路、新举措、新要求,赋予了新时代人民教师更加崇高的使命和追求。这些举措为新时代提升教师教书育人能力,健全师德师风建设长效机制提供了坚实的制度保障,高校加强师德师风建设取得多方面的显著成效。在制度建设方面,建立健全了师德师风建设的各项制度。例如,很多高校制定了师德师风考核制度,将师德表现纳入教师年度考核、职称评定、岗位聘用等重要环节,明确了师德师风的红线和底线,对违反师德师风的行为制定了严格的惩处措施。在监督机制方面,构建了全方位的监督体系。一方面,高校内部加强了对教师教学、科研、社会服务等各方面行为的监督。例如,有的高校设立了师德师风举报信箱、

[①] 2019年,为深入贯彻落实习近平总书记关于教育的重要论述和全国教育大会精神,落实《新时代公民道德建设实施纲要》和《中共中央国务院关于全面深化新时代教师队伍建设改革的意见》,加强和改进新时代师德师风建设,倡导全社会尊师重教,教育部、中央组织部、中央宣传部、国家发展改革委、财政部、人力资源社会保障部、文化和旅游部研究制定了《关于加强和改进新时代师德师风建设的意见》。

举报电话,鼓励师生对不良师德师风行为进行监督举报。另一方面,引入外部监督力量,接受社会和家长的监督。通过这些监督机制的有效运行,及时发现和纠正了一些潜在的师德师风问题。习近平总书记在中国人民大学考察时强调:"好的学校特色各不相同,但有一个共同特点,都有一支优秀教师队伍。对教师来说,想把学生培养成什么样的人,自己首先就应该成为什么样的人。"①正确的理想信念和坚定的政治信仰是教书育人、播种未来的指路明灯,是立德树人、培根铸魂的航行灯塔。新时代新征程,高校教师要持续增强践行习近平新时代中国特色社会主义思想的思想自觉、政治自觉和行动自觉,坚定对马克思主义的信仰、对中国特色社会主义的信念、对实现中华民族伟大复兴中国梦的信心,以正确的政治方向,引领思想政治素质、师德素养和业务能力全面提升,不断提高教学水平,强化教学责任感,积极推动教学改革创新,以高尚的师德师风、精湛的教学艺术、高超的学术水平,教育和引导青年一代立志成为党和人民所需要的人才,把人生之根、事业之根牢牢扎在祖国大地上。

学风是大学文化的重要组成部分。它体现在学生的学习态度、方法和习惯上,直接关系到学生的学习效果和学术成就。勤奋好学、严谨求实的学风能够激发学生的学习兴趣和动力,培养他们的自主学习能力和团队合作精神。新时代加强高校学风建设是一个多维度、系统性的工程,需要学校、教师、学生以及社会各界共同努力。首先,要强化思想引领,明确学风建设方向。要将思想政治教育贯穿于学风建设的全过程,引导学生树立正确的世界观、人生观

---

① 习近平在中国人民大学考察时强调坚持党的领导传承红色基因扎根中国大地走出一条建设中国特色世界一流大学新路,《人民日报》2022年4月26日,第1版。

和价值观,增强学习的内在动力。通过主题班会、专题讲座等形式,深入开展理想信念教育、诚信教育等,引导学生明确学习目标,端正学习态度。高校党建工作是学风建设的有力保障。应强化学生党员队伍自身的学风建设,将学习态度和学习成绩作为学生党员发展的重要考察指标。同时,通过学生党支部开展学风建设主题教育活动,带动整个班级乃至学院形成良好的学习氛围。其次,要完善制度建设,构建学风建设长效机制。要结合不同年级的特点,制定分年级学业目标教育体系,帮助学生明确各阶段的学习任务和目标。通过学业规划指导、学业预警机制等措施,引导学生科学规划学业,合理安排时间。要建立科学有效的学生考勤管理机制,定期检查学生出勤情况,维护学校秩序和学风。同时,完善奖惩制度,对学风优良的个人和集体给予表彰和奖励,对学风不正的行为进行批评教育和相应处罚。再次,要优化教学环境,提升教学质量。要通过创新教学模式和教学手段,提高课堂教学的吸引力和实效性。在课程建设方面,高校应注重课程内容的吸引力和实效性。鼓励教师采用启发式、讨论式等教学方法,激发学生的学习兴趣和主动性。同时,加强实践教学环节,提高学生的实践能力和创新能力。高校还可以通过设立奖学金、荣誉称号等激励机制来激发学生的学习动力。最后,要强化学生自律意识,培养良好学习习惯。要注重培养学生的自我学习、自我管理和自我发展的能力。通过布置开放性作业、组织学习小组等方式来培养学生的自主学习能力。通过学业规划指导、学习方法培训等措施帮助学生掌握正确的学习方法、养成良好的学习习惯。鼓励学生参加各类学科竞赛和科研活动提高自身综合素质和竞争力。同时,要通过开展自律主题班会、自律承诺签名等活动引导学生增强自律意识,努力养成勤学善思的内在驱动力,让学风建设不仅成为提高教育质量的保证,更是培养全面发展人才的重要抓手。

三、坚持因势而新,坚守新时代大学文化建设的改革创新

习近平总书记指出,"做好高校思想政治工作,要因事而化、因时而进、因势而新。"①当前,我国高等教育正处在全面深化改革的关键历史时期。随着教育体制的深刻变革和人才培养模式的推陈出新,大学文化建设也必然要与时俱进、不断创新和发展,要因势而新。从教育政策的导向来看,国家越来越强调培养创新型人才和提高高等教育的质量,这就对大学文化建设提出了更高的要求。如何在高等教育改革的大背景下,有力地推动大学文化的创新与发展,成为新时代大学文化建设的核心任务之一。

(一) 要坚持理念创新,创建特色鲜明的大学文化

习近平总书记说:"办好中国的世界一流大学,必须有中国特色。没有特色,跟在他人后面亦步亦趋,依样画葫芦,是不可能办成功的。"②大学文化要具有强大的生命力和活力,必须要有自己特色,只有符合自身所处环境的独特的文化,才能在保证自己具有强大生命力的同时也能够发挥大学文化的应有功能和作用。大学文化与国情、域情以及社会结构、思想观念等紧密关联。"既然文化具有传

---

① 习近平:把思想政治工作贯穿教育教学全过程开创我国高等教育事业发展新局面,《人民日报》2016年12月9日,第1版。
② 习近平著:《习近平治国理政》,外文出版社,2014年10月第1版,第174页。

承性,是历史积淀的结果,那么我们观察现在中国大学文化的问题,就必须从中国历史文化特别是中国高等教育文化的历史传统中去找原因。"①在高效发展历史中积淀的办学传统、思维方式以及价值追求,就是凸显其自身特色的大学文化,犹如大学的精神名片,是大学精神、理念和道德的重要标识。习近平指出:"独特的文化传统,独特的历史命运,独特的基本国情,注定了我们必然要走适合自己特点的发展道路。"②,大学文化必须要走自己的路,大学文化建设既要有历久弥新的文化积淀,又要有动态、创新的发展规划,从多方面来传承和弘扬独具特色的大学文化。③ 通过建设和创新特色大学文化,彰显新时代大学文化的鲜明个性。

新时代大学文化建设首先要立足中国特色。习近平总书记在全国高校思想政治工作会议上强调,我们的高校是党领导下的高校,是中国特色社会主义高校。办好我们的高校,必须坚持以马克思主义为指导,全面贯彻党的教育方针。④ 要扎根中国、融通中外,立足时代、面向未来,坚定不移走自己的路。中国特色,不是讲特点,而是指根本属性、根本前提和根本方向,我们办的大学,根本属性是中国特色社会主义大学,根本方向是社会主义办学方向,核心是坚持党的全面领导。因此,立足中国特色加强大学文化建设,首要任务就是要坚持习近平新时代中国特色社会主义思想指导。这就要求我们在大学文化的构建中,既要开放包容,积极吸纳人类文

---

① 廖可斌:中国大学文化转型:历史、现状及路径,《浙江社会科学》2013年第2期,第13页。

② 习近平:胸怀大局把握大势着眼大事 努力把宣传思想工作做得更好,《人民日报》2013年8月21日,第1版。

③ 杨琼,杨朝斌:试论"双一流"建设背景下大学文化的传承与发展,《大学教育》2020年第12期,第40页。

④ 习近平著:《论党的宣传思想工作》,中央文献出版社2020年11月第1版,第276页。

明的一切优秀成果,又要坚守本土,弘扬中华民族优秀传统文化,实现文化的自我革新与自我超越,在全球化浪潮中保持文化定力、坚定文化自信。"当前,在一些地方高校的大学文化建设中,存在着两种值得注意的倾向:一种是西方中心主义,主张中国大学要国际化、要走向世界,应移植以西方文化为代表的现代文化,走与西方大学文化接轨的道路;另一种是复古中心主义,认为要建设中国特色大学文化,不能再继续跟着西方大学文化后面走,应弘扬以儒家文化为代表的中国传统文化,展现中国特色大学文化的世界影响力。前者依赖西方大学文化的移植,后者寄托于古代传统文化的支撑,二者都脱离了当下中国与我国大学文化建设的实际,很难取得实效。"[1]事实上,无论是盲目西化还是简单复古,都无法有效解决我国大学文化建设面临的现实问题。真正的出路在于,以习近平新时代中国特色社会主义思想为指引,既不完全排斥西方文化的先进元素,也不盲目复古,而是要在深刻理解中国国情、把握时代脉搏的基础上,实现中西文化的有机融合与创新发展。这意味着,我们要在借鉴西方现代大学管理经验、教学方法的同时,更加注重对中国传统文化的挖掘、整理与创新转化,使之成为滋养现代大学精神的深厚土壤。总之,坚持中国特色,摆脱盲目崇拜,让大学文化的发展扎根于中国大地,是新时代大学文化建设的必由之路。只有在这一原则的指导下,我们才能构建出既具有深厚文化底蕴,又充满现代气息,既立足中国,又面向世界的具有时代特色和自身特点的大学文化体系,为中华民族的伟大复兴提供强大的精神动力和文化支撑。

---

[1] 王炳林主编、江嵩副主编:《大学文化传承创新研究》(第8辑),光明日报出版社,2020年1月第1版,第8页。

新时代大学文化建设还要注重立足自身特色，彰显鲜明个性。大学文化代表着大学的独特精神气质，是大学办学思想和教育理念的体现。每所大学都承载着其独特的历史印记、地域风情、组织架构与教育使命，这些元素共同塑造了其独有的办学哲学和教育信念。正是这份独特性，赋予了大学以特殊的价值追求，并在文化层面展现出鲜明的个性与特色。从宏观层面看，特色文化为大学提供了明确的发展方向和定位。它让大学在众多高校中脱颖而出，吸引着学子、教师以及社会各界的关注。例如，剑桥大学以其深厚的学术传统和精英教育模式闻名于世，这种特色文化使得剑桥在全球高等教育领域占据着举足轻重的地位。为了保持并强化这种独特性，大学必须深入挖掘自身的内在特质，精心雕琢出一种与众不同的校园文化。这样的文化不仅能够彰显学校的办学特色，更是其生命力的源泉。一旦失去了这种个性化的文化支撑，大学的活力与魅力也将随之消散。可以说，特色是大学的生命力，更是大学文化建设的主导因素。特色文化是大学的重要标识，每所大学也都有着显在或潜在的文化优势。如，地缘优势为大学特色文化的形成奠定了独特的基础。处于青藏高原的高校，那里的广袤与神秘孕育出高校坚韧不拔、勇于探索的精神。像西藏大学，依托当地独特的自然和人文环境，在民族文化研究、高原生态科学等领域形成了鲜明的特色。黄土高坡地区的高校，受厚重与朴实的地域文化影响，具有深沉的历史底蕴和朴实无华的学风。位于祖国北疆的高校，辽阔与壮美的环境激发了师生对自然的敬畏与保护意识。沿海南线的高校则凭借开放与包容的地域文化，积极开展国际交流与合作，形成开放多元的文化氛围。行业优势同样是大学特色文化的重要组成部分。以"农林水"为行业背景的大学，在农业科学、林业资源管理、水利工程等学科方面有着独特的优势。例如,中国农业大学,凭借在农业领域的专业优势,其研究成果不仅推动了我国农业的现代化进程,还在校园内形成了重视农业科技创新、服务"三农"的文化氛围。"地矿油"相关高校也是如此,在地质勘探、矿业开发、石油工程等领域的优势学科,培养出大量专业人才的同时,也塑造了自身独特的文化,如注重实践、勇于开拓的精神。诚然,特色文化的建设并非一蹴而就。它需要大学在传承与创新中不断寻找平衡点,既要保持对传统的尊重与继承,又要勇于开拓创新,不断注入新的元素和活力。这就要求大学在文化建设过程中,注重创造最鲜活、最核心、最具包容性的创新质素。这些创新质素,既可以是学术研究的最新成果,也可以是教学方法的革新,还可以是校园文化的独特创意。它们共同构成了大学文化的核心要素,为大学的发展提供源源不断的动力。以这些创新质素为核心要素,大学可以发展出丰富的文化精神体系。这个体系不仅包括了大学的办学理念、教育目标、学术追求等宏观层面的内容,还涵盖了校园文化的各个方面,如校训、校歌、校徽等微观层面的元素。这些元素共同构成了大学文化的独特标识,使得每所大学都能在自己的文化领域中独树一帜。

(二) 要创新文化传播方式,不断提升国际传播能力

随着信息技术的飞速发展以及全球化浪潮的汹涌推进,大学文化的传播方式和渠道正经历着深刻变革。传统的文化传播方式已难以适应现代大学文化建设的需求,创新文化传播方式、拓宽文化传播渠道成为大学文化建设的核心任务之一。

推动新时代大学文化建设改革创新,要善于同信息技术高度融合,大力加强网络文化传播方式。伴随着科技信息技术的快速发展,青年大学生几乎是无人不网、无日不网、无处不网,互联网成为影响当前大学生思想观念的重要载体。谁赢得了互联网,谁就赢得青年、赢得未来。高校校园网络文化建设是新时代大学文化建设的重要组成部分。它不仅关乎大学生思想观念形成,还直接影响到大学文化的传播与传承。在互联网时代,信息的传播速度极快,影响力广泛,因此,建设一个健康、积极、向上的校园网络文化环境,对于引导大学生树立正确的价值观、世界观和人生观具有不可替代的作用。面对网络文化可能存在的信息过量、良莠不齐以及部分学生存在一定程度的网络依赖等挑战,高校要加强信息筛选与推荐,通过建立信息筛选机制,依托专业的教师团队或者信息管理部门,对校园网络上的信息进行筛选,将优质的学术资源、文化活动信息等推荐给学生。设立专门的信息核实机制,对校园网络上传播的重要信息进行核实,一旦发现虚假信息,及时辟谣,并对传播者进行教育引导。校报校刊是大学文化传播的重要载体,而数字化建设则是其适应互联网时代发展的必然要求。通过大力推进校报校刊的数字化建设,不仅可以提高信息的传播效率和覆盖面,还可以增强与读者的互动性,使大学文化更加贴近师生的生活和学习。为了鼓励更多的教师和学者参与到网络文化建设中来,高校积极探索建立优秀网络文章在科研成果统计、职务职称评聘方面的认定机制显得尤为重要。这一机制可以激励广大教职工积极创作高质量的网络文章,从而丰富校园网络文化的内容,提升其质量和影响力。网络名师是校园网络文化建设的领军人物,他们的言论和观点往往能够引领校园文化的潮流。因此,着力培育一批导向正确、影响力广的网络名师,对于推动校园网络文化建设具有重要意义。同时,立足校园网站建设开办一批贴近师生学习生活的网络名站名栏,可以进一步丰富校园文化生活,提高师生的参与度和满意度。思想理论教育资源网站是校园网络文化建设的重要组成部分。通过打造示范性思想理论教育资源网站,可以为师生提供一个学习、交流、分享的平台,有助于提升师生的思想理论素养和综合素质。同时,这些网站还可以成为对外展示大学文化的重要窗口,增强大学的知名度和影响力。微信公众号等网络新媒体是当前信息传播的重要渠道。积极推进高校微信公众号等网络新媒体建设,可以拓宽大学文化传播的渠道和范围,使更多的社会公众了解和关注大学文化。同时,通过新媒体的互动性和即时性特点,可以更加及时地回应社会关切和师生需求,提高大学文化建设的针对性和实效性。

"建设世界一流大学应坚守大学的文化定位,通过教学、科研和社会服务培养建设未来社会的领导者,在思想观念和科学技术上引领社会并将其服务的国家推向世界一流行列。"[①]推动新时代大学文化建设改革创新,要充分发挥高校自身优势,不断提升国际传播能力。习近平总书记在党的二十大报告中指出:"加强国际传播能力建设,全面提升国际传播效能,形成同我国综合国力和国际地位相匹配的国际话语权。深化文明交流互鉴,推动中华文化更好走向世界。"我国是文明古国、文化大国,正在日益走近世界舞台中央,但我国的国际话语权同我国的综合国力和国际地位相比还不匹配。以文化人,更能融汇心灵;以艺通心,更易沟通世界。大学不仅具有人才培养、科学研究等功能,还具有推进国际传播、促进文明交流互鉴等功能。我们要深刻认识到,在新时代的背景下,大学是传播中华文明的重要阵地,大学文化建设承载着提升国际传播能力和促

---

① 王义遒:建设世界一流大学究竟靠什么,《高等教育研究》2011年第1期,第1页。

进文明交流互鉴的历史重任。这不仅是对大学作为文化传承与创新高地角色的深化,也是对大学在全球化进程中发挥更积极作用的新期待。

大学在文化传播方面具有独特且丰富的优势。新时代大学文化建设,要充分依托学术研究、文化交流、人才培养等途径,不断提升文化传播能力。从学术研究方面来看,大学具有深厚的学术积淀,其学术研究的深度和广度为文化国际传播奠定了坚实基础。例如,清华大学的国学研究院,众多学者在国学研究领域深入挖掘,其成果不仅在国内学术界产生深远影响,也吸引了国际汉学界的关注,使得国学文化得以在国际上传播。据相关研究报告显示,近十年来,我国高校在国际顶级学术期刊上发表的与中国文化相关的论文数量逐年递增,这表明大学的学术研究成果在文化传播中发挥着重要作用。大学广泛的国际交流网络也是文化传播的重要助力。其覆盖范围广泛,与全球众多高校、研究机构建立了合作关系,影响力不容小觑。像北京大学与世界多所知名大学开展了学生交换项目、联合研究等合作,在交流过程中,北大的学生将中国文化带到了世界各地,同时也带回了不同国家的文化元素,促进了文化的双向传播。此外,大学多元化的文化环境具有很强的包容性和创新性。在大学校园里,汇聚了来自不同地区、不同文化背景的学生和教师,这种多元文化的交融碰撞,催生了许多创新的文化传播形式。例如一些高校的国际文化节,各国学生共同参与,展示本国文化特色,在这个过程中,中华文化以一种创新、包容的姿态与其他文化相互交流、相互传播。

近年来,我国大学在拓展文化传播渠道,提升文化传播能力方面积极探索,不断推动中华文化走向世界,讲好中国故事,传播好中国声音。一是大学积极参与"一带一路"建设,在文化交流、教育合作等方面成果显著。例如,厦门大学在"一带一路"沿线国家开展了多项教育合作项目。他们为沿线国家的学生提供了丰富的中文学习课程,通过这些课程,学生们深入了解了中国文化,包括中国的传统艺术、哲学思想等。同时,厦门大学还举办了多场文化展览,展示中国的书法、绘画、传统手工艺品等。据统计,这些活动吸引了沿线国家数千名学生和民众参与,增进了沿线国家对中国的了解和认同,使得中国文化在当地的影响力显著提升。二是大学加强与国外高校和研究机构的合作,共同开展文化研究项目,这在推动中华文化的国际传播方面起到了积极作用。以复旦大学为例,它与美国的一些高校合作开展了关于中美文化比较的研究项目。在这个项目中,双方学者深入探讨了中美文化的差异与共性,复旦大学的学者借此机会向美国学者和学生详细介绍了中华文化的内涵与价值。通过互派学者、联合培养等方式,促进了中外文化交流的深入发展。据调查,参与该项目的美国学生对中华文化的认知度有了明显提升,这表明这种合作方式对文化传播具有明显的效果。三是发挥大学独特窗口作用,向世界展示中华文化的独特魅力、中国特色社会主义制度的优越性以及中国改革开放取得的巨大成就。例如,浙江大学经常举办国际学术会议和文化节。在国际学术会议上,中国学者分享中国在科技、文化等领域的最新研究成果,让世界了解"学术中的中国"、"理论中的中国"、"哲学社会科学中的中国";在文化节上,展示中国的传统艺术表演、美食文化等,让世界了解"发展中的中国"、"开放中的中国"、"为人类文明作贡献的中国"。这些活动增强了对外话语的创造力、感召力、公信力,让世界更加了解中国。在新时代新征程中,大学既面临着机遇,如国际交流日益频繁为文化传播提供了更多机会,现代技术手段为文化传播提供了更多创新方式;也面临着挑战,如国际竞争加剧对文化传播提出了更高要求,文化差异带来的传播障碍等。大学应积极应对这些机遇和挑战,不断发挥自身优势,为中华文化的国际传播和全球文化的交流互鉴贡献更多力量。

(三) 要推动内容创新,培育大学文化新生态

大学文化新生态是指大学在继承传统优秀文化的基础上,结合时代特征和社会需求,通过创新、融合与发展,形成的一种具有鲜明时代特色和高度生命力的文化形态。它涵盖了大学的精神文化、制度文化、行为文化和物质文化等多个方面,是大学综合实力和核心竞争力的重要体现。培育大学文化新生态具有多方面的重要意义。首先,这是提升大学核心竞争力的关键。据相关数据显示,拥有独特且积极的大学文化生态的高校,在科研成果产出、人才培养质量等方面都具有明显优势。其次,这有助于推动高等教育内涵式发展。大学文化新生态能够为高等教育注入新的活力,促使教育从单纯的知识传授向全面的人才培养转变。

以创新精神引领新时代大学精神文化建设。"很多人反思当今中国大学的严重问题,一是太专注于权力,二是太以分配为核心。这两大问题的病根所在是大学精神的式微,甚至丧失。"[1]"大学精神,是一种科学理念,它是建立在对办学规律和时代特征深刻认识的基础之上的。"[2]深邃的大学精神能够激励大学奋发有为。在知识

---

[1] 谈毅,王林媛著:《大学文化建设与价值认同》,上海交通大学出版社2013年8月第1版,第53页。

[2] 王冀生:大学精神与制度创新,《有色金属高教研究》2001年第1期,第6页。

经济蓬勃发展的今天,创新已成为驱动社会前行的核心力量。作为知识与人才汇聚之地,大学有义务也有潜力在文化创新领域扮演引领者的角色,推动大学文化的创新与发展、培育以创新精神引领的新时代大学文化成为必然要求。大学文化应立足于文化创新的风口浪尖。从教育学的创新理论来看,创新是推动大学发展的最强大动力,创新精神是大学精神文化建设的灵魂。如,美国的斯坦福大学,以其鼓励创新的校园文化闻名于世。该校通过提供大量的科研资源和自由的学术环境,鼓励师生进行创新研究。在过去的几十年间,斯坦福大学诞生了众多改变世界的创新成果,如谷歌搜索引擎等。据统计,斯坦福大学的科研成果转化率高达80%以上,这一数据充分显示了创新精神在大学发展中的核心推动作用。它要求大学在科研、教学、管理等方面不断探索新思路、新方法,勇于突破传统束缚,追求卓越。在新时代背景下,大学应更加注重培养学生的创新意识和创新能力,鼓励师生勇于挑战权威,敢于质疑现有理论,为社会的持续进步提供源源不断的智力支持。要加强学科交叉与融合,促进不同学科之间的文化交流与合作,形成多元化的学术氛围和文化生态。这不仅涵盖了科学技术领域的突破,同样也包括人文社会科学领域的革新,因为,高校是我国哲学社会科学"五路大军"中的重要力量。大学要积极开展跨学科研究中心,鼓励不同学科的教师和学生共同开展科研项目,在这个过程中,不同学科的文化相互交融,产生更多创新学术成果。同时,要鼓励师生参与文化创新活动,支持文化创意产业的发展,为大学文化的创新与发展注入新的活力。近年来,一些多大学设立了文化创新基金,对师生的文化创新项目给予资金支持,激发了师生的创新积极性。

以科学谋划提升和优化特色物质文化。大学的物质文化,作为其精神内核的物理延伸,不仅悄无声息地塑造着学子们的行为和思维模式,还加深了他们对这个学术殿堂的深厚情感与归属感。校园内的一草一木、一砖一瓦,兼具审美功能和教育功能。对于青年学生成长成才可起到循序渐进的浸润、感染、熏陶作用,可以达到"入芝兰之室久而自芳"的效果,也是落实立德树人根本任务的重要载体。具有鲜明特色的物质文化,在一定程度上可以代表一个大学的形象。在精心构建具有特色的校园物质文化时,要紧密围绕学校的悠久历史与传统优势,精心设计校园的功能布局与整体规划,确保每一处空间都能高效服务于教学与生活,同时展现出独特的审美价值。遵循功能性、美学及精神导向的原则,精心打造校园建筑、文化景观及主题广场等,使之成为融合文化底蕴与艺术美感的综合体现,让师生在参与规划、建设乃至命名管理的过程中,感受到浓厚的文化氛围与个人荣誉感,通过精心打造校园环境,发挥其春风化雨、润物无声式的隐性教育作用。大学物质文化建设中要注重打造代表性的校园设施让校园的一物一景,成为大学的形象代表。另一个物质文化建设的重点是校园功能设施,如教学楼、食堂、学生活动中心、实验室、图书馆、校史馆等,这些建筑和设施的建设必须充分考量其使用功能,确保能够满足教学、科研、生活等多方面的需求,同时,着眼学校整体进行科学合理布局,兼顾美观性与实用性,各功能区之间要相互协调,形成和谐统一的校园空间。此外,校园绿化与美化工作同样至关重要,它旨在营造一个既美观又充满人文关怀的环境,通过视觉上的愉悦、空间上的舒适以及文化的深度浸润,实现一种潜移默化的教育效果。这样的环境,如同春风化雨,悄然间滋养着每一位师生的心田,激发他们的潜能与创造力,共同编织出一幅幅生动而富有教育意义的校园画卷。

第五章　新时代我国大学文化建设的实践路径

独具特色的制度文化是大学文化生态的重要组成部分,与大学精神文化、物质文化、行为文化等一起共同构成大学文化。[①] 制度不仅是规范行为的框架,更是文化传承与创新的载体。制度虽常以物化形态出现,如规章、条例等,但其内核却蕴含着丰富的价值理念和价值判断。这些理念和判断,作为大学文化在制度层面的外在体现,对于塑造和引领大学文化具有深远的意义。不同的大学校情是不同的,与校情保持一致的大学制度设计和运行会促使特色大学文化的形成,对大学文化建设的每一个部分都会产生至关重要的作用和影响。大学制度文化主要包括组织制度文化、教学制度文化、日常行为制度文化等。制度的稳定性是大学文化传承的基础。如学分制、学位授予制度等,这些制度经过长期的发展和实践,已经成为大学教育体系的核心组成部分。它们相对稳定,确保了大学教育的规范性和连贯性,使得不同届次的学生能够在相似的教育框架下接受教育,从而传承大学的基本文化价值观。但是,随着时代发展和校情变化,制度也需要灵活调整。以互联网技术的发展为例,许多大学都面临着线上教学的需求。一些大学及时调整教学管理制度,允许教师采用线上线下混合式教学模式,并且制定了相应的线上教学质量评估标准。这既满足了时代发展对教育技术创新的要求,也适应了不同学生的学习需求,促进了大学文化在新技术环境下的发展。当前,在推动高校治理体系和治理能力现代化的征途中,构建一套既符合法治精神又高效运行的制度文化至关重要。这不仅是实现依法治校的核心,更是提升治理效能的关键所在。高校需深植法治理念于心,将制度建设置于战略高度,注重其针对性与实操性,

---

[①] 李栋宣著:《文化自信视域下大学文化的传承与创新》,西南师范大学出版社,2020年6月第1版,第143页。

遵循法律严谨、操作简便的原则,持续优化管理架构,积极打造一个外部协调一致、内部紧密相连的制度网络,确保各项规定更加完善、科学合理且贴近实际需求。这样的体系将有力支撑高校在人才培养、科研创新、社会服务、文化传承及国际交流等领域的全面发展。制度的关键在于其体现的价值理念。在大学制度文化建设中,我们必须要坚持以人为本的管理理念,注重学生的主体地位,以完善学生的保障服务和提高学生的综合素质为目标,构建民主、平等的师生关系,给学生提供宽松、舒适的学习和生活氛围。以此来引领和构建大学生的价值观和行为方式,实现人的自由全面发展的育人目标。好的大学制度文化建设可以让大学的制度与人们的内心倾向、接受程度和生活习惯相适应,用制度保障来推进大学文化的建设与发展。制度的生命力在于执行,而执行的基石是公平公正。高校必须坚持制度面前人人平等,消除任何"特权"思想,确保无人能凌驾或游离于制度之外。要让制度成为不可触碰的界限,成为维护校园秩序与正义的坚固防线,从而营造出一种尊重规则、严守纪律的良好氛围,为高等教育事业的健康发展奠定坚实的制度基础。

推动形成崇德向善、见贤思齐的行为文化,是创新大学文化建设的实践取向。大学文化建设水平不仅关系到学校的整体形象,更直接影响到广大师生员工的思想道德素质和行为方式。行为文化是师生员工所表现出来的行为方式的总和,它体现了学校的价值观、精神风貌和道德水准。学校文化建设的水平,最终要落实和体现在广大师生员工的行为之中。对于高校广大师生来说,形成良好行为文化的关键在于明大德、守公德、严私德。这要求师生在日常生活和工作中,不仅要遵守基本的道德规范,更要追求高尚的道德情操,树立正确的世界观、人生观和价值观。大学管理者在大学行为文化建设中起着关键作用。大学管理者要通过科学高效的管理效能最大限度地满足师生的合理要求,发扬广泛的民主和科学的集中,做到"以生为本",注重自我反思,规范自身行为,充分发挥大学文化建设引领者的作用。广大教师在大学文化建设中扮演着教书育人的角色,其思想行为对大学生具有很好的模范榜样作用。教师自身不仅要有扎实专业知识,更要具备高尚师德师风,以身作则为学生示范。因此,对标教育家精神打造师资队伍,建设政治坚定、专业精湛、作风正派的教师队伍,是新时代大学行为文化建设的目标。大学生是大学文化建设的重要主体。"学校是为学生办的,大学是大学生的大学"[①]。一方面,大学文化建设中必须充分发挥学生的主体地位,广泛调动学生的积极性,踊跃投身诸如文化节、道德讲堂、志愿服务等校园活动,见贤思齐,知行合一。严格以《高等学校学生行为准则》规范自身行为,树立文明典范,提升道德和文化素养,追求健康积极的生活态度,努力成为高尚道德的实践者、文明风尚的守护者和美好生活的创造者,不断推动行为文化发展。另一方面,学校要"着力建设学生精品活动,整合资源,形成合力,满足学生不同层次的需求"[②],按照"有理想、敢担当、能吃苦、肯奋斗"的标准培养新时代好青年。

学术文化是大学文化区别于其他文化形态的显著标志,是新时代大学行为文化建设的重要组成部分。坚守学术道德和科研伦理,培育严谨治学和实事求是的学术文化,不仅关系到高校学术研究的质量和水平,关系到广大师生的创新精神和实践能力,更是激发科

---

① 母国光:《我对大学教育的理解》,《高等教育研究》,2000年第4期,第9页。
② 谈毅 王琳媛著:《大学文化建设与价值认同》,上海交通大学出版社,2013年8月第1版,第95页。

研工作者创新活力、培养优秀科技人才的重要基础。当前高校存在一些学术不端行为,有的学生为了完成论文,直接抄袭他人研究成果,有的科研人员为了获取项目资金或成果奖励,伪造实验数据。为此,大学要加强学术道德和科研伦理教育,注重培养师生的学术诚信意识和科研道德观念。要积极弘扬科学家的精神,加强学术不端行为的监管力度,建立一个全面的学术诚信体系,包括教育、预防、监督和惩治机制。要引导师生坚守学术道德,追求"士以弘道"的价值理念,将人格、实践和学问融为一体,让学术道德和科学精神内化于心、外化于行,涵养风清气正的科研环境,培育严谨和实事求是的学术文化。

总之,新时代大学文化建设是一项长期而艰巨的任务,它要求我们不仅要继承和发扬优秀的传统文化,更要敢于创新,勇于实践,以新时代大学文化建设的新成效不断赋能高等教育事业高质量发展,为实现立德树人的教育根本任务夯实基础。惟其如此,大学才能真正成为文化传承与创新的重要阵地,为社会培养出更多有用之才,为国家的发展和人类的进步做出更大的贡献。

后　记

　　大学与文化具有天然的联系,大学是文化的产物,文化是大学的灵魂。正因如此,对大学文化的关注始终伴随着大学发展的步伐。在我国,虽然大学文化概念的正式提出以及对于大学文化的研究起步较晚,但伴随着高等教育事业的蓬勃发展,对大学文化的实践探索与理论研究越来越得到重视。新时代以来,以习近平同志为核心的党中央立足中华民族伟大复兴战略全局和世界百年未有之大变局,作出优先发展教育、加快推进教育现代化、建设教育强国的战略部署,持续推出一系列重大改革举措,教育事业取得了历史性成就、发生了格局性变化。党的二十届三中全会《决定》提出:"教育、科技、人才是中国式现代化的基础性、战略性支撑",并把"优化高等教育布局,加快建设中国特色、世界一流的大学和优势学科"作为"深化教育综合改革"的重要内容。新的时代任务对大学文化建设提出新要求,如何建设与时代发展相适应的中国特色社会主义大学文化,需要每一个大学人付出艰辛的理论探索和实践努力。

　　本书以新时代大学文化建设研究为主题,坚持问题导向,遵循"理论——实证——对策"的逻辑进路,在充分借鉴前人研究成果的基础上,通过概念梳理、案例分析、问卷调研等方法,努力探寻新时代进一步加强大学文化建设的实践路径。全书共分五章,第一章主要阐述大学文化的内涵、特征、功能以及与大学自身发展之间的关系；第二章主要梳理了中国大学文化建设的历史进程以及取得的主要成就，目的是为新时代大学文化建设提供历史借鉴；第三章主要在分析国内外大学文化建设案例的基础上，探究大学文化建设的经验启示；第四章新时代大学文化建设的现实审视，主要是阐述了新时代文化建设的新使命，分析了问卷调研中所折射出的大学文化建设问题，梳理了新时代我国大学文化建设面临的挑战和存在的瓶颈；第五章新时代我国大学文化建设的实践路径，主要是从办学方向、育人导向、实践取向等视角，探讨新时代大学文化建设的对策建议。全书坚持理论与实践紧密结合的研究特点，努力体现研究的时代性和针对性。

本书得到"上海市社科规划中青班专项课题"支持，课题名称为：高等教育内涵发展视野下的大学文化软实力建设研究——以上海地方高校为例。课题完成过程中，得到上海应用技术大学领导和同事的大力支持。感谢校党委宣传部部长杨明、校党委巡察工作办公室主任杨燕华、校科学研究院院长韩生、校图书馆直属党支部书记董国文、校马克思主义学院苟小泉副教授等提供的帮助和贡献的智慧。书稿写作中参考并借鉴了不少学界同仁的相关研究成果，在此一并表示感谢！

受能力及水平所限，书中对大学文化的分析与探讨难免存在不足和不当之处，敬请各位专家学者和广大读者批评指正。

李国娟

2024 年 11 月

参考文献

著作

[1] 毛泽东著：《毛泽东选集》(第2卷)，人民出版社1991年6月第2版。

[2] 习近平著：《习近平谈治国理政》，外文出版社2014年10月第1版。

[3] 习近平著：《习近平谈治国理政》(第二卷)，外文出版社2017年11月第1版。

[4] 习近平著：《习近平谈治国理政》(第一卷)，外文出版社2020年6月第1版。

[5] 习近平著：《习近平谈治国理政》(第四卷)，外文出版社2022年6月第1版。

[6] 习近平著：《干在实处，走在前列》，中共中央党校出版社2006年12月第1版。

[7] 习近平著：《高举中国特色社会主义伟大旗帜 为全面建设社会主义现代化国家而团结奋斗——在中国共产党第二十次全国代表大会上的报告》，人民出版社2022年10月第1版。

[8] 习近平著：《在哲学社会科学工作座谈会上的讲话》，人民出版社2016年5月第1版。

[9] 习近平著：《在教育文化卫生体育领域专家代表座谈会上的讲话》，人民出版社2020年9月第1版。

[10] 习近平著：《在文化传承发展座谈会上的讲话》，人民出版社2023年9月第1版。

[11] 习近平著：《论教育》，中央文献出版社2024年9月第1版。

[12] 习近平著：《在庆祝中国共产主义青年团成立100周年大会上的讲话》，人民

出版社 2022 年 5 月第 1 版。

[13] 习近平著：《习近平著作选读》(第一卷)，人民出版社 2023 年 4 月第 1 版。

[14] 习近平著：《决胜全面建成小康社会 夺取新时代中国特色社会主义伟大胜利——在中国共产党第十九次全国代表大会上的报告》，人民出版社 2017 年 10 月第 1 版。

[15] 习近平著：《论党的宣传思想工作》，中央文献出版社 2020 年 11 月第 1 版。

[16] 《中共中央关于进一步全面深化改革 推进中国式现代化的决定》，人民出版社 2024 年 7 月第 1 版。

[17] 本书编写组：《〈中共中央关于深化文化体制改革,推动社会主义文化大发展大繁荣若干重大问题的决定〉辅导读本》，人民出版社 2011 年 10 月第 1 版。

[18] 《中共中央关于深化文化体制改革,推动社会主义文化大发展大繁荣若干重大问题的决定》，人民出版社 2011 年 10 月第 1 版。

[19] 中共中央党史和文献研究院编：《习近平关于总体国家安全观论述摘编》，中央文献出版社 2018 年 4 月第 1 版。

[20] 中共中央马克思、恩格斯、列宁、斯大林著作编译局译：《马克思恩格斯全集·第 46 卷》(下册)，人民出版社 1980 年 8 月第 1 版。

[21] 中共中央党史和文献研究院编：《习近平关于防范风险挑战、应对突发事件论述摘编》，中央文献出版社 2020 年 9 月第 1 版。

[22] 王冀生著：《大学文化哲学——既是一种存在更是一种信仰》，中山大学出版社 2012 年 5 月第 1 版。

[23] 申作青著：《当代大学文化论》，浙江大学出版社 2006 年 9 月第 1 版。

[24] 傅林著：《世纪回眸：中国大学文化研究》，教育科学出版社 2009 年 12 月第 1 版。

[25] 戴建兵,蔡振梅主编：《大学文化研究》，中国农业出版社 2012 年 5 月第 1 版。

[26] 刘新刚,宋珊珊,王旭东,王校楠,周迫琛著：《新时代我国大学文化建设的理论与实践——以北京理工大学为例》，北京理工大学出版社 2020 年 12 月第 1 版。

[27] 梁启超著：《梁启超论中国文化史》，商务印书馆 2012 年 6 月第 1 版。

[28] 梁漱溟著：《中国文化要义》，商务印书馆 2021 年 9 月第 1 版。

[29] 张岱年,程宜山著：《中国文化与文化论争》，中国人民大学出版社 1990 年 7 月第 1 版。

[30] 【德】康德著,宗白华译：《判断力批判》(下卷)，商务印书馆 1985 年第 1 版。

[31] 【德】黑格尔著,梁志学译：《黑格尔全集》(第七卷)，商务印书馆 2017 年 2 月第 1 版。

[32] 【美】泰勒著,连树声译：《原始文化》，上海文艺出版社 1992 年 8 月第 1 版。

[33] 【俄】安娜·尼古拉耶芙娜·马尔科娃著,王亚民等译：《文化学》，敦煌文艺出版社 2003 年 12 月第 1 版。

[34] 【美】塞缪尔·亨廷顿著,周琪译：《文明的冲突与世界秩序的重建》(修订版)，新华出版社 2010 年 1 月第 2 版。

[35] 【英】雷蒙德·威廉斯著,吴松江译：《文化与社会》，北京大学出版社 1991 年 12 月第 1 版。

[36] 殷海光著：《中国文化的展望》，上海三联书店 2002 年 12 月第 1 版。

[37] 辞海编辑委员会编：《辞海》，上海辞书出版社 1979 年 9 月第 1 版。

[38] 中国大百科全书总委员会：《中国大百科全书社会学》，中国大百科全书出版社 1992 年 4 月第 1 版。

[39] 【德】卡尔·雅思贝尔斯著,陈巍、[德]卡尔·克拉茨译：《什么是教育》，上海人民出版社 2022 年 12 月第 1 版。

[40] 刘述礼,黄延复编：《梅贻琦教育论著选》，人民教育出版社 1993 年 3 月第 1 版。

[41] 竺可桢著,《竺可桢全集》(第二卷)，上海科技教育出版社 2004 年 7 月第 1 版。

[42] 【美】约翰·S·布鲁贝克著,郑继伟等选译：《高等教育哲学》，杭州教育出版社 1987 年 7 月第 1 版。

[43] 《国立西南联合大学史料(第一册)》，云南教育出版社 1998 年 10 月第 1 版。

[44] 王成章著：《抗日山——一个民族的魂魄》，人民出版社2011年6月第1版。

[45] 繁仁主编，刘彦顺著：《中国美育思想通史》（当代卷），山东人民出版社，2017年11月第1版。

[46] 【加拿大】许美德著，许洁英主译：《中国大学：1895—1995——一个文化冲突的世纪》，教育科学出版社2000年2月第1版。

[47] 李冀主编：《普通高等学校管理》，广东科技出版社，1983年8月第1版。

[48] 侯定凯著：《中国大学的理性之路》，华东师范大学出版社2009年9月第1版。

[49] 山东教育厅学生处编：《高校学生工作文件选编》（上），山东人民出版社2013年3月第1版。

[50] 《中共中央关于全面深化改革的若干重大问题的决定》，人民出版社2013年11月。

[51] 曲士培著：《中国大学教育发展史》，山西教育出版社，1993年7月第1版。

[52] 费孝通著：《论人类学与文化自觉》，华夏出版社2004年2月第1版。

[53] 费孝通：《中国文化的重建》，华东师范大学出版社2014年1月第1版。

[54] 周玉清，王少安：《社会主义核心价值体系引领大学文化建设论纲》，人民出版社2011年第1版。

[55] 杨河主编：《海纳百川 有容乃大——北京大学文化研究》，高等教育出版社2011年9月第1版。

[56] 蔡元培著：《国学精神》，北京理工大学出版社2020年6月第1版。

[57] 蔡元培著：《蔡元培自述》，北方文艺出版社2012年7月第1版。

[58] 蔡元培著：《蔡元培讲读书》，河海大学出版社2019年7月第1版。

[59] 蔡元培著，侯晓菊选编：《蔡元培散文》，上海科学技术文献出版社2013年11月第1版。

[60] 冯友兰著：《三松堂全集》（第1卷），河南人民出版社2000年12月第2版。

[61] 清华大学校史研究室编：《清华人物志》（第三辑），清华大学出版社1995年4月第1版。

[62] 胡显章主编,蔡文鹏副主编:《世纪清华 人文日新——清华大学文化研究》,高等教育出版社 2011 年 4 月第 1 版。

[63] 清华大学校史研究室编:《清华大学史料选编》(一),清华大学出版社 1991 年第 1 版。

[64] 陈怀宇著:《清华与"一战":美籍教授的中国经验》,浙江古籍出版社 2021 年 5 月。

[65] 黄坤锦著:美国大学的通识教育,商务印书馆 2023 年 5 月第 1 版。

[66] 叶阁泽著:《弗朗西斯·威兰德高等教育思想及其实践研究》,福建教育出版社 2020 年 6 月第 1 版。

[67] 肖木,丽日编著:《普林斯顿大学——世界著名学府》,湖南教育出版社 1992 年 5 月第 1 版。

[68] 【美】乔纳森·R·科尔著,冯国平,郝文磊译:《大学之道》,人民文学出版社 2014 年 5 月第 1 版。

[69] 丁学良著:《什么是世界一流大学?》,北京大学出版社 2004 年 12 月第 1 版。

[70] 胡显章主编:《先进文化建设中的大学文化研究》,等教育出版社 2009 年 1 月第 1 版。

[71] 张代宇著:《大学文化传承创新研究:审视大学第四功能》,中国纺织出版社 2023 年 05 第 1 版。

[72] 蔡汀,王义高,祖晶主编:《苏霍姆林斯基选集》(第二卷),教育科学出版社 2001 年 8 月第 1 版,版。

[73] 杨牧之著:《在那恒河的原野》,故宫出版社 2014 年 12 月第 1 版。

[74] 李栋宣著:《文化自信视域下大学文化的传承与创新》,西南师范大学出版社 2020 年 6 月第 1 版。

[75] 侯惠勤著:《马克思的意识形态批判与当代中国》,中国社会科学出版社 2010 年 5 月第 1 版。

[76] 程旭辉著:《党员干部不可不知的社会学常识》,国家行政学院出版社 2011 年 2 月第 1 版。

[77]【德】黑格尔著；贺麟,王太庆等译:《哲学史讲演录》(第1卷),上海人民出版社1983年8月第1版。

[78] 王炳林主编、江嵩副主编:《大学文化传承创新研究》(第8辑),光明日报出版社2020年1月第1版。

[79] 谈毅,王林媛著:《大学文化建设与价值认同》,上海交通大学出版社2013年8月第1版。

[80] 徐飞,黄伟力,张玉瑜,鲍金,王春英著:《文化的力量:中国大学文化建设的创新之路》,格致出版社:上海人民出版社2012年12月第1版。

[81] 张绍荣著:《走进精神场域:信息时代大学文化生态治理研究》,中国社会科学出版社2017年5月第1版。

[82] 张振飞,范明英主编:《应用型高校文化建设创新与实践》,光明日报出版社2018年3月第1版。

[83]【美】理查德.诺顿.史密斯著,程方平等译:《哈佛世纪——锻造一所国家大学》,贵州教育出版社,2006年3月第1版。

[84] 钱理群、高远东编:《中国大学的问题与改革》,天津人民出版社2003年10月第1版。

[85] 智效民著:《八位大学校长》,长江文艺出版社2006年1月第1版。

[86]【美】茱丽.A.罗宾著,尚九玉译:《现代大学形成》,贵州教育出版社2004年年12月第1版。

[87] 刘道玉著:《一个大学校长的自白》,长江文艺出版社2005年9月第1版。

[88]【美】安德鲁·施莱辛格著,谢秉强译:《真理:哈佛大学与美国经验》,上海译文出版社2019年6月第1版。

[89] 陈学飞主编:《美国、德国、法国、日本当代高等教育思想研究》,上海教育出版社1998年4月第1版。

期刊

[90] 顾明远:大学文化的本质是求真育人,《教育研究》2010年第1期。

[91] 袁贵仁：加强大学文化研究，推进大学文化建设，《中国大学教学》2002年第10期。

[92] 顾明远：论学校文化建设，《西南师范大学学报》（人文社会科学版）2006年第5期。

[93] 顾明远：铸造大学的灵魂——一流大学建设的关键所在，《清华大学教育研究》2003第3期。

[94] 杨福家：大学的使命与文化内涵，《学习时报》2007年9月2日。

[95] 白双翎：新时代大学文化建设的使命及要求，《理论视野》2021年第8期。

[96] 牛宏泰：大学文化论，《文化学刊》2009年第4期。

[97] 赵存生：先进文化建设中的大学文化建设，《中国高等教育》2003年第24期。

[98] 眭依凡：好大学理念与大学文化建设，《教育研究》2004年第3期。

[99] 杨德广：大学文化建设的内涵和作用，《高校教育管理》2007年第2期。

[100] 钟秉林，赵应生：加快建设中国特色的大学文化——关于当前大学文化建设工作的若干思考，《国家教育行政学院学报》2010年第9期。

[101] 别敦荣：大学组织文化的内涵与建设路径，《现代教育管理》2020年第1期。

[102] 韩延明：强化大学文化育人功能，《教育研究》2009年第4期。

[103] 睦依凡：关于大学文化建设的理性思考，《清华大学教育研究》2004年第1期。

[104] 孙雷：论大学文化的育人功能及其实现途径，《中国高等教育》2008年第22期。

[105] 徐显明：大学的文化使命与大学文化建设，《国家教育行政学院学报》2009年第6期。

[106] 蔡劲松：大学文化育人的主体视角与实现路径，《中国高等教育》2008年第21期。

[107] 高石磊：大学文化育人功能的实现路径，《中国高等教育》2020年第5期。

[108] 施卫华:大学文化育人功能及实现路径研究,《思想教育研究》2016年第5期。

[109] 石长地,郭玲:大学文化的育人功能及提升途径刍议,《学校党建与思想教育》2012年第22期。

[110] 俞婷婕:大学文化治校功能的学理问题与实践逻辑撅探,《教育发展研究》2017年第23期。

[111] 蔡红生,胡中月:新中国70年大学文化审视,《中国高等教育》2019年第20期。

[112] 顾璟:新媒体时代大学文化的建设路径,《南通大学学报》(社会科学版),2018第34卷第3期。

[113] 铁铮,杨金融:"双一流"建设背景下的新时代大学文化建设,《思想教育研究》2019年第10期。

[114] 许衍琛:大学文化建构:钱穆的镜鉴,《黑龙江高教研究》2020年第1期。

[115] 蔡红生,胡中月,李恩:新时代大学文化的提档升级:驱动、困境与路径,《现代教育管理》2021年第2期。

[116] 李重,张浩瀚:中国特色世界一流大学文化的生成逻辑、丰富内涵和实践路径[J/OL],《西安交通大学学报》(社会科学版)https://link.cnki.net/urlid/61.1329.c.20240126.1645.004。

[117] 蔡红生,魏倩倩:"守"与"变":大学文化建设的二维审视,《思想教育研究》2020年第11期。

[118] 孙成武:文化自信与新时代大学精神的培育和发展问题探析,《东北师大学报》(哲学社会科学版),2019年第3期。

[119] 王冀生:大学文化的科学内涵,《高等教育研究》2005年第10期。

[120] 陈锦,冯国林,李召虎:"双一流"建设背景下大学文化建设的思考与探索,《中国高等教育》2023年第Z1期。

[121] 刘洪一:新时代大学文化建设的问题背景与实施路径,《中国高等教育》2019年第23期。

[122] 杨胜才,谭高贵:新时代大学文化建设的中国优势、历史使命、关键支点,《学校党建与思想教育》2023年第20期。

[123] 蔡红生,杨琴:大学文化:"双一流"建设的灵魂,《思想教育研究》2017年第1期。

[124] 丁虎生:论大学文化的基本特性,西北师大学报(社会科学版)2010年第2期。

[125] 刘国庚,叶梦绿:论大学的超越,《河南科技学院学报》2014年第9期。

[126] 饶武元,胡罗斌:论大学精神与大学发展,《教育学术月刊》2010年第1期。

[127] 柳海民,常艳芳:论大学精神的价值,《教育研究》2008年第8期。

[128] 吴剑平,高炜红:我国大学形象战略论纲,《清华大学教育研究》2009年第4期。

[129] 萧关根:"校园文化在上海高校兴起",《人民日报》1986年11月10日。

[130] 严敏,邓欢:试析高校校园文化育人体系的优化,《学校党建与思想教育》2021年第16期。

[131] 眭依凡:大学:向科学理性的组织回归,《中国高等教育》2004年第17期。

[132] 云杉:文化自觉 文化自信 文化自强——对繁荣发展中国特色社会主义文化的思考(上),《红旗文稿》2010年第15期。

[133] 叶通贤,周鸿:西南联大的办学思想及其对我国现代大学改革的启示,《高等教育研究》2008第3期。

[134] 孙进,邢国忠:以西南联大为例看当前高校校园文化建设,《福建论坛》(社科教育)2009年第2期。

[135] 张剑秋:西南联大的师资管理及历史启示,《学术探索》2002年第2期。

[136] 单敏:解读西南联大:大学校长的视角,《当代教育论坛》(校长教育研究)2007年第8期。

[137] 纪宝成:对大学理念和大学精神的几点认识,《中国高等教育》2004年第1期。

[138] 杨福家:大学的使命与文化内涵,《现代教育论丛》2008年第2期。

[139] 刘春华：学术原则与社会责任的平衡——德里克·博克《走出象牙塔——现代大学的社会责任》解读，《高校教育管理》2009年第6期。

[140] 杨福家：1828耶鲁报告精读，《科学中国人》2011年第16期。

[141] 李子江,周梦圆：古典课程与现代课程之争：以《1828年耶鲁报告》为中心的历史考察，《现代大学教育》2020年第4期。

[142] 宣永,单玉川：大学建筑与环境建设中高等教育理念的融入，《浙江工业大学学报》2002年第3期。

[143] 沈壮海/访谈嘉宾,贺政凯/访谈人：建设社会主义文化强国与新的文化使命——访武汉大学党委常务副书记、马克思主义学院教授沈壮海，《高校马克思主义理论研究》2024年第1期。

[144] 范玉鹏：反思与重构：现代大学文化式微之检视，《湖北社会科学》2018年第1期。

[145] 李建华：人文精神与文人精神：当下教育的一种窘境，《湖南师范大学教育科学学报》2017年第2期。

[146] 杨志秋,王少媛：冲突与选择：新常态下我国大学文化建设的几点思考，《黑龙江高教研究》2019年第4期。

[147] 李俊畅,李浩贤,李盼：互联网时代下高校校园特色文化创建路径探析，《大学》2023年第22期。

[148] 续梅：以习近平文化思想为指导勇担高校文化传承创新使命，《中国高等教育》2024年第Z1期。

[149] 张立文：和合文化与商道——21世纪经济活动的有效路径，《探索与争鸣》2005年第2期。

[150] 廖可斌：中国大学文化转型：历史、现状及路径，《浙江社会科学》2013年第2期。

[151] 杨琼,杨朝斌：试论"双一流"建设背景下大学文化的传承与发展，《大学教育》2020年第12期。

[152] 王义遒：建设世界一流大学究竟靠什么，《高等教育研究》2011年第1期。

[153] 王冀生：大学精神与制度创新,《有色金属高教研究》2001年第1期。
[154] 母国光：《我对大学教育的理解》,《高等教育研究》,2000年第4期
[155] 2023年上海市国民经济和社会发展统计公报：上海市统计局网站,https://tjj.sh.gov.cn/tjgb/20240321/f66c5b25ce604a1f9af755941d5f454a.html
[156]《教育部关于完善中华优秀传统文化教育指导纲要》,教社科〔2014〕3号,2014年3月28日,http://www.moe.gov.cn/srcsite/A13/s7061/201403/t20140328_166543.html

报纸文章

[157] 习近平：在北京大学师生座谈会上的讲话,《人民日报》2018年5月3日。
[158] 习近平：在北京大学师生座谈会上的讲话,《人民日报》2018年5月3日。
[159] 习近平：在庆祝中国共产党成立95周年大会上的讲话,《人民日报》2016年07月02日。
[160] 习近平：坚持党的领导传承红色基因扎根中国大地走出一条建设中国特色世界一流大学新路,《人民日报》2022年04月26日。
[161] 习近平：坚持立德树人思想引领加强改进高校党建工作,《人民日报》2014年—12月30日。
[162] 习近平：坚持中国特色社会主义教育发展道路培养德智体美劳全面发展的社会主义建设者和接班人,《人民日报》2018年9月11日。
[163] 习近平：在庆祝中国共产党成立九十五周年大会上的讲话,《人民日报》2016年7月2日。
[164] 习近平在中国人民大学考察时强调坚持党的领导传承红色基因扎根中国大地走出一条建设中国特色世界一流大学新路,《人民日报》2022年4月26日。
[165] 习近平：把思想政治工作贯穿教育教学全过程 开创我国高等教育事业发展新局面,《人民日报》2016年12月9日。

[166] 习近平：胸怀大局把握大势着眼大事 努力把宣传思想工作做得更好,《人民日报》2013年8月21日。

[167] 陈旻：如何建成一所卓越的大学——评《大学之道》,《光明日报》2014年09月05日。

[168] 本报特派记者朱珉迕：习近平回应复旦校长：不要在意排行大学看底蕴和声誉,《解放日报》2017年3月7日。

[169] 本报记者孙亚慧：高校科创："创新中国"生力军,《人民日报海外版》2022年11月14日。

[170] 郝立新：大学使命与文化强国,《光明日报》,2012年12月26日。

学位论文

[171] 张惠忠著：《新时代我国大学文化建设研究》,中共中央党校博士论文,2022年5月。

[172] 陈晶莹著：《习近平关于文化强国建设战略思想研究》,浙江大学博士论文2018年12月。

[173] 谢新松著：《文化的社会治理功能》,云南大学博士论文,2013年6月。

[174] 李长真著：《大学文化与中国先进文化研究》,华中师范大学博士论文,2006年10月。

[175] 眭依凡：《大学校长的教育理念与治校》,华东师范大学博士论文2001年5月。

[176] 胡港云著：《大学文化自觉及其提升研究》,湖南大学博士论文2015年12月。

图书在版编目(CIP)数据

新时代大学文化建设研究 / 李国娟著. -- 上海：文汇出版社, 2024. 12. -- ISBN 978-7-5496-4434-6

Ⅰ. G647

中国国家版本馆 CIP 数据核字第 2024HU4134 号

新时代大学文化建设研究

著　　者 / 李国娟

责任编辑 / 黄　勇
特约编辑 / 高　逸
封面装帧 / 王　翔

出版发行 / 文汇出版社
　　　　　　上海市威海路 755 号
　　　　　　（邮政编码 200041）
经　　销 / 全国新华书店
排　　版 / 南京展望文化发展有限公司
印刷装订 / 上海新文印刷厂有限公司
版　　次 / 2024 年 12 月第 1 版
印　　次 / 2024 年 12 月第 1 次印刷
开　　本 / 710×1000　1/16
字　　数 / 260 千字
印　　张 / 16.25

ISBN 978-7-5496-4434-6
定　　价 / 78.00 元